KB175885

친밀한 위험들

사례로 살펴보는 안전경영 이야기

친밀한 위험들

초판인쇄 2020년 5월 29일
초판발행 2020년 5월 29일

지은이 이충호
펴낸이 채종준
기획 · 편집 유나
디자인 홍은표
마케팅 문선영

펴낸곳 한국학술정보(주)
주 소 경기도 파주시 회동길 230(문발동)
전 화 031-908-3181(대표)
팩 스 031-908-3189
홈페이지 http://ebook.kstudy.com
E-mail 출판사업부 publish@kstudy.com
등 록 제일산-115호(2000. 6. 19)

ISBN 978-89-268-9956-4 03330

친밀한 위험들

INTIMATE DANGERS

이충호 **지음**

〈안전 경영학 카페〉
개정판

사례로 살펴보는
안전경영 이야기

안전은 모든 일하는 사람들이 누릴 권리이다. 일하는 사람의 안전권을 보장할 디테일한 사례들이 제시되고 있다. 주옥같은 안전 활동 사례들은 기업의 안전관리에 큰 도움이 될 것이고 안전교육 교재로 더없이 훌륭하다. 기업 경영인과 안전전문가에게 필독을 권한다.

— 한국안전학회 회장 **김두현**

현장에서 맞닥뜨리고 있는 안전문제를 누군가는 정리할 필요가 있다고 생각했는데 드디어 나왔다. 반갑고 고맙다. 다양한 경험을 통해 얻은 안전관리기법과 국내·외 사고사례를 인용하여 기업의 CEO가 시사점을 찾는 데 많은 도움이 될 것이다.

— SK하이닉스(주) 대표이사 **이석희**

안전으로 얻는 기업의 가치가 생산으로 창출되는 가치를 능가하는 시대가 되었다. 안전보건의 패러다임이 전환되는 지금 기업의 지속가능을 담보할 안전은 무엇인가? 기업이 갖는 이러한 고민에 이 책은 답을 하고 있다.

— 현대미포조선(주) 대표이사 **신현대**

Risk & Safety. 4차 산업혁명시대를 사는 우리가 고민하고 해결해야 할 과제이다. 저자는 위험과 안전의 본질과 안전의 미래에 대한 깊은 성찰을 담아냈다. 안전을 사랑하는 모든 이에게 선물이 될 것이다.

– 전 안전보건공단 이사장 **이영순**

『안전 경영학 카페』에 이어 『친밀한 위험들』까지 탁월한 통찰력으로 위험과 사고를 기술하고 있다. 대형사고가 많은 만큼 잊히는 속도도 빠른 현대인에게 이를 글로 남겨 전달하고 공감하려는 열정에 감사를 전한다.

– 삼성안전환경연구소 소장 **윤석정**

그동안 국내외에서 발생한 사고사례들이 잘 분석되고 정리되었다. 살아 숨 쉬는 현장의 안전경영 이야기를 생생하게 접할 수 있어 반가울 따름이다. 안전경영 문제로 고뇌하는 기업 경영인, 관리감독자, 안전전문가가 이 책을 통해 도움을 받을 수 있기 바란다.

– 한전KDN(주) 사장 **박성철**

인재(人災)는
이제 그만

"언제까지 생각만 하며 살 것인가? 어느 날 문득 머리를 스치는 생각에 용기를 내어 펜을 들었다. 30여 년간 안전 분야에 종사하며 경험한 일들을 틈틈이 적어 신문, 잡지에 기고하고 때로는 강의 자료로 활용했던 글들을 모았다. 같은 일을 하는 분들 또는 안전에 관심 있는 분들과 생각을 나눠보자고 마음먹었다." 5년 전 출간한 첫 저서인 『안전 경영학 카페』 서문의 시작 글이다.

CEO가 새로 부임하거나 안전관리부서장이 바뀌면 안전보건분야에 대한 이해를 돕기 위해 업무를 보고할 때 이 책 읽기를 권장했다는 몇몇 대기업의 안전관리자 말씀은 책 쓸 용기를 냈던 저에게 큰 위안이 됐다. 그래서 그런지 제법 많은 분들이 책을 찾아주시고 관리감독자 교육과 안전관리실무에 활용하고 있는 것이 확인되면서 안전인으로서 작으나마 자부심을 갖게 되었다.

그러나 5년이라는 시간은 『안전 경영학 카페』를 구문(舊文)으로 바꾸어 놓았다. 안전을 사랑하고 안전보건을 업으로 하는 분들에게 계속해서

구문을 보시도록 하는 것은 예의가 아니기에 다시 용기를 냈다. 그동안의 경험과 생각을 정리해 추가하고 시간의 흐름으로 인해 공감하기 어렵게 된 글은 바꾸었다.

▌▌비즈니스를 바꾸는 안전의 힘

이제 기업은 변하지 않으면 더 이상 살아남을 수 없는 현실에 처해 있다. 경제, 기술, 산업, 고용 등 엄청나게 빠르게 변화하는 경영환경이 미래의 불확실성을 키우고 핵심가치에만 역량을 집중하면 지속가능을 확신할 수 있었던 종전의 경영방식으로는 미래를 담보 받을 수 없기 때문이다. 세월호 침몰사고, 고 김용균 씨 사망사고, 구미 불화수소 누출사고 등에 이어 최근 이천 물류창고 화재사고, 인도 화학공장 화학물질 누출사고 등 잇따라 발생한 대형 사고는 비즈니스 판을 크게 흔들었음을 보았다. 특히 2020년 초 코로나-19 바이러스의 확산은 글로벌 경제를 블랙홀로 흡수해버리는 무시무시한 재난으로 모두를 불안하게 하고 있다.

안전하지 못한 자동차를 만들거나, 반도체를 만드는 사람들이 안전하지 않거나, 화학공장 인근 주민이 누출·폭발 위험에 시달린다면 이런 기업들이 안전경영을 포기하고 지속적인 재화창출이나 서비스를 통해 이윤을 만들어 낼 수 있을까. 안전은 기업이 중점 관리해야 할 중요 위험 요소이다.

안전수준이 곧 삶의 질 척도

폭발사고가 발생해 작업자가 목숨을 잃고 공장이 모두 파손된 화학 공장, 동바리가 붕괴되어 일용직 노동자 십여 명이 매몰되어 구조의 손길을 기다리는 건설 현장, 기술과 인력 부족으로 안전이 무엇인지 어떻게 해야 하는지 몰라 엄두도 못 내는 중소기업 등 사업장을 보면서 지금 21세기를 사는 한국이 맞나 하는 생각을 할 때가 많다. 산업현장의 사고만의 문제가 아니다. 자살, 교통사고, 산업재해로 목숨을 잃는 사람이 매년 1만8천여 명에 이른다. 경제수준에 걸맞지 않는 안전수준이다.

국제 사회에서 한국은 이미 선진국 진입을 목전에 두고 있다. 그런데 유독 국민 생명과 관련이 있는 사고자수를 보면 한참 멀었다는 생각이 든다. 안전문제는 우리가 반드시 해결해야 할 과제이다. 책임 있는 계층의 안전리더십이 절대적으로 필요한 이유이다

사고는 조직의 구조적인 문제이다

산업이 발달하고 과학기술이 진화하면서 위험의 총량이 증가하고 대형화, 고도화, 집적화되고 있다. 여기에 설비의 노후화가 겹치면서 우리 사회는 위험사회로 진입했다. 최근 끊임없이 발생하고 있는 사고나 질병은 위험사회가 가지는 수많은 통제되지 않은 위험 요인에 기인하여 발생하는 것이다.

사고는 불운의 결과나 본인이 정해진 규칙을 지키지 않은 태도불량에 기인해 발생하는 것으로 치부되곤 한다. 사고가 발생해 조사한 보고서에 단골로 등장하는 안전수칙 미준수, 안전의식 미흡, 보호구 미착용과 같은 원인이 대표적인 예이다. 조직의 구조적인 문제를 해결하지 않고 이를 근본적으로 해결할 방법은 없다. 위험 요인이 존재하고 위험도가 높다는 사실을 인정하고 받아들이지 않으면 관리할 것도 없다. 비슷한 사고가 반복되는 원인이다.

인재는 이제 그만

산업현장에서 발생하는 사고는 모두 안전관리 실패에서 오는 결과

즉, 인재(人災)이다. 사고의 원인 제공도 사람이 하고 사고로 목숨을 잃거나 다치는 것도 사람이다. 따라서 예방이 불가능한 사고란 없다. 그러나 일터의 위험을 줄이고 안전을 확보하기 위해서는 법과 제도만으로 한계가 있다. 정부의 지원정책에 의존하려 하거나 규제를 회피하는 것으로는 안 된다는 뜻이다.

사업주가 기업을 경영함에 있어 안전의 가치를 재인식하는 선상에서 안전에 대한 명확한 목표와 방침을 정하는 것이 우선이다. 그리고 사업장 특성에 맞는 안전경영시스템을 구축해 지속적으로 운영해야 한다. 작업장에 숨어 있는 위험 요인이 사고로 연결되지 않도록 기술적으로, 시스템적으로, 그리고 문화적으로 예방 배리어(Protective barrier)를 높여 인명 피해나 재산손실을 막아야 한다. 여기에 경영 측면의 배려와 지원을 결합함으로써 이상적인 안전경영시스템을 구축해 운영해야 할 것이다.

글로벌 초일류기업 수준의 안전시스템을 갖추기 위해 애쓰는 사업주와 일터의 안전문제를 해결하기 위해 고심하는 현장관리자를 위해 다시 글을 썼다. 학문적 이론이나 공학적 지식보다는 산업현장에서 관심을 가질만한 이슈와 시사점을 담았다. 그리고 안전정책이나 제도적 측면에서 탈피해 기업의 입장에서 현상적으로 드러난 안전문제를 분석하고 해법을 찾고자 노력했다.

글로 담기에 어려움이 있는 소재들은 스토리텔링을 통해 다소 가공하고 독자들이 이해하기 쉽도록 풀었다. 현장의 이야기를 써야겠다는 일념으로 안전관리를 잘하는 사업장의 사례를 미처 양해를 구하지 못하고 인용했다. 뜻하지 않은 사고로 어려움을 겪은 일부 사업장의 사고 사례를 각종 보고서나 언론매체를 통해 세상에 노출된 수준에서 재분석해 글의 재료로 활용했다. 더 이상 우리 사회에 사고로 인한 고통이 없기를 바라는 마음에서 인용했음을 양해해 주시리라 기대하며 감사드린다.

책을 쓰면서 부족한 소재를 찾는 데 도움을 주신 에스텍이엔씨 김정훈 대표이사님, 대한산업보건협회 오병선 전문위원님께 감사드린다. 격려와 용기를 아끼지 않으며 기꺼이 추천사를 써 주신 이영순 안전보건공단 전 이사장님, 이석희 SK하이닉스 사장님, 신현대 현대미포조선 사장님, 박성철 한전KDN㈜ 사장님, 김두현 한국안전학회 회장님, 윤석정 삼성안전환경연구소 소장님께 존경과 감사를 드린다.

저자 **이충호**

추천의 글　**4**
프롤로그: 인재(人災)는 이제 그만　**6**

비즈니스를 바꾸는 안전의 힘

01. 리더가 안전해야 기업이 안전하다　**19**

02. 안전제일의 불편한 진실　**27**

03. 안전은 최고의 경영전략이다　**35**

04. 황금 수도꼭지를 지켜라　**42**

05. 안전 리더는 누구인가　**49**

06. 규제는 사고를 먹고 자란다　**58**

07. 원인 없는 사고는 없다　**64**

08. 누구나 안전할 권리가 있다　**72**

09. 위기 속에서 꽃피우는 안전 리더십　**81**

10. 페이퍼 워킹을 경계하라　**87**

11. 사고는 교훈을 남긴다　**94**

안전과 위험이
공존하는 현장

01. 소 잃고 외양간 고치다   103

02. 위험을 도급하시겠습니까?   111

03. 기본이 무너진 틈새로 유독물이 샌다   119

04. 비즈니스 재앙은 안전 무지에서 온다   128

05. 추락하는 크레인은 날개가 없다   135

06. 황금비가 내리다   145

07. 최선의 상황만 상상하지 말라   153

08. 산소 없는 곳에 사람이 있었다   160

09. 부실, 불량은 안전의 적   167

3

안전을 더하는
디테일의 힘

01. 비상대응시스템의 가치　181

02. 캐비닛 속의 규범, 캐비닛 밖의 규범　187

03. 지하철 9호선의 안전 리더십　193

04. 조립은 분해의 역순　202

05. 사고의 뿌리를 찾아서　208

06. 디테일한 계획, 명확한 지시, 분명한 확인　214

07. 우연히 나는 사고는 없다　220

08. 기계는 말이 없다　227

09. 습관 하나도 디테일로부터　234

행복을 꿈꾸는
안전의 미래

01. 사고 사망자 수 500명의 벽　**245**

02. 순간의 실수로 가위손이 된다면　**252**

03. 안전 리더의 조건　**257**

04. 안전이 문화가 되기까지　**262**

05. 안전은 전략　**268**

06. 안전과 비언어적 의사소통　**275**

07. 안전은 트레이닝　**282**

08. 안전을 키우는 관심과 배려　**288**

09. 위험을 기억하는 법　**295**

참고문헌　**302**

비즈니스를 바꾸는 안전의 힘

The Power of Safety to Change Business

01

리더가 안전해야
기업이 안전하다

　기업에서 안전경영에 관한 포괄적인 권한과 책임은 최고경영자에게
있다. 최고경영자는 기업의 궁극적인 책임자로서 안전 목표를 정하고
이를 달성하기 위한 전략을 수립하여야 할 임무를 가지고 있다.

　최고경영자가 직책이나 직위를 나타내는 표현은 아니므로 사장, 대
표이사의 직위에 있는 자를 일반적으로 최고경영자라고 보면 크게 다
르지 않을 것이다. 다시 말해, 기업의 어느 한 사업부를 담당하는 책임
자가 임원이라고 하더라도 그는 최고경영자라고 일컬을 수 없으며 어
느 제조업체의 이사급 공장장의 경우도 안전에 관한 목표를 수립하고
전략을 수립한다기보다는 공장의 책임자로서 상부의 결정에 따르는 부
문경영자일 뿐 최고경영자는 아니다.

✚ 안전은 누구의 책임인가?

그러나 산업안전보건 관련 행정과 규제의 근간이 되는 산업안전보건법에는 노동자를 사용하여 사업을 하는 자를 사업주로 정의하고 있다. 노동자의 업무에 실질적인 지배 관리권을 가진 공장장이나 이에 준하는 경영진이 안전보건관리를 책임지는 사업주가 되고, 노동자의 안전과 건강을 유지 증진시키는 한편, 국가의 산업재해예방 시책을 따라야 하는 의무를 법으로 부과 받고 있다. 따라서 기업의 최고경영자가 산안법상 사업주가 되는 경우는 극히 드물 것이다. 문제는 기업의 경영이익 전부가 귀속되는 최고경영자가 인사, 예산, 조직 등 경영전반에 대한 권한을 가지고 있는 반면 사업주인 공장장이나 이에 준하는 임원의 경우 안전을 포함해 생산, 품질 등에 대한 포괄적인 책임을 지게 된다.

그런데 기업의 안전에 대한 가치와 철학을 바탕으로 안전경영에 관한 방침과 시스템이 만들어지고 적기에 재정적인 투자가 이루어져야 확보될 수 있는 것이 안전이다. 기업의 지속가능을 담보할 핵심적인 경영요소이기도 하다. 모든 권한을 가진 최고경영자가 아닌 모든 책임을 져야 하는 사업주가 기업의 안전에 관한 가치를 정립하고 이를 실행하기 위한 시스템 구축에 막대한 예산을 투자해야 하는 결정을 할 수 있을까?

국내 굴지의 대기업 석유화학공장의 부사장급 공장장을 역임하고 퇴임한 지인을 만난 일이 있다. 퇴임 소회를 묻는 말에 그는 "이익이 나지 않는 공장을 경영하다 보니 사고가 날 때마다 서울 본사에 보고하는 것이 지옥 같았다"는 말을 꺼냈다. 그리고 설립한 지 30년이 넘다 보니 시설 개선이나 안전문화 등에 대한 투자가 시급한데 적자가 나다보니 예산 투자 얘기는 꺼내지도 못하고 죄인처럼 살았다고 한다. 공장장 하는 동안 사망사고가 발생해 별도 달았다는 말을 하며 쓴 웃음을 지어 보였다. 이러한 사례는 이 회사에서 예외적으로 있는 일이 아니다. 현행 산안법 체계와 한국의 기업경영방식 아래에서는 당분간 변하기 어려울 것이다.

2020년 1월 16일 시행된 산업안전보건법 전부개정 내용에는 이러한 문제를 보완하기 위해 회사의 대표이사로 하여금 안전에 관한 책임을 부과하고 있다. 대표이사는 안전관리계획을 수립해 이사회 승인을 득해 시행해야 하는데, 안전경영방침과 목표, 안전관리조직, 예산 투자 등을 구체적으로 수립하도록 하고 있다. 근본적인 문제를 해결하기에 충분하지는 못하다 해도 현재 드러난 문제를 풀 수 있는 단초가 마련된 것만으로 환영할 일이다.

> "기업이 누구를 위해 어떤 안전을 할 것인가?"
> "안전 활동의 달성목표는 무엇인가?"
> "어떤 안전활동을 실행하고 어떻게 관리할 것인가?"

최고경영자는 이 세 가지 기본적인 문제에 대한 해결 방안을 복합적이고 체계적인 방법으로 풀어 나가야 한다. 첫째 질문은 안전을 해야 하는 이유와 의지를, 둘째 질문은 안전 활동의 우선순위 결정을, 셋째 질문은 활동계획의 수립 및 실행에 관한 것이다. 최고경영자는 방침-목표-계획을 포괄하는 전략을 수립하고 문제를 해결하는 과정에 이것이 전제되어야 한다.

✚ 안전 역량, 왜 필요한가?

기업의 최고경영자가 이와 같은 안전에 관한 역할을 충분히 그리고 의도적이고 적극적으로 해 내기 위해서는 안전에 관한 지식과 기술 그리고 자세라는 세 가지 역량이 필요하다. 안전경영에 관한 전략과 시스템을 완성하고 이를 통해 안전성과를 창출하기 위해서 경영자가 갖추어야 할 덕목이다.

피터 드러커(Peter Ferdinand Drucker)는 그의 저서 자본주의 이후의 사회에서 "이 시대의 경쟁력은 지식의 생산성이며 지식의 생산성은 지식의 활용과 연결 및 현장화이다"라고 말했다. 최고경영자가 경영행위를 함에 있어 안전에 관한 전문성이 부족하면 종업원이나 조직에 긍정적인 영향력을 행사하기 어렵고 변화시키는 것이 불가능하다. 따라서 경영자가 안전 분야에 전문가로서의 지식을 갖추어야 함은 유능한 경영자가 되기 위한 기본적인 조건이다. 안전과 경영의 함수관계, 안전경영에 유효성이 있는 정보, 미래에 대한 위험예측과 통제에 도움이 되는 지식 등을 말한다.

최고경영자가 이러한 지식을 효과적으로 습득하고 경영활동에 반영하는 좋은 방법 중 하나는 사례를 통해 배우는 것이다. 경영이론이나 기법이 안전 분야라고 해서 크게 다르지 않고, 다만 안전경영에 필요한 지식의 차이가 있을 뿐이다. 최고경영자가 안전에 관한 의사결정에 필요한 상황을 빨리 이해하고 경영에 위험으로 작용할 사고 발생 가능성을 예측해 대비책을 마련하는 문제해결능력을 개발하는 데는 사례연구만큼 좋은 지식습득 방법이 없다.

다국적기업 BP는 2005년 3월 23일 텍사스 정유공장에서 역사상 최악의 폭발사고가 발생해 15명이 사망하고 170명이 다쳤다. 공장 주변의 주민이 대규모로 대피해야 했고 이로 인한 금전적 손해액이 15억 달러가 넘었다. 정기보수를 마치고 재가동하는 과정에서 분리탑의 액상높이가 계속 상승했지만 운전원이 이를 감지하지 못해 발생한 사고였다. 레벨게이지 오작동과 운전원의 실수가 폭발원인으로 지목되었다.

그러나 300쪽이 넘는 CSB사고조사위원회의 조사보고서에 의하면 안전에 대한 잘못된 핵심성과지표를 가지고 있었기 때문에 인명사고를 줄이는 데만 관심을 쏟았다. 그 결과 공정안전관리가 부실해지고 안전문화에 문제가 있었음을 지적하고 있다. 그뿐만 아니라 아모코(Amoco)를 무리하게 인수합병한 후 비용절감에만 주력하고 안전에 대한 투자를 하지 않았고 운전원 교육이 매우 불량했던 것으로 보고서는 적고 있다. 최고경영자가 안전경영을 왜 중시해야 하고 안전경영시스템을 구축해야 하는 이유에 대한 생생한 지식을 얻을 수 있는 대표적인 사례이다.

지식을 기반으로 한 안전경영전략 수립 및 실행에 필요한 기술도 최고경영자에겐 간과하기 어려운 역량이다. 조직을 둘러싼 경영환경은 매우 빠르게 변화해 산업, 기술, 고용이 변화하고, 주주, 소비자, 종업원 등 이해관계자의 요구가 다양해진다. 이러한 급변하는 환경에서 오는 기회와 위협요인을 식별하는 능력과 이를 안전경영전략 차원에서 수용하는 기술은 기업의 위기를 기회로 만들 것인지 위기로 방치할 것인지 결정 요인이 된다.

구체적으로 안전문제를 해결하기 위해 생산, 품질, 마케팅, 회계 등 여러 가지 기능 중 어느 하나에 치우치지 않으면서 이들 부문과의 상호 관계를 파악해 종합적으로 문제를 찾아내고 대응하는 기술을 일컫는다. 따라서 최고경영자에게 필요한 기술이란 안전에 관한 목표를 결정하고 이를 달성하기 위한 안전계획의 수립 등 경영상의 제반 노력을 관리 및 통제하는 관리적 능력이다.

마지막으로 지식과 기술역량을 갖춘 최고경영자에게 실행할 의지가 중요한데 이것이 자세이다. 안전이 경영상 중요한 것도 알고 안전을 어떻게 하는 것인지도 잘 알고 있으나 실행에 옮기지 않으면 지식과 기술역량은 무용지물이 된다. 결과적으로 최고경영자가 갖추어야 할 자세는 실용적이고 결과 지향적이며 실제적이어야 한다. 최고경영자의 자세는 본인에 국한되지 않고 조직의 생명력을 좌우하게 되는데, 안전에 관한 최고경영자의 의지 즉, 자세를 담는 그릇이 안전경영방침이다.

국내 굴지의 철강 제조공장에서 후진하는 지게차에 지나가던 노동자가 부딪혀 사망하는 사고가 발생해 조사를 한 경험이 있다. 이 현장에서 작업 중이던 지게차는 사고를 일으킨 지게차를 포함해 10여대로 모두 외부에서 지입으로 들여온 장비였고 이를 운전하는 노동자 역시 수급업체 직원들이었다. 회사 지게차 운전매뉴얼에는 구내 운반속도를 시속 10km로 이하로 규정하고 있다. 그런데 지게차로 작업이 이루어지는 하역장에는 작업물량에 따라 도급을 주고 있어 수급업체는 최소한의 시간에 작업을 마치는 것이 인건비 등 원가를 절감하는 최선의 방식이다. 지게차 운전자가 구내 운전속도를 지킬 수 있을까? 결국 안전을 최우선한다는 안전경영방침은 허구에 불과하고 실행이 불가능한 운전매뉴얼에 최고경영자가 사인(Sign)을 해 보관하고 있을 뿐이다.

✚ 리더가 안전해야 한다

안전경영시스템을 성공적으로 구축해 우수한 안전성과를 내는 기업의 공통점은 안전에 관한 최고경영자의 철학이 분명하고 강력한 의지가 밑바탕이 되고 있다는 사실이다. 비록 안전경영이 안전측면의 이슈와 안전 리스크에 관하여 잘 이해하고 있는 관리감독자 등 중간 간부나 하부조직에서 발의되었다 하더라도 최고경영자의 적극적인 책임의식과 지원 없는 대부분의 안전경영은 용두사미로 끝나거나 대형사고로 이어져 경영위기에 직면할 수 있는 것이다.

안전문제를 성취하기 위해서는 전략적인 안전경영의 틀이 세워져 일반경영과 같은 과정을 수행하게 되는데, 전체 조직의 행동방식에 관한 기본 틀이 되는 것이 안전방침이다. 따라서 방침을 수립하기 위한 전제적인 역할은 안전이념, 미래의 예측, 안전전략 및 중장기계획 등이 되며, 방침의 수행에 관한 역할은 책임과 권한의 위임, 자원의 배분, 동기유발 등이 된다.

안전방침을 수립함에 있어서 기업의 가치관을 어떻게 설정할 것인가? 어떤 절차를 거쳐 수립할 것인가? 방침을 어떻게 전달할 것인가? 미래를 내다보는가? 등이 고려되어야 한다. 그리고 안전방침의 내용으로는 안전의 가치와 철학(Priority), 안전성과를 제고하기 위한 핵심실행내용(Action Plan), 방침의 적용대상(Coverage) 등을 담게 되는데, 이는 기업 리더인 최고 경영자의 의지를 표현하는 것이다. 기업경영을 책임지는 최고경영자인 리더가 전 조직구성원을 상대로 안전을 어떻게 받아들이고 어떤 방법으로 관리해 갈 것인지에 대하여 밝히는 중요한 이벤트인 것이다. 모든 것이 그렇듯이 안전에 관해서도 철학이 빈곤한 최고경영자가 역량 있는 중간 리더를 발탁, 육성해 활용하는 것을 기대하기 어렵고, 실행력을 갖추지 못한 최고경영자가 중간 리더에게는 독선적이기 쉽다. 안전에 관한 비전과 가치가 궁핍한 리더가 기업의 지속가능을 위협한다.

02

안전제일의
불편한 진실

안전을 전부로 생각하고 기업을 하는 오너 경영인이 있을까? 안전의 가치를 이윤추구보다 더 크고 중요한 가치로 생각하고 비즈니스 철학을 실행하는 기업 경영자가 있다면 그가 생각하는 안전이란 기업의 지속가능을 위협하는 리스크로부터의 자유일 것이다. 그런데 기업의 리스크를 최소화하는 안전 활동을 생산 활동보다 우선적이고 적극적으로 관리하는 경영자는 얼마나 될까? 많은 안전전문가들이 주장하는 안전 최우선 경영이 기업의 가치를 창출한다고 주장하는 근거는 무엇인가?

기업이 이윤을 창출하는 여러 가지 요소 중 생산과 안전만을 놓고 생각해 보자. 제품을 만들고, 건축구조물을 시공하고, 운송수단을 제공하는 등 생산 활동으로 이윤을 창출한다. 그러나 생산 공정에서 일하는 사람이나 설비 등이 위험에 노출되는 정도에 따라 인적, 물적 손실이 발생하는 것을 예방하기 위해 다양한 안전수단을 강구한다.

즉, 생산이 이윤을 만들어내는 직접적인 활동이라고 하면 안전은 손실로 발생하는 이윤감소를 최소화 하는 간접적이고 지원적인 활동일 것이다. 따라서 이상적인 조직에서는 생산과 안전이 대등하고 균형성을 가져야 한다. 생산 활동을 확대하거나 생산설비를 증가시키면 유해위험요소의 노출도 증가하기 때문에 병행해서 안전도 강화되어야 한다.

✚ 안전 여유도 확보가 생산성을 향상한다

그런데 대부분의 기업은 생산과 안전이 대등한 관계로 이루어지지 않고 기울어져 있다. 생산을 통해 안전에 필요한 자원이 창출되므로 조직에서는 보편적으로 재화를 창출하는 것이 생산이라는 믿음 하에 이들의 요구를 먼저 고려한다. 관리자가 보유한 기술이 안전보다는 생산관련 기술이고 생산관련 정보가 안전에 비해 직접적이고 지속적이며 이해하기 쉽기 때문이기도 하다. 반면 안전에 관한 정보는 간접적이고 불연속적이며 성과측정을 위한 지표가 애매한 경우가 많다. 이러한 이유로 일정기간 사고가 발생하지 않으면 안전이 잘 되고 있다고 생각하거나 안전 무용론이 고개를 들기 쉽다.

관리자나 현장 감독자는 생산목표, 납기일 등을 맞추기 위해 대등한 관계에 있어야 할 안전의 일부를 줄여 생산에 투입하고 이런 현상은 관행이나 습관으로 자리 잡아 생산과 안전의 불균형을 심화시킨다. 불행하게도 시스템상의 안전 여유도를 심각하게 갉아먹은 결과가 된다. 이러한 나쁜 결과는 작업자의 사망, 화학물질 누출과 같은 대형사고가 발생하거나 깜짝 놀랄만한 위기일발의 상황을 겪어야만 안전에 대한 생각을 다시 하게 된다.

특히, 생산 활동을 통해 이윤을 증가시키고 시장을 확보하는 등 기업이 지속성장을 위해 앞만 보고 가는 과정에 거의 일어나지도 않는 일에 대한 두려움은 제쳐두기 십상이다. 기업이 생산성 증대를 영리측면에서의 본질로 생각하기 때문이다. 그렇게 되면 적기에 적정한 안전 투자는 줄어들고 사고예방이나 안전수준 향상을 위한 시스템과 방호수단을 제대로 유지하거나 돌보는데 소홀하게 된다. 단순히 생산을 증대시키는 것만으로도 그에 적정한 위험감소를 위한 새로운 방호수단을 확보하지 않는다면 가용한 안전 여유도는 상대적으로 감소하게 된다. 종전의 방어수단을 도외시하거나 새로운 방어수단을 마련하지 않는 것 모두 대형사고 발생과 같은 파국적인 결과로 나타나 결과적으로 기업은 엄청난 손실을 감수할 수밖에 없게 된다.

2013년 경북 구미소재 휴브글로벌에서 불화수소 누출로 작업자 5명이 숨지고 사업장 인접지역을 재난지역으로 지정하는 큰 화학사고가 발생했다. 이 사업장은 중국산 100% 불화수소를 수입해 물과 희석한 불산제품을 생산해 출하하는 단순한 작업공정을 갖춘 공장인 반면, 맹독성 화학물질 누출, 중독 등 고위험성이 잠재되어 있었다. 정부의 사고 조사결과 발표에 의하면 맹독성 물질을 취급하는 작업자에게 화학보호구를 제대로 제공하거나 착용하도록 하지 않았고, 오조작이 발생한 볼밸브나 탱크로리 상부 작업대가 구조적으로 불안전한 상태였던 것으로 밝혀졌다. 작업자가 5인 미만인 관계로 당시 관련 법령에 의한 공정안전보고서 제출 대상에서도 제외되었다. 생산과 이윤 측면에 비해 안전 여유도는 전혀 확보되지 않았으며, 이 사고는 휴브글로벌을 비즈니스 포기라는 회생 불가능의 파국으로 몰고 갔다.

생산 활동을 통한 이윤증대는 기업의 본질임을 부정하기 어렵다. 그런데 생산 활동의 확대를 통한 이윤 극대화 경영으로 창출된 자원을 가지고 안전 여유도를 확보하는 것은 늦다. 안전에 대한 투자를 통해 안전과 생산을 균형감 있게 유지시키는 것이 손실을 최소화하여 이윤 극대화에 기여한다. 결과적으로 안전제일, 안전 최우선이란 안전이 생산과 평형지대에 머물 수 있는 안전 여유도를 확보함으로써 안정적인 생산 활동과 이윤창출 기반을 마련하는 것이다.

✚ 안전은 경제재이다

안전이 중요한 것을 모르는 사람은 없고 실제 많은 사람들이 안전을 모든 것에 우선한다고 말을 한다. 그런데 이를 실천해 안전 여유도를 갖추려는 사업장이나 사업주는 많지 않다. 안전관리를 전적으로 외부의 도움에 의존하는 사업주는 안전을 경영의 핵심요소로 보지 않는 사고에 갇혀 있다. 예방보다는 사후조치로, 위험에 대한 시스템적 접근이 아닌 단편적인 대응으로, 자발적인 책임보다는 규제준수 수준에 머무르고 있다. 이러한 사업장은 안전관리 실패로 인한 손실은 고려하지 않고 예방에 대한 투자를 비용으로 간주해 돈 쓰기를 주저한다.

2013년 6월 충남 당진에 소재한 국내 굴지의 제철소 내에서 질식 사고로 5명의 노동자가 목숨을 잃는 사고로 사회적 파장이 만만치 않던 무렵 이 사업장에 안전진단 반원의 일원으로 들어간 적이 있다. 사고는 제철소에서 발생하는 부생가스를 받아서 이것을 원료로 전기를 생산하는 발전소에서 일어났다. 사고가 발생하자 정부 감독관청으로부터 해당 설비에 대한 작업 중지 처분을 받아 발전설비 3기가 모두 가동이 정지되었다. 발전 원료로 사용될 부생가스(by-product gas)는 굴뚝을 통해 공기 중에 태워 버려지고 있었다.

진단반이 현장에 도착해 처음 만난 현장 최고경영자는 "기름 한 방울 안 나는 나라에서 발전설비 가동을 정지시켜 하루 수억 원씩 가스를 태워버리고 전기를 생산하지 못하도록 하는 것이 옳은 것인지 모르겠다."는 불만 섞인 첫마디를 던졌다. 하루에 생산되던 전기가 약 2억5천만 원이고 태워버리는 부생가스도 약 2억5천만 원이었으니 설비 가동이 불가능해지면서 하루에 약 5억 원의 손실이 발생하는 것에 대한 불만이었다. 일을 하다 목숨을 잃은 작업자는 안중에도 없고 사고원인을 찾아 개선하려는 노력도 없어 보였다.

이 사업장이 약 60일 정도 발전설비를 돌리지 못하면서 직접적으로 입은 영업 손실액이 300억 원 정도였고 진단 및 설비 보수, 직원 사기 저하, 기업 이미지 추락 등으로 발생한 간접손실액은 수백억 원으로 추산된다. 이제 와서 사업주가 산재로 발생한 손실비용의 1%만 안전에 미리 투자했더라면 상황은 달라졌을 것이라는 후회를 해봐야 이미 늦은 일이었다.

"안전은 불안전한 조직관리구조를 바꾸는 과정이다."

"안전은 경제재이다."

"사고를 예방하기 위해서는 비용과 시간을 투자해야 한다."

안전에 투자해야 할 비용 규모는 사고가 발생할 확률과 사고가 났을 때 치러야 할 비용을 곱한 값에 비례한다. 2013년도 국제사회안전협회(ISSA)에서 발표한 "산업안전보건에 대한 투자편익 분석결과"에 의하면 안전 투자 대비 기업의 편익비용 비율이 1:2.2로 나타났다. 이는 기업이 안전에 1을 투자하면 이윤으로 2.2배에 돌아온다는 의미로, 최근 기업이 생산성 향상이나 품질제고로 이 정도의 이윤을 내기 어려움을 생각하면 시사하는 바가 크다. 그동안 우리 사회는 이 비용을 낮게 인식하지 않았나 하는 생각이 든다.

✚ 고객을 위한 최고의 정책

결국, 사업주는 안전이 이윤창출에 도움이 되고 남는 장사라는 생각이 들 때 안전에 눈을 돌리게 된다. 큰 사고를 당하고 어마어마한 금전적 손실을 입은 후에야 안전의 중요성을 깨닫는 것이다. 경영에 있어 안전의 중요성을 깨달은 사업주만 안전이 우선순위의 문제가 아니라 경영의 중요한 가치임을 역설한다.

최근 몇 년 사이에 크레인 붕괴, 화학물질 취급사업장 화재폭발, 건설공사 현장 추락 등 대형사고가 잇따라 발생하고 있다. 사고가 발생한 사업장들은 예외 없이 작업 중지로 인한 생산손실, 벌과금, 감독 및 진단 수검 등에 지갑을 열어야 한다. 내부 구성원, 지역 주민 등과의 갈등으로 어려움을 겪고 심지어 사업을 포기해야 하는 곳도 생겨났다. 안전관리에 실패한 기업이 이로 인해 지불해야 하는 손실비용은 생산이나 서비스를 팔아 생기는 이윤의 몇 배에 달하고, 고객은 안전이 확보되지 않은 기업의 서비스를 구매하려 하지 않아 점차 수익이 줄어들었기 때문이다.

유럽 최고의 경영학계 석학으로 불리는 인시아드(INSEAD)의 이브도즈(Yves Doz) 교수는 위크리비즈(Weekly Biz)와의 인터뷰에서 "지금과 같이 불확실하고 변화의 속도가 빠른 상황에서 기업이 핵심역량에만 집중하면 망하기 딱 좋은 시대"라고 주장한다. 비즈니스 성패는 고객의 손에 달려 있다. 세계적인 초일류기업들은 고객으로부터 질 좋은 상품을 만드는 회사라는 이미지만큼이나 안전하고 건강한 회사라는 이미지를 가지고 있다. 고객으로부터 신뢰를 받지 못하는 기업은 경쟁에서 살아남기 어렵다. 기업이 고객으로부터 신뢰를 받는 최고의 정책은 안전이다.

SK이노베이션의 구자영 부회장은 모기업-수급업체 상생협력 선포식에서 인사말을 통해 "회사가 이익 10조 원을 목표로 하고 있는데 10조 원이면 0이 13개입니다. 그런데 맨 앞의 1이 볼링의 킹핀과 같은 역할을 하는데 이것이 쓰러지면 뒤의 13개의 0은 무의미합니다. 바로 1이 안전입니다."라고 강조 했다. 안전을 경영의 최우선 가치로 인식하는 사업장이나 사업주는 사고는 위험이 존재하는 한 발생할 수도 있는 것이 아니라 절대 발생할 수 없고 발생해서도 안 된다는 인식이 확고하다.

나를 비롯하여 내가 책임지고 있는 사람들에게 불행한 일이 발생할 수 있다는 가능성을 마음속에 실제화 할 때, 비로소 '예방'을 최우선에 둘 수 있다.

안전은
최고의 경영전략이다

　안전, 특히 산업안전을 얘기하면서 기업을 빼놓고는 말하기가 어렵다. 안전이 기업을 융성하게도 하고 어렵게 만들기도 하는 요소 중 하나이며, 기업을 경영함에 있어 안전은 중요한 전략이기 때문이다.

　다수의 경영학자들이 기업을 미시적 측면과 거시적 측면에서 정의하고 있다. 미시적 측면의 기업이란 사람, 물자, 돈 등 자원을 투입해서 제품과 서비스를 만들어 내되 투입자원은 최소화하고 효과는 최대화함으로써 이윤을 극대화 하는 것이다. 이러한 견해에는 기업을 생산시스템으로만 보고 있다는 부정적인 시각이 있을 수 있다. 인적자원과 물적자원을 비용으로 투입하여 이윤을 창출한다는 측면에서 물자와 더불어 사람을 단순한 비용으로 인식하고 있기 때문이다.

　반면, 거시적인 측면에서 기업을 사회 안에 존재하는 제한된 자원을 가장 효율적으로 배분하여 그 가치를 극대화함으로써 사회의 경제수준 향상에 이바지하는 조직으로 정의하기도 한다. 그러나 기업은 사회로부터 부여받는 역할인 가치 극대화를 추구하는 과정에서 창출되는 이윤을 사회에 내놓지 않고 그대로 기업 안에 축적하게 되면 축적된 힘으로 다른 집단을 지배하려는 현상이 나타난다는 부정적 시각이 제기된다. 노동자의 노동력 착취, 안전보건에 관해 배려 부족, 환경공해 유발 등이 대표적인 사례일 것이다.

기업은 수익성, 안정성, 성장성 등을 목적으로 여러 가지 자원을 복합적이고도 유기적인 방식으로 결합시키는 전략적 경영활동을 실행한다. 현대경영에서 기업이 추구하는 목적 달성에 치명적인 리스크는 사람에게 있다. 인적자원을 비용으로 보는 시각이나 이윤창출을 위해 노동자와 고객의 안위를 생각지 않는 경영행위는 기업에 큰 부담으로 작용하게 된다.

✚ 생산성보다 안전성

2005년 경기도 화성시에 있는 반도체 부품회사에서 노말핵산 중독으로 외국인 노동자 8명이 일명 앉은뱅이 병으로 불리는 신경다발성장애로 인한 하반신 마비 증상으로 직업병 판정을 받음으로써 국내외적으로 엄청난 파급효과를 가져왔다. 직업병 조사결과 노말핵산이라는 유기용제를 다량 사용하는 공정에 환기장치 등 기본적인 안전장치도 설치하지 않았고 노동자 건강진단 및 작업환경측정 등 법적인 필수요건도 이행하지 않은 상태에서 외국인 노동자를 하루 12시간 이상 작업을 시킨 것으로 드러났다. 대기업그룹군인 이 회사는 우리나라가 반도체산업의 전성기를 맞으면서 동반 성장해 충분한 경쟁력을 갖추고 있었음에도 이 사건이 계기가 되어 국제사회로부터 엄청난 비난을 받고 일부 사업에서 손을 떼어야 했다. 그뿐만 아니라 사업을 재편하는 과정에 노사 간의 심각한 갈등을 초래하고 종업원이 대량 실직사태를 맞았다. 경영자의 안전관리 실패가 비즈니스의 성패를 가르는 결과를 가져온 것이다.

기업을 집에 비유한다면 기초를 다지고 기둥을 세우고 지붕을 덮어서 완성하게 되는데 기초, 기둥, 지붕이 각각의 경영활동 구성요소이다. 기초를 세우기 위해 조직을 형성하고 생산 활동과 마케팅 등을 통해 이윤을 창출하게 된다. 그러나 기업이라는 집을 형성하고 재화를 창출하는 활동에 있어서 생산, 품질, 인사, 마케팅 등의 관리 기능만으로 완결되지 못한다. 제때에 공급되지 않거나 부족하게 공급되게 되면 원활한 경영활동을 수행하기 어려워지는 중요한 요소가 안전관리이다. 다른 관리기능에 의해 창출된 이윤을 갉아먹는 치명적인 손실이 발생하거나 최고의 이윤 창출을 방해하는 요소로 작용하기 때문이다.

세월호 침몰사고는 그 대표적인 사례를 보여주고 있다. 싼 가격으로 외국에서 낡은 배를 인수해 승선인원을 늘리고 선적량을 늘리기 위해 선체를 불법 개조를 해 몇 년간 아슬아슬한 곡예 운영을 해 왔다. 적은 예산 투입, 성공적인 마케팅 등을 통해 일견 경영을 효율화하여 큰 수익을 냈을 것이다. 그러나 이 배의 침몰로 수많은 무고한 생명을 잃고 해

운사는 망했고 경영진은 유명을 달리해야만 하는 결말을 맞았다. 그뿐만이 아니라 엄청난 사회적인 갈등과 천문학적인 비용을 지불해야만 했다.

"안전을 할 것인가?"
"지금까지 아무 문제없었는데 무엇을 하란 말인가?"
"안전관리가 경영활동에 도움이 될까?"

그러나 안전은 이제 더 이상 기업이나 CEO의 고민거리가 되지 않는다. 안전은 기업윤리와 인도주의 문제에 머물지 않고 비즈니스 성공의 조건이며 안전관리의 실패로 발생한 사고나 재해는 기업의 존립근간을 흔들 수 있는 문제이기 때문이다. 사람의 노동력을 임금으로 사서 이윤을 추구하는 경영자가 안전관리를 배제한 경영활동을 한다는 것은 불가능하다.

✚ 돌파할 것인가, 떠밀려 갈 것인가?

현대의 생산구조는 점점 복잡해지고 고도화되어 생산기술도 기계화를 넘어 자동화, 무인화 등이 급속도로 진행되고 있다. 특히 인간의 생물학적인 능력을 초월하는 과학기술의 발전으로 위험은 항상 존재하게 되었으며 새로운 위험도 출현하게 되었다. 제4차 산업혁명으로 대변되는 스마트공장은 사람과 로봇이 같은 작업공간에서 협업이 가능한 코봇(cobots)을 등장시켰다. 생산성 향상, 작업의 유연성 증대, 장애인 고용 등 다양한 형태의 고용효과 창출 등 기업성과 창출에 기여할 것이다. 그러나 종전에 로봇이 가지고 있던 충돌 위험성에 사람과 로봇의 협업으로 인한 근골격계질환이나 심리·사회적인 더 큰 새로운 위험성이 생길 것이다.

결국, 기업의 최고경영자는 이와 같은 위험을 최소화하여 사고나 재해로 연결되지 않게 함은 물론 최적의 작업환경을 만들어 생산성이나 품질을 향상시킴으로써, 결과적으로 기업의 목표인 이윤을 극대화하는 방안을 찾아야 한다. 이것이 안전경영이며 기업경영을 행하는 최고경영자가 책임을 지고 노력해야 하는 고도의 경영전략이다.

경영이란 조직이 주어진 목표를 달성하기 위하여 그에 필요한 것을 기획하고 조직, 통제하는 전반적인 활동과정을 말한다. 안전경영이란 최고경영자가 방침을 정하고 목표와 계획을 세우는 것에서 시작된다. 이를 수행할 안전관리조직을 구성해 책임과 권한을 분배하고 현장중심의 안전관리활동을 실행한다. 그리고 성과측정 등을 통해 목표달성여부를 검토하고 지속적으로 성과를 개선해 간다. 즉, 계획-조직-통제라는 일련의 경영과정에 안전을 시스템적으로 편입하는 것이다.

안전경영이 성과를 내기 위해서는 몇 가지 전략이 필수적이다. 우선 최고경영자의 확고한 의지와 목표가 분명해야 한다. 사업주와 종업원의 비율이 1:99인 반면 권한은 99:1임을 감안할 때 사업주의 안전철학과 정책적 마인드가 안전에 관한 투자, 조직, 권한의 위임 등 전부를 좌우하게 된다. 둘째로 안전경영에 대한 이해와 시스템이 적정하게 작동되기 위해서는 라인의 중간 간부의 전문역량과 안전관리조직의 적극적인 지원이 있어야 한다. 이는 스태프와 라인조직의 책임과 권한 부여를 통해 이루어지는 데 성공적인 의사소통전략이 필요하다. 마지막으로, 조직문화를 바탕으로 한 안전분위기 조성전략이다. 조직문화와 안전문화가 따로 있지 않다. 조직문화 속에 안전을 최우선으로 하는 조직구성원의 행동이 습관화될 수 있도록 유도하는 전략이 전제되어야 한다.

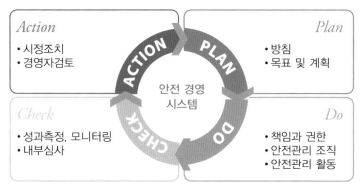

안전경영시스템은 현대기업이 안전경영을 전략적으로 접근하기 위해 구축해야 할 기본 프레임이다

　기업의 생산과 마케팅 기능은 기업 활동의 기본적인 골격이며 이윤을 창조하고 현금화하는 등 이윤에 직접적인 역할을 담당하는 라인활동이다. 기업규모가 커지고 복잡해지면 생산과 마케팅이라는 라인위주의 경영활동만으로 기업이 원만한 경영활동을 수행하기 어려워진다. 이러한 장애는 생산과 마케팅활동을 영위하는 데서 발생하는 위험을 적절하게 관리하지 못하는 데서 발생한다. 그러나 위험 커뮤니케이션 학

자 샌드만(Sandman)은 기업경영을 어렵게 하는 진짜 위험(risk)은 위험 요인 (hazards)관리 실패로 발생한 사고나 재해에 주주, 소비자, 종업원, 인근 주민 등 이해관계자의 분노(outrage)가 더해져 오는 것임을 인식해야 한다고 주장한다. 최근 발생한 모 항공사 땅콩회항사건, 서울지하철 구의역 스크린도어 점검 요원 끼임 사망사고, 석탄 발전소 컨베이어 끼임 사망사고 등이 이 주장을 잘 대변해 주고 있다.

04

황금 수도꼭지를
지켜라

최근 안전과 관련하여 의미 있는 보도들이 눈길을 사로잡는다. 자살, 교통사고, 산재사고를 절반으로 줄이겠다는 국민생명 지키기 3대 프로젝트가 국정 어젠다로 추진되는 점이 단연 으뜸이다. 매년 스스로 목숨을 끊는 사람의 수가 13,000여 명에 이르고 교통사고와 산재사고로 사망하는 사람도 각각 3,200여 명과 900여 명을 육박하는 수준이다 보니 정부가 지켜볼 수만 없는 지경에 이른 것이다.

10년 가까이 끌어 온 반도체 공장 노동자 백혈병 문제도 산업재해 인정 등 처리방식에 합의를 이루었다. 타이어공장 노동자 사망사고와 라돈 침대 등 사회적 파장이 만만치 않았던 사건들도 해결의 실마리를 찾기에 분주한 모습이다. 의학과 기술적 조사결과만으로 판단해 처리하기에는 이해충돌과 높은 불신의 벽이 문제이고 정무적 판단이 지나치면 잘못된 선례가 향후 기준으로 작용할 공산이 커 어려운 사안들 이었다.

이 무렵 우리나라 굴지의 6대 대기업은 신성장동력 발굴을 위해 약 333조원의 신규투자계획을 연달아 발표했다. 이를 통해 18만 여개의 새로운 일자리를 만들어 고용을 창출한다는 내용들이 담겨 있다. 당시 어려운 고용상황이나 경제 성장세 둔화 등을 고려할 때 매우 환영할 일 이었다.

✚ 스마트 팩토리가 만들어 낼 또 다른 리스크

그 무렵 투자계획을 발표한 한 대기업의 안전 담당 임원이 저자의 사무실을 찾았다. 그는 앉자마자 숨 쉴 사이도 없이 폭풍같은 질문을 쏟아 냈다.

> "지금보다 2~3배 속도의 메모리 기능을 가진 반도체 공장을 짓는다고 하면 5년 후 어떤 유해위험 요인이 발생할까?"
> "협동로봇을 기반으로 한 스마트공장을 신축한다면 계획단계에서 무엇을 챙겨야 하나?"
> "태양광발전설비에서 화재가 자주 발생하는데 기술적인 문제인가 관리시스템의 문제인가?"

대안을 정확히 제시할 만큼 전문가가 못 되는 저자로서 당황스러움과 안전인으로서 흥미로움이 동시에 가슴을 뛰게 했다.

기업들이 발표한 대규모 투자가 예상되는 분야는 대부분 반도체, 바이오, 인공지능, 스마트카 등 신산업 또는 첨단 기술 분야이다. 본격적인 투자가 시작되면 공정은 복잡화, 집적화, 고도화되고 공장은 대형화되어 종전의 모습과는 사뭇 달라질 것이다. 지금까지 사용되지 않았던 새로운 물질이 제조되거나 사용될 것이다. 공장이 가동되면 지금까지 밝혀진 적이 없는 초미세 물질이 생성되고 복합적인 위험이 나타나는 등 물리, 화학, 생물학적 유해위험 요인이 일하는 사람을 위협할 가능성이 크다.

돌이켜보면, 4~50년 전 우리나라에서 반도체를 시작할 때 지금 겪고 있는 화학물질에 의한 안전문제가 심각하게 제기될 수 있다는 것을 아무도 예견하지 못했다. 불면증이나 스트레스가 많은 현대인에게 인체에 좋은 고품질의 침대 생산은 기업의 상업성을 뛰어넘는 가치로 인식될 수 있었지만 생명을 위협하는 라돈물질 발생 우려에 대한 기술적 검토는 사전에 하지 못했다. 세계 7대 완성차 생산 국가인 한국이 타이어 공장을 가져야 하는 것은 당연시 하면서 인체에 유해한 물질이 노동자의 건강을 위협할 것에 대한 대안을 마련하지 못했다.

산업화를 통한 국부의 창출이 시급한 당시 상황에서 안전이나 건강 문제는 다소 뒷전일 수밖에 없었을 것이다. 기업은 이러한 국가 경제발전 정책에 맞추어 안전보다는 속도를 사전적 예방보다는 사후적인 관리에 힘이 실려 있었다. 그 결과 짧은 기간의 압축 성장은 이루었으나 일터에는 다양한 형태의 위험이 만들어지고 축적되는 과정에서 우리 사회는 위험사회로 변했다. 이로 인해 엄청난 비용을 지불하고 있다.

새로운 비즈니스를 시작하거나 신산업으로 전환을 꾀하는 기업이 종전과 같은 전철을 다시는 밟지 않기 위해 고민하는 것은 무척이나 다행이다. 지금까지는 몇 십 년이 걸려 생명을 위협하는 안전이나 환경문제가 드러났지만, 앞으로는 기술발전 속도, 사회 투명성, 활발하고 다양한 언론매체, 국민의 욕구수준 등으로 인해 단기간 내에 세상에 드러날 가능성이 크다. 이를 무시하고 시작하기에는 비즈니스 부담이 너무 크고, 이미 시작된 비즈니스도 이러한 측면에서 들여다보지 못하면 지속가능과 미래가 불투명하다

✚ 안전에 기반을 둔 비즈니스 확장

국내 굴지의 반도체 제조공장인 SK하이닉스는 최근 몇 년간 공격적으로 생산규모를 늘려왔고 현재의 잠재성장능력으로 보아 지속적으로 늘어날 가능성이 크다. 그런데 반도체 공정 특성상 화학물질 사용량은 생산량에 비례하여 증가하게 된다. 여기에 상수원보호구역 인근에 위치한 사업장 입지 특성이 맞물리므로 앞으로 반도체 비즈니스에서는 폐수처리기술이 무엇보다 중요해지리란 것을 알 수 있다.

이 회사는 미래로 나가기 위해서 근원적으로 폐기물 문제를 해결하지 않고는 안 된다는 생각으로 발상을 전환해 자원순환전략을 수립했다. 폐기물의 안전한 처리를 자원화 전략으로 바꾸어 Garbage → Waste → Resource 라는 친환경 자원순환 개념을 도입했다. 자원재생 기술을 활용해 폐자원의 에너지화를 도모해 공장 증설에도 불구하고 폐기물

소각이나 매립량은 10% 이내로 줄일 수 있었다.

이와 같은 활동은 상수원 안정성 향상이라는 사회적 가치를 창출하고 경제적 측면에서도 연간 수십억 원의 약품비 절감 효과를 가져왔다. 그뿐만 아니라 공정안전관리대상 물질이었던 화학물질을 친환경 물질로 대체해 근무환경을 개선하고 안전도 향상하는 부가 효과도 얻었다. 반면 탱크 구조나 배관에 가해질 수 있는 물리적 위험성과 대체 약품에서 발생할 수 있는 새로운 유해 위험성은 기술적 검토를 통해 보완하고 있다.

자원순환전략을 소개하는 자문회의에서 만난 SK하이닉스 이석희 사장은 "안전과 건강에 기반을 두지 않은 비즈니스는 근원적으로 안고 있는 리스크로 인해 확장성에서 제한을 받기 쉬워 사전적으로 조기에 파악하고 대처하지 않으면 안 된다"라고 했다. 맞는 말이다. 폐기물의 안전한 처리를 뛰어넘어 지역주민, 내부구성원과 공감하려는 안전환경전략은 비지니스의 성공을 위해 최고경영자가 갖추어야 할 비전의 모습을 보여주고 있다.

✚ 황금 수도꼭지일수록 안전과 연결하라

수조원의 자금을 신산업이나 신기술에 투자하고자 하는 기업은 성과가 단기간에 펑펑 쏟아져 나오는 황금수도꼭지를 가지고 싶어 한다. 투자계획을 할 무렵 황금수도꼭지는 이미 만들어 놓았는데 어느 파이프라인에 연결을 해야 빠른 시간 내에 투자한 돈을 회수하고 지속가능한 비즈니스로 자리 잡을 수 있을까 고민하고 있는지도 모른다.

그런데 부지불식간에 제4차 산업혁명의 도래와 더불어 모든 분야에서 변화가 가속되고 있다. 산업, 고용, 기술, 사회 등은 변화속도와 폭에 맞추어 종전과 사뭇 다른 양상을 띠어 보고 있는 사람이 어지러울 지경이다. 그렇다보니 엄청난 규모의 신산업 투자에 나선 대기업은 성과를 쏟아낼 황금수도꼭지를 어느 파이프라인에 연결할 것인지 고민하지 않을 수 없다.

투자한 만큼 성과를 지속적으로 쏟아내려면 직경이 큰 굵은 파이프라인이 좋겠지만, 스케일이 끼지 않고 굴곡부가 적고 용접이나 볼트 이음매가 적은 파이프라인이 안정적이다. 용접부가 터지거나 이음매에 균열이 간 파이프라인에 박힌 수도꼭지에서는 물이 나오지 않거나 오염수가 나오기 십상이다. 투자에 대한 이윤도 생산과 품질에서만 나오는 것이 아니라 손실에 의해 뒤바뀔 수 있다. 안전보건 문제에 대한 사전적이고 전문적인 검토 없는 투자는 통계적으로 보이는 사망자 수, 질병자 수의 문제를 넘어 기업의 비즈니스 성패를 좌우할 손실로 작용한다. 근원에 대한 고려 없이 겉으로 보이는 결과만으로 원하는 성과를 얻기란 어렵다.

따라서 기업은 변동성과 불확실성에 대비한 조직의 안전역량을 키우는데 장기적이고 지속적인 투자를 해야 한다. 최고경영자의 리더십(leadership)을 바탕으로 위험을 예측(identify)하고, 이를 받아들여(taking), 근원적으로 없애거나 최소화하는(manage) 통합안전경영시스템을 갖추어야 한다. 사람의 생명과 직결되는 안전보건은 기업의 지속가능요소로 이윤을 능가한

다. 황금수도꼭지의 파이프라인이 여기에 연결되어야 안전성과가 콸콸
나올 것이다.

05

안전 리더는
누구인가

    사업장에서 안전관리자로 일을 하거나 관리감독자 지위에 있는 분들을 만나 보면 일반적으로 법이 복잡하고 요구하는 내용이 어려워 잘 모르겠다는 말을 자주 듣게 된다. 실제로 산업안전보건법 175개 조항과 안전보건기준에 관한 규칙 673개 조항 중 노동자가 준수해야 할 몇 개의 조항과 정부의 책무에 관하여 규정한 조항을 제외하면 나머지 전부가 사업주가 해야 할 내용을 규정한 조항이다. 산업안전보건법 이외에도 안전에 관련된 법령은 30여개에 달한다. 그러니 법령에 대한 사업주의 이해수준이 더 나을 리 만무하다.

    그런데 사업주나 관리감독자가 법령에서 규율하고 있는 이 많은 조항들을 다 안다 한들 어떻게 지킬 수 있으며, 모두 지키면 과연 사고는 발생하지 않을까? 수규자인 사업주나 규제를 담당하는 공무원 모두 법령의 준수와 산업재해예방과의 상관관계에 대한 신뢰가 크지 않으며, 오히려 산업재해예방을 촉진하기 위한 수단으로써 법령과 행정집행을 위한 규제적 의미가 더 크다.

산업재해발생 통계를 보아도 이는 여실히 드러난다. 매년 일터에서 발생하는 9만 여건의 산업재해의 상당수가 동일한 사업장에서 반복 발생하고, 동일하거나 유사한 원인으로 발생한 산업재해도 많다. 사망 등 중대재해가 발생했거나 재해발생수준이 동종업종 평균 이상인 사업장은 작업 중지 명령을 받고 관독관청의 특별감독이나 전문기관의 안전보건진단을 받아 수많은 법령위반사항을 시정한 후 작업을 재개하는 절차를 밟기 마련이다. 그러나 산업재해는 반복해서 발생한다.

충남 당진에 소재한 우리나라 대표적인 철강 생산업체인 H제철은 2015년 한 해 동안 사망사고로 같은 사업장 내에서만 원청 및 수급업체 노동자 13명이 사망했다. 감독관청의 작업 중지 명령으로 상당히 긴 기간 조업을 중단해야 했고, 특별감독과 안전보건진단을 받았다. 근로감독관 및 공공기관의 전문가를 사업장에 상시 파견해 위험작업 상황을 모니터링 하는 사상 유래 없는 일이 벌어졌다. 수억 원에 달하는 과태료의 문제를 넘어 생산차질과 기업 브랜드 가치 하락으로 수천억 원의 직간접 손실이 발생하는 심각성을 깨달은 그룹 회장이 전격적으로 현장을 방문해 재발방지를 위한 특별대책을 발표하고 간부직원 일부에게 책임을 물어 직위해제하는 등 초강수의 조치를 취했다.

결과적으로 규제대응차원이건 국민의 따가운 눈초리 탓이건 안전보건시설 개선에 적지 않은 돈을 투자했고 안전보건조직도 보강하고 안전문화를 정착시키기 위해 노력했다. 우연의 일치일까 그 후 2년 여 간 사망재해 제로를 기록했다. 그러나 지난 2018년 스프링의 복원력이 작용하듯이 사망재해가 다발해 과거 2년 전과 유사한 시련을 거치는 수모를 감수해야 했다.

법령을 기반으로 공권력을 이용한 규제방식으로 안전수준을 높이거나 산업재해를 예방하는 것은 근원적으로 한계가 있음을 보여주는 사례이다. 사업주가 의지를 가지고 안전경영시스템을 구축해 전문적이고 지속적으로 운영해 가는 노력 없이 규제를 피하는 수준에서 일시적인 투자나 관리방식의 전환으로 안전수준이 높아지거나 산업재해를 예방하는 것은 불가능하다. 그렇다면 사업장 내에서 사업주의 이러한 의지를 실행할 전략적 안전전문가는 누구인가?

✚ 지멘스의 관리감독자 안전 리더십

20년이 넘은 일이다. 독일의 명문 기업 지멘스(siemens)를 방문해 2개월을 안전관리부서에서 합동 근무하며 독일기업의 안전관리활동을 학습할 기회가 있었다. 3천여 명의 직원이 일하는 차단기 생산 공장의 안전관리부서에는 부장급 직원 한 명과 대리급 사원이 전부였다.

안전관리부서장의 주선으로 생산, 생산기술, 품질, 공무 등 주요 생산 관련 부서와 조직운영부서의 핵심 간부가 돌아가며 본인들이 담당하는 부서 전체의 안전 활동에 대한 브리핑하는 모습을 볼 기회가 있었다. 한 해 동안 추진할 안전관리의 목표와 방향, 주요활동내용, 시스템 운영,

성과관리 등이 전문가수준의 해박한 지식과 경험을 바탕으로 설명되고 있었다. 생산부장의 입에서 연간 제품 생산량, 납기, 수율과 같은 이야기는 한마디도 없고 본인이 담당하는 부서의 전년도 안전성과, 위험성 평가계획, 매뉴얼 및 절차서 검토 보완, 안전교육계획 등이 구체적인 일정과 함께 줄줄 나오는 것이다. 아차사고사례를 발굴해 조치하고 재발방지를 위해 위험성평가를 다시한 후 결과를 매뉴얼에 반영한 사례도 소개되었다. 다른 부서장들도 이 수준에서 크게 벗어나지 않았다. 개인적으로 충격 그 자체였다.

그렇다면 정작 안전관리부서는 무슨 일을 할까 궁금해졌다. 전문가로서 라인의 부서를 지도 조언하는 일에 지극히 국한하여 일을 하고 안전에 관한 전체적인 조율이나 조정에 많은 시간을 할애한다는 답변이 돌아왔다. 공장 전체가 참여하는 비상대비 훈련을 한다거나 법령의 해석이나 공장 내 규범의 통일과 같은 일을 주로 하고 자체감사를 통해 개선사항 피드백을 주는 일이 매우 중요하다고 예를 들어 주었다. 그러니 이 큰 공장의 안전관리 전담부서는 전문성을 갖춘 직원 두 명으로 족하겠구나 하는 생각을 했다.

어떻게 보면 안전이 생산, 품질, 공무 등 모든 경영활동과 분리되어 따로 있을 수 없다는 지극히 상식적인 일이 시스템화된 것일 뿐이다. 생산을 책임지는 관리자가 부서 내 직원, 공정, 설비, 일에 대한 리스크를 관리하는 것이 당연하고 인사노무 담당자가 직원들의 개인성향, 작업특성, 노동 강도 등을 고려해 채용, 교육, 전보인사계획을 수립하는 것은 안전에서 매우 중요한 사안이다. 이러다 보니 안전 분야에 대한 경력을 갖추지 못한 간부가 임원을 승진하는 데는 경력이 적지 않은 부담요인으로 작용한다고 한다. 안전 프로세스가 경영의 모든 부문에 녹아들어 통합경영시스템으로 작동하고 있는 것이다.

✚ 안전관리자와 관리감독자의 안전역량

현행 산업안전보건법은 사업장이 스스로 안전관리를 할 수 있도록 안전보건관리체제를 갖추도록 하고 있다. 안전을 총괄적으로 책임지는 사업주 또는 경영진을 보좌할 참모조직으로 안전관리자를 두고 라인의 안전관리를 책임지고 끌고 갈 관리감독자를 임명해야 한다. 부·과장 그룹의 관리자와 직·반장 그룹의 현장 감독자가 이에 해당된다.

안전관리자는 CEO가 안전방침을 정하고 안전 목표를 설정하는 등 안전전략을 수립할 때 참모로서 전문가적인 역할을 해야 한다. 생산, 공무, 품질 등 라인의 관리자와 현장 감독자들이 위험성평가, 안전점검, 안전교육 등을 효율적으로 수행할 수 있도록 조언과 지도를 해야 함은 물론, 예외적인 상황에서 컨트롤 타워(control tower) 역할을 할 수 있어야 한다.

특히, 기업의 경영환경이 급변하고 새로운 비즈니스 모델이 속속 등장하는 현대경영에서 안전관리는 기업의 가치 있는 투자 요소로 인식되면서 전문적인 영역으로 자리하고 있다. 전문영역을 담당해야 하는 안전보건관계자의 역량이 기업의 비즈니스 연속성에도 지대한 영향을 미침을 간과해서는 안 된다는 말이다. 결론적으로 안전관리자는 안전과 보건 전문가여야 한다.

반면, 라인을 지휘하는 관리감독자는 부·과장 및 직·반장급으로 작업형태, 공정설비, 생산시스템은 물론 노동자의 안전의식 수준까지 자세하게 파악하고 관리할 수 있는 위치에 있다. CEO로부터 생산관리, 품질관리, 조직 관리와 더불어 안전관리까지 무한책임을 부여받고 있다. 포스코, 삼성전자, 현대자동차와 같은 대기업의 생산 공장의 생산부장이나 생산관리팀장이 가지고 있는 책무와 권한은 전체 조직을 압도한다. 중소기업의 생산을 담당하는 관리자는 기업의 생사여탈권을 가졌다고 해도 크게 틀리지 않다. 이들에게는 공통적으로 담당부서의 사람, 설비, 공정을 관리하는데 필요한 암묵적 지식과 실무경험이 풍부하기 때문에 안전관리를 실행할 적임자이다. 따라서 관리감독자가 실질적인 안전관리자인 것이다.

법적으로는 안전관리자는 자격과 학력중심의 기준으로 선임하도록 하고 관리감독자는 직위와 경험을 기준으로 임명된다. 기업이 이 기준만을 충족시키는 안전관리체계를 갖출 경우 사업장의 안전보건관리가 제대로 돌아갈까? 최악의 상황을 생각해 보면, 산업안전기사 자격증을 가진 대학 갓 졸업한 안전관리자가 20년간 생산에 종사한 생산부장이나 조립라인의 반장, 직장을 상대로 지도 조언해야 하는 웃지 못 할 촌극이 발생한다. 그런데 이런 상황은 공사금액이 수백억 원에 이르는 건설 현장이나 대기업이 운영하는 사업장에서조차 종종 목격되고 있다.

기업이 제도의 허점을 이용하는 얄팍한 술수로 이런 기업의 CEO에게서 어떤 안전철학을 찾아보거나 기업경영에서 안전의 가치를 가늠하는 것은 헛된 기대일 뿐이다. 안전관리자와 관리감독자의 안전 리더십과 역량은 교육, 시간, 경험이 투자되어야 비로소 나온다. 라인의 관리감독자가 안전에 대한 지식을 충전하고 안전관리자가 현장의 실무지식을 갖추어야 안전지식을 투영시킬 기회가 만들어진다.

✚ 레몬시장 현상으로 늪에 빠진 안전시장

기업이 안전관리체계를 갖추고 운영하는 데 있어 문제가 여기서 끝나지 않는다. 안전관리를 원가절감 차원으로 접근해 안전관리자를 선임하지 않고 대행제도를 활용해 외부 기관에 안전관리 자체를 위탁하는 것이다. 현행법상 일부 사업장을 제외하고 대부분 사업장이 마음만 먹으면 적은 비용으로 안전관리를 대행기관에 위탁할 수 있다.

> 산업안전관리는 기본적으로 사람에 대한 관리이다. 설비의 이상 유무를 판단해 사고로 연결되기 전에 조언하고 고쳐주는 전기, 가스, 에너지 설비관리를 전문기관에 위탁하는 것과는 견줄 바가 못 된다. 일하는 사람과 관련이 있는 사업장의 생산 시스템, 작업환경, 조직 및 인사체계 등을 모르는 대행기관의 안전요원으로부터 안전관리에 유용한 조언을 받기란 기대하기 어렵다.

"우리 회사 안전은 외부 전문기관에 위탁해 관리하고 있습니다. 1년에 1,500만 원이나 주고 안전관리를 맡겼는데 사고가 났습니다. 돈 받고 안전관리를 위탁받았으면 사고가 나지 않도록 해야 하는 거 아닌가요?" 경기도 평택시에 소재한 300여 명의 노동자가 일을 하는 중견기업을 중대재해 조사차 방문한 자리에서 공장장이 불쑥 던진 말이다. 안전관리를 대행기관에 위탁하는 것이 곧 경영자의 안전관리 면책으로 이해하고 있는 것이다.

안전관리자는 작업현장이 위험하다고 판단되면 즉시 작업을 중단시키고 노동자를 보호할 의무가 있다. 때로는 엄청난 예산을 들여서라도 안전을 확보할 수 있도록 조정하는 임무를 수행한다. CEO를 보좌해 이러한 중요한 방침을 결정하거나 실행해야 하는 안전관리자가 갖추어야 할 역량은 위탁기관의 안전관리 대행요원 역량과는 무관하다.

상당수의 기업들이 사망과 같은 치명적인 사고가 반복 발생하고 안전관리에 대한 성과가 부진해 대책 찾기에 부심한다. 안전 조직 및 인력의 전문성, 안전에 대한 투자와 무관치 않건만 자율적으로 안전관리를 할 시스템이나 역량을 갖추기 보다는 좋은 안전관리 프로그램이나 동종업종의 베스트 프랙티스(Best Practice)를 찾는데 시간을 허비한다. 우리 조직의 가장 약한 부분을 찾아 개선해 가는 것부터 안전은 시작된다. 이것이 안전관리 역량이다.

우리나라 경제가 급성장하던 시기와 달리 최근 저성장기조의 늪으로 들어가다 보니 기업은 공공과 민간을 통해 제공되는 무상서비스의 달콤함을 버리지 못한다. 안전성과에 대한 기대가 적고 인식이 부족한 사업장일수록 법적요건만을 충족시키기 위해 무상서비스면 더 좋고, 사정이 여의치 못하면 안전시장에서 저가의 서비스를 구매하는 일도 주저하지 않는다. 시장은 살아남기 위해 저가경쟁으로 요동치고 시장의 무기력성으로 레몬시장현상이 발생한다.

결국, 기업이 스스로 안전역량을 키우기 위한 노력보다 시장에서 제공하는 싼 가격의 서비스를 선호하는 현상이 시장의 서비스 질을 낮추고, 기업의 안전관리는 이러한 저가의 질 낮은 서비스로 인해 부실해지는 것이다. 안전시장은 싼 게 비지떡이라는 격언을 무시한 채 레몬시장의 늪으로 빠져들고 있다. 산업재해를 근원적으로 줄이거나 없애고 초일류기업 안전수준을 유지하기 위해서는 법과 제도의 허점을 고치는 것 이전에 기업 스스로의 의지가 중요하다.

06

규제는 사고를
먹고 자란다

최근 일본이 한국을 백색국가 대상에서 제외하는 등 경제 보복적 성격이 강한 정치, 외교적 행태를 노골적으로 드러내고 있다. 이에 적절하게 대응하기 위한 우리 정부와 기업의 고민도 깊어지고 일본에 대한 국민적 감정이 전에 없이 고조되어 가고 있다. 위기를 기회로 삼아 일본 등 대외 의존도가 높은 소재, 부품, 장비 등에 대한 국산화율을 늘리고 공급선을 다변화해 경쟁력을 강화해야 한다는 목소리가 크다. 실제 이를 뒷받침할 정책과 제도가 짧은 기간동안 다양하게 쏟아져 나오고 기업도 모든 역량을 집중하고 있다. 퍽 다행이라는 생각이 든다.

그런데 국가경제를 든든하게 다잡기 위한 기업 활성화 정책 중에는 규제의 적정성 검토를 배제하기 어렵다. IMF 금융위기가 닥쳐 어려움을 겪을 때도 기업 활성화를 위한 정책 중에 규제를 대폭 완화하거나 철폐하는 정책이 시행되었는데 그 대표적인 예시가 기업 활성화를 위한 규제완화 특별조치법이다. 안전보건 및 환경에 관한 기업의 의무사항 중 상당수가 걷어내 졌었다.

이번 일본의 경제보복에 대응하기 위해 검토되고 시행되는 다양한 대책 중에는 기업 활동에 장애가 되는 규제를 과감히 줄이거나 없애는 것도 검토되고 있다. 그중에는 일본이 수출허가라는 미명하에 개별 허가 품목으로 지정한 불화수소는 고순도 맹독성 물질로 화학물질관리법, 산업안전보건법 등의 규제를 받는다. 이 물질을 우리 기업이 연구, 생산하기 위한 정책적 배려차원에서 법적 규제 장치를 완화할 필요성을 제기하고 있다. 현 상황에서 충분히 이해되는 부분임에 틀림없다.

✚ 과연 안전은 걸림돌인가?

그런데 유럽은 우리나라의 화학물질등록평가법과 화학물질관리법 수준의 화학물질 규제법령인 신화학물질관리제도(REACH)를 2007년 발효한 바 있다. 새로운 화학물질을 제조하는 경우 이에 대한 유해위험성을 제조 또는 수입업자가 입증하는 제도이다. 화학, 전자, 철강 등 모든 산업에 영향력이 크고 준비하는데 시간과 비용이 만만치 않게 들어가는 점을 고려할 때 이 제도의 도입이 유럽 내 자국 기업에 엄청난 부담으로 작용하고 경쟁력이 떨어질 것이라는 비관론이 비등했다. 특히, 이 무렵 EU국가들의 경제상황이 일부 국가를 제외하고 좋지 않았다.

그러나 결과적으로 이 제도는 가격 경쟁력을 상실했던 유럽의 업체

들에게 개발도상국의 추격을 막아주는 방파제 역할을 하면서 효자 노릇을 톡톡히 하고 있다. 수출은 촉진하고 수입은 억제하는 새로운 무역장벽 역할을 하고, 심지어 자신들의 물질에 대한 실험 자료를 다른 나라업체에 판매해 수익도 챙기고 있다.

> 기업 경쟁력에 걸림돌로 작용하거나 투자의욕을 꺾는 지나친 진입규제는 없애거나 합리적으로 조정하는 것이 당연하다. 그러나 우리 사회를 유지하고 지탱하는데 필요한 사회적 규제는 국민의 눈높이와 경제수준의 향상에 따라 오히려 강화해야 한다. 대표적인 예가 국민의 안전과 건강에 관련된 규제이다.

국제적으로도 안전이나 환경과 같은 국민의 생활과 직결되는 규제는 오히려 강화되는 추세를 보인다. 경제적 영토 확장을 위해 FTA 등을 통한 국가 간 경계를 허물기에 바쁘지만 안전과 환경에 관한 국가 간 장벽은 낮아지지 않고 있다.

이 십 여 년 전쯤 일이다. 용접을 할 때 화상방지를 위해 용접공이 착용하는 용접장갑은 제조 또는 수입업자가 법으로 정한 인증을 받아야 수입, 제조, 판매가 가능한 제품이었다. 그러나 제조, 수입업자들은 우리나라 용접장갑의 품질이 국제기준을 충족할 만큼 좋아졌다는 이유로 법으로 정한 인증대상에서 제외해 줄 것을 강력하게 요청했다. 인증을 받는데 드는 비용과 시간 등이 기업에 부담으로 작용하니 규제를 풀자는 것이 솔직한 요구사유였을 것이다. 얼마 지나지 않아 관련 법령 개정으로 용접장갑은 인증대상에서 제외됐고, 안전성에 대한 확인절차 없이 생산과 수입이 가능해졌다. 그 후 중국 등에서 저가제품이 쏟아져 들어오면서 가격경쟁력을 갖추지 못한 국내 용접장갑 생산업체는 결국 대부분 문을 닫게 됐다. 그 당시 연간 150억 원 규모의 용접장갑 시장을 다른 나라 업체에 내준 것이다.

우리나라 기업이 기계기구류를 유럽에 수출하려면 CE마크를 붙이지 않고는 불가능하다. 소재나 안전성 등에 있어 독일, 스위스 등 제품과의 기술격차를 인정할 수밖에 없는 우리 제품이 CE인증을 거쳐야 유럽 땅을 밟는다. 그런데 우리 땅에는 그들의 제품이 아무런 제도적 절차를 거치지 않고 들어올 수 있다면 품질과 안전성에 대한 담보는 물론이고 우리 기업의 경쟁력은 어떻게 확보해야 할 것인가? 이것이 지나치게 국수적인 생각인가.

✚ 실패는 규제를 부른다

2013년 온 나라를 시끄럽게 했던 구미 휴브글로벌의 급성독성물질 누출사고는 화학물질 관리에 대한 제도적 취약성을 드러내면서 관련 법규의 대폭적인 손질이나 제정을 이끌어 냈다. 그 대표적인 법령이 화평법과 화관법이다. 일정량의 사고대비물질을 저장, 사용하는 기업은 등록은 물론 정기적인 검사를 받아야 하고 저장시설에 대해서는 장외영향평가서 및 위기관리계획서를 관공서에 제출해 심사를 받아야 한다. 안전관리 소홀로 화학물질 누출사고가 발생하는 경우 5%의 과징금을 부과하는 경제벌제도를 도입했다.

2018년 화력발전소에서 고 김용균 씨가 석탄을 운반하는 컨베이어에 협착하여 신체가 분리되는 끔찍한 사망사고가 발생했다. 이 사고는 노동계와 정치권 등으로부터 근본적인 원인조사와 재발방지대책을 강하게 요구받으면서 우리 사회를 요동치게 했다.

이 무렵 정부발의로 국회에 제출되어 있던 산업안전보건법 전부 개정안이 이 사건을 계기로 탄력을 받아 통과되어 2020. 1. 16. 시행되었다. 그동안 산안법의 사각지대에 있던 특수고용직이 적용대상으로 들어오고, 도급을 통한 위험의 위주화가 불가능하거나 제한되고, 기업의 대표이사나 도급사업의 원청 사업주 책임이 강화되는 등 대형 산업재해 예방에 초점을 맞추어 강화되었다.

주요 화학사고	발생연도	안전보건제도 변화
영국 플릭스버러(Flixborough) 시클로헥산 폭발사고	1974	영국, Health and Safety at Work 법령 시행
이탈리아 세베소(Seveso) 다이옥신 누출사고	1976	EU, 세베소 지침 제정
인도 보팔(Bhopal) 유니온 카바이드사 MIC 누출사고	1984	미국, 대통령 직속 화학사고조사위원회(CSB) 설치
구소련 체르노빌(Chernobyl) 원자력발전소 폭발	1986	안전문화운동 태동
미국 휴스턴(Houston) 필립스공장 폭발사고	1989	미국, 공정안전보고서 제도 도입
전북 군산 TDI공장 TDA 누출사고	1991	한국, 공정안전보고서 제도 도입
구미 휴브글로벌 불산 누출사고	2013	한국, 화평법, 화관법 제정
고 김용균 씨 컨베이어 협착사고	2019	한국, 산업안전보건법 전부 개정

국내외 주요 대형사고 발생은 새로운 제도의 신설 또는 규제 변화를 불러왔고, 수규자인 기업에게는 경영 압박요인으로 작용해 왔다.

국내·외에서 발생한 주요 대형사고 는 법령의 제·개정을 통해 새로운 안전보건제도를 도입하는 결과를 가져왔고, 이는 수규자인 기업에 규제가 확대 또는 강화하는 방향으로 작용해 왔다.

이처럼 최근 몇 년 사이에 안전보건이나 환경에 관한 많은 법령이 제정되거나 대부분 개정되었다. 산업사회 환경이 바뀌면서 제도의 전환요구가 있어 불가피한 법령의 제·개정이 따르기도 하지만, 근래 잇따라 발생하는 중대 사고나 환경피해사고는 규제 사각지대 해소와 동종사고 예방 차원의 법령개정과 규제강화에 크게 영향을 미쳤다.

결론적으로 규제는 사고를 통해서 지속적으로 늘어나고 강도가 강해지는 것이다. 기업이 자기 규율을 통해 스스로 관리하지 못하면 외부 규제에 의해 통제를 받게 된다. 공권력에 의한 규제방식으로 사고나 재해를 원천적으로 낮출 수 있느냐 하는 것도 의문이지만, 사업장 내부 규범을 통한 자율안전을 확립할 때 규제로부터 자유로워 질 수 있다.

07

원인 없는
사고는 없다

언제부터인지는 정확치 않지만 아침에 눈을 뜨면 무의식적으로 TV를 켜고 30여 분간 뉴스를 보는 버릇이 생겼다. 30년이 넘는 세월 동안 안전업무에 종사하면서 생긴 직업병(?)이다.

어느 날 아침 여느 때와 다름없이 아침 뉴스프로그램을 보다가 전체 뉴스 내용 중에서 사건 사고 관련 내용이 얼마나 될까 궁금해졌다. 나도 모르게 세어보기 시작했다.

청주 5층 아파트 화재로 주민 1명 사망

울산항 원유 선박 화재 18시간 만에 완전 진화

사우디아라비아 고속전철역 폭발

스프링클러 설치된 학교는 21% 불과

고라니와 충돌 후 수습하던 승용차 운전자를 뒤따르던 승용차가 2차 충
돌 후 사망
공중화장실서 황화수소 흡입한 여고생 2달간 의식불명 후 숨져
태풍 미탁(Mitag) 한반도 북상으로 긴장

다양한 사건사고 소식이 쉼 없이 이어졌다. 이날(2019.9.30.) 아침 뉴스에
서 약 30분간 보도된 내용의 약 35% 수준이다.

사건사고 뉴스가 많이 보도된다고 해서 우리 사회가 불안하다거나
사고가 증가하고 있다는 단정적인 결론을 말하기는 어려울 것이다. 그
러나 정치, 경제, 사회, 문화 등 다양한 정보가 제공되는 뉴스 프로그램
내용의 3분의 1 이상이 사회분야의 사건사고로 구성되고 있다는 것은
사회안전망 측면에서 개선의 여지가 많음을 의미한다.

이러한 현상은 외국과 정성적으로 비교해 봐도 크게 틀리지 않는다.
화재현장 출동, 응급환자 후송, 긴급구조 등으로 이동하는 소방차, 구급
차 등 특수차량의 사이렌 소리를 하루에도 몇 번씩 듣는 날이 있다. 시
민들이 이 소리에 다소 무감각해진 것 같기도 하다. 그런데 해외 체류경
험이 많지는 않지만 독일, 미국, 일본 등 선진국에 체류하는 동안 이 소
리를 들어본 경험이 그리 많지 않다. 몇 년 전 호주 시드니에서 긴급 구
조차량이 사이렌을 울리며 지나가는 모습을 지나가던 모든 사람들이
걸음을 멈추고 쳐다보는 광경을 보며 순간 내가 이방인이 되었던 기억
이 생생하다.

✚ 위험을 받아들여야 안전이 보인다

그동안 산업, 기술, 경제, 사회 등 모든 면에서 발전을 거듭하는 과정에 위험도 각 분야에서 고도화, 복잡화, 대형화, 집적화 되어왔다. 속도가 생명인 교통수단과 설비는 수십 배가 빨라졌고, 높이가 돈인 건축물은 하늘 높은 줄 모르고 키재기 경쟁을 하고 있다. 수시로 변하는 소비자의 구매성향은 서비스형태를 변화시킬 뿐만 아니라 다양한 제품을 생산하기 위한 제조공정을 복잡하게 하고 수많은 화학물질의 사용량을 증가시킨다.

일하는 사람들의 행태도 변하는 작업환경에 영향을 받아 안전도에서 벗어나는 행동을 할 위험이 커진다. 다시 말해 사람은 심리적 요인과 상황적 요인의 상호작용에 영향을 받아 휴먼 에러를 범하게 된다. 급속하게 변해가고 있는 일터의 환경은 일하는 사람으로 하여금 지식과 기능의 결핍이 생기지 않도록 해주고 의욕이 결여되는 태도문제가 없도록 관리하지 않으면 불안전행동이라는 위험 요인은 증가하게 된다. 예를 들어 스마트 팩토리(Smart Factory)로 대변되는 제4차 산업혁명의 영향은 일하는 사람들의 노동 강도는 높이고 스트레스는 키우는 새로운 위험으로 등장하고 이는 휴먼 에러를 증가시키는 요인으로 작용할 수도 있다.

이와 같이 물적, 인적 위험 요인이 지속적으로 증가하고 축적되어 왔음에도 최근 30년간의 정부 산업재해통계를 보면 산업재해자수는 절반 수준으로 감소했고 사망자 수도 미미하게나마 감소했다. 그러나 최근 10년간의 추세를 보면 산업재해자수나 사망자 수 모두 답보상태의 커브를 보여주고 있다. 정부의 정책적 배려와 감독이 어느 때보다 강화되

고 기업 자체적인 안전에 관한 관심과 노력도 전에 비해 향상되었음에
도 효과가 미미하다.

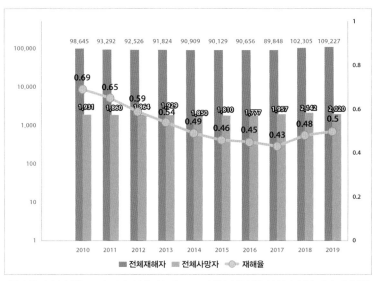

산업재해를 예방하기 위한 노·사·정의 노력에도 불구하고 2000년대 들어 산업재해자 수와 사망자 수 감소는 극히 둔화
추세를 보이고 있다(고용노동부 산재통계 참조)

　인적, 물적 불안전요인 즉, 사고를 유발하는 잠재된 위험 요인이 축
적되고 증가해 가고 있다는 사실을 받아들여야 안전이 보이는데 그렇
지 못하다는 데 문제가 있다. 위험을 제로(0)로 만들 수 있는 신기는 없
다. 위험하다고 생각해야 위험 요인을 제거하든 작업을 중지하든 조치
를 취할 수 있는데, 위험하다고 생각할 수 있는 조건은 위험을 볼 수 있
어야 하고(Risk finding) 위험을 위험으로 받아들여야 하는(Risk taking) 것이다.
　중대재해가 발생한 사업장에 사고원인조사를 위해 방문해 보면 사

업장 관계자가 "거기서 왜 사람이 죽지?", "왜 시키지 않는 짓을 해서 목숨 잃고 머리 아프게 만들어"라는 반응을 보이는 경우도 있다. 사고가 발생한 원인이 사고를 당한 사람의 불필요한 행동으로 발생한 것으로 보고 있는 것이다. 그런데 현장을 살펴보면 사고 위험이 상존하는 장소에 일 때문에 접근했고 일을 하다 사고를 당했는데도 그 위험은 보지 못했거나 인정하지 않는 것이다. 그저 사고는 "재수 없어서"로 통칭되는 불운의 결과로 인식할 뿐이다.

✚ 사고를 부르는 조직 구조

판교 테크노밸리 축제 공연 중 관람객이 올라가 있던 환풍구 덮개가 무너지면서 27명이 약 20m 아래로 떨어져 사상을 입었다. 이 사고는 전형적인 관리시스템의 문제이다

2014년 성남시 한 구청 운동장에 설치된 지하 주차장 환기구 덮개가 무너져 많은 주민이 목숨을 잃은 사고가 발생한 적이 있다. 사고 당일 저녁 이 장소에서 당시 유명한 걸 그룹의 공연이 예정되어 있었다. 좀 더 잘 볼 수 있는 자리를 확보하기 위해 운동장으로 몰려온 지역 주민 30여 명이 지상으로부터 1.8m 높이의 환기구 위로 올라갔는데 행사 도중 무게를 이기지 못한 덮개가 무너진 것이다. 환기구 위에 서 있던 사람들은 18m 아래 지하 주차장 바닥으로 추락해 18명이 사망하고 6명이 크게 부상을 당했다.

이 구조물은 사람이 올라가도 되는 구조물인가 올라가면 안 되는 구조물인가? 올라가도 되는 환기구로 만들어졌다면 덮개의 강도, 지상으로부터의 높이 등이 고려되었어야 할 것이다. 올라가면 안 되는 환기구였다면 올라가지 못하는 높이로 만들거나 올라가지 못하도록 울을 설치하고 올라가는 것을 방지하기 위한 표지판 등을 설치해야 했다. 거기까지 생각하지 못한 채 만들어진 구조물이라면 사용단계에서 조치할 수 있는 사전 안전점검, 감시인 배치, 임시 울 설치와 같은 방법도 있었을 것이다. 조직 내 관리시스템의 불안정으로 생성 축적된 위험이 가져온 결과이다.

조직의 안전에 관한 가치나 비전이 없으면 이는 조직 내 안전관리시스템을 갖출 수 없고 근원적인 안전 확보는 요원하다. 결론적으로 24명의 대형 사상자를 낸 이 사고는 계획, 설계, 설치, 사용, 보전 단계에서 안전을 챙기지 못한 것은 2차적인 원인이고, 1차적인 원인은 안전에 관한 비전과 가치가 결여된 조직이 만들어낸 비극으로 봐야 한다. 사고는 불운의 결과가 아닌 조직의 구조적인 문제로부터 발생한다. 이를 두고 올라간 사람들이 철없이 하지 말아야 할 행동을 했다거나 너무 많은 사람들이 올라가 마구 뛴 것이 원인이라고 한다면 대책은 무엇인가?

✚ 위험을 보는 것이 안전의 시작

저자의 고향집 옥상은 슬라브 구조로 지어졌는데 난간의 높이가 35cm 정도밖에 안 된다. 사람이 올라갈 일이 없다는 생각에 집을 지으면서 난

간높이에 대한 고려를 하지 않았던 것 같다. 어쩌다 올라가 난간 옆에 서서 아래를 내려다 보면 옥상의 가운데를 걸을 때는 몰랐던 약간의 현기증을 느낀다. 난간의 높이가 7~80㎝쯤 되었다면 거기에 기대서 아무리 아래를 보아도 현기증이 생기지 않았을 것이다.

실제로 몇 년 전 서울의 한 건설 현장에서 추락으로 사망한 노동자의 사고가 자살인가 산재인가로 회사 측과 유족 간에 옥신각신하던 장면을 목격한 적이 있다. 난간이 설치되지 않은 시공 중인 건물 3층 옥상에서 담배를 피우던 노동자가 아래로 떨어져 사망한 사고를 두고 발생한 일이다. 공사현장의 관리자는 작업이 없는 3층 옥상에 왜 올라갔으며 어떻게 떨어질 수 있느냐는 의견과 함께 자살 가능성을 주장했다. 그러나 올라갈 수 있는 통로는 개방되었고, 건설 중인 구조물 옥상은 난간이 없었으며, 평소 이 장소에서 흡연이 가능하도록 묵시적으로 인정이 되어있었다. 따라서 사람이 떨어져 사망한 사고를 자살이라고 주장하는 것을 개인적으로 공감하기 어려웠다.

대부분의 일터에는 이와 같이 크고 작은 위험이 잠재돼 있다. 그래서 위험한 기계장치를 취급하거나 위험성이 높은 공정에서 일하는 작업자에게 안전교육과 훈련을 시키고 기계장치나 공정에 안전조치를 취한 후 일을 하도록 한다. 그러나 사람은 실수를 할 수 있고 심지어 인지 능력 등에 있어 실수의 가능성이 큰 사람도 있는가 하면 제대로 된 교육훈련을 받지 못하고 작업에 임하는 경우도 있을 수 있다. 이것이 인적 측면에서 사고가 일어날 수 있는 위험의 실체가 된다. 뿐만 아니라 기계장치는 마모나 손상으로 적기에 점검·정비·보수를 하지 않을 경우 정상상태를 벗어나거나 고장을 일으킨다. 이것은 물적 측면에서 사고가 일어날 수 있는 위험의 실체이다.

이와 같이 공정, 설비, 작업에 잠재되어 있는 위험 요인이 사고로 연결되기 전에 발견해 내서 위험성을 평가하고 위험수준을 낮출 수 있는 적정한 안전대책을 마련해 시행하는 것이 위험성평가이다. 조직이 돈을 벌기 위해 어쩔 수 없이 만들어 내는 위험 요인을 빨리 찾아내 없애거나 위험도를 낮추는 안전관리시스템이다. 안전이란 위험을 보는 것에서 시작되고, 안전관리 수준은 위험을 찾아내 평가하고 관리하는 시스템에 의해 결정된다.

08

누구나 안전할
권리가 있다

　초등학교 4학년 5월 어느 날의 기억이다. 같은 마을에 살면서 같은 반에서 공부하던 혜숙이가 책 보따리를 한 손에 든 채 그의 엄마 손을 잡고 학교 정문을 나서는 뒷모습을 교실 창밖으로 본 것은 그날 점심시간 이었다. 그 후 학교에서도 동네에서도 내 친구 혜숙이는 볼 수 없었다. 군대 전역을 하고 대학교 복학을 준비하던 어느 날 동네 어귀에서 그와 마주쳤다. 성인이 된 그였지만 금방 알아볼 수 있었고 반가운 마음에 안부를 건네려는 순간 도망치듯 나를 피해갔다.

　집안 형편이 너무 어려워 식구의 입 하나 줄이고 차라리 일찍 서울로 보내 시집이라도 잘 가면 커서라도 사는 것이 지금보다는 나을 것이라는 부모님의 설득을 못내 뿌리치지 못하고 4학년 때 서울로 식모살이를 간 것이다. 16살이 되던 해 구로공단에 있는 봉제공장에 취직을 해 지내고 있던 어느 날 폐암선고를 받았고 회사에 더 이상 다닐 수 없게 되어 고향으로 내려왔다는 사실을 한참 후에야 전해 들어 알게 되었다. 어린나이에 작업환경이 열악한 공장에서 철야 근무를 밥 먹듯 하다 폐암이라는 병을 얻었다고 한다. 본인이 이를 직업병으로 인식할만한 지식도 없었거니와 산재보험과 같은 보상을 받는 일이 쉽지 않았을 것이다. 그리고 반강제로 직장을 떠나야만 했을 것이라는 짐작만 할 뿐이다. 가슴 아픈 기억이다.

전후 약 2~30년간 전쟁으로 망가진 국가 재건을 위해, 그 후 30여 년간 남들처럼 잘 사는 나라를 만들기 위해 안전보건은 경제발전의 그늘에 가려져야 했다. 2000년대 들어서 먹고사는 문제는 해결되었지만 선진국을 가기 위해 다이내믹 코리아를 외치며 일하고 있다. 노동은 미덕이며 국민의 4대 의무로 존중되어 70여년이 지난 오늘날 한국은 지구촌의 잘 사는 나라로 반석 위에 올랐다. 국민의 삶의 질과 일하는 사람들의 안전보건환경도 경제발전에 걸맞게 바뀌어 가는 것이 정상이지만, 솟구치는 안전 욕구를 수용할 사회적 인식과 저변은 경제수준을 따르지 못하는 것 같다.

✚ 안전 페러다임의 변화

6~70년대 내 친구 혜숙이와 같은 경우는 주변에서 종종 볼 수 있었다. 기계공장에서 프레스나 전단기로 금속을 가공하다 작업자의 손가락이 부지기수로 잘려 나갔고 수은, 납 등 중금속을 쓰거나 도금사업장에

서 직업병이 발생해도 제대로 된 보상이나 지원을 받지 못했다. 1970년 완공된 경부고속도로는 건설공사 중에 77명의 건설노동자가 목숨을 잃어 금강휴게소에는 이들의 넋을 기리기 위한 위령탑을 세울 정도였다.

이때 안전은 전적으로 노동자의 책임이라고 해도 과언이 아니었다. 안전과 보건은 국가경제를 부흥시켜 먹고사는 문제를 해결해야 하는 시대적 과제 뒤로 밀려 있었다. 경제발전이라는 양지에 안전과 보건이 가려져 있었던 것이다. 따라서 노동자가 스스로 사고를 당하거나 질병에 걸리지 않도록 조심해야 했다. 사고예방을 위한 제도, 시스템, 법령 등이 제대로 갖추어져 있지 않던 때 일터의 노동자가 보호받을 방법이 변변하지 않았기 때문이다.

사고와 질병예방 정책의 근간이 되는 법령이 없고 근로기준법에 일부 내용이 포함되어 있는 정도였고, 산업안전에 관한 정책과 감독업무를 다룰 정부조직체제도 갖추지 못했다. 산업재해보상제도가 도입되긴 했으나 탄광 노동자 진폐와 같은 일부에 제한적으로 시행되어 보상이나 재활의 손실이 넉넉히 미치지 못하던 때이다.

반면, 우리나라 산업구조는 봉제, 가발, 섬유 등 노동집약산업으로 시작하여 국가경제발전의 큰 그림 속에서 제철, 화학, 건설 등 중화학공업 발전에 박차를 가하고 있었다. 따라서 일터의 열악한 작업환경, 장기간 근로, 취약한 안전보건시스템으로 인해 사고와 질병 위험에 노동자가 무방비 상태에 놓인다. 노동자가 조심해서 일하는 것이 최상의 안전대책인 시기였다.

그러나 8~90년대 들어 우리 경제가 압축 성장을 거듭하면서 산업재해가 다발하였다. 80년대 후반 산업재해자수가 15만 명을 육박했다. 그당시 산재통계시스템과 지금보다 훨씬 적은 경제활동인구를 고려하면 산업현장은 전쟁터나 다름없는 사고 또는 질병이 발생하고 있었다.

노동조합은 산업재해 문제를 중요 이슈로 부각시키는데 주력하고 ILO 등 국제기구로부터 한국의 산업재해 양상과 노동시장 문제를 보는 시각도 달라지기 시작했다. 정부는 안전보건에 관한 법령, 제도, 시스템 등 인프라 구축을 서두르고, 유해위험 요인이 많은 산재취약 사업장을 중심으로 사업주가 산업재해예방에 관심을 갖도록 유도하기 위해 정부의 정책과 감독을 강화한다. 기업이 안전보건을 나 몰라라 하기 어렵게 되었고 노동자가 안전보건에 눈을 뜨기 시작했다.

산업안전에 관한 법령과 기준이 정비되어 규제의 틀이 완성되었고, 고용노동부에 이를 전문으로 다룰 산업안전감독관제도가 생겨 체계적이고 전문적으로 정책을 만들고 규제감독을 시작했다. 안전보건을 전문적으로 지원할 안전보건공단도 이때 설립되어 산업재해예방에 관한 연구, 기술지원, 교육훈련 등 기능을 수행한다.

이렇듯 정부의 규제틀이 확립되고 공공의 전문기술력이 투입되면서 사후관리수준의 안전관리가 전부인 것으로 인식하던 사업주의 대응은 달라질 수밖에 없었다. 사업주는 자율안전관리를 강화하고 고용한 노동자의 안전 유지증진을 의무로 인식하게 된다. 그러나 기업이 관리시스템의 혁신을 통한 안전경영을 정착시키기보다는 법적인 면책수준에 머무르면서 감독관청의 규제에 의한 산업재해 감소는 풍선효과를 거듭해 개선되어야 할 과제로 남아 있던 시기였다.

✚ 안전은 일하는 사람의 권리

2000년대 들어 양상이 크게 달라진다. 최근 발생한 세월호 침몰사고나 고 김용균 씨 컨베이어 협착 사고의 사회적 반향과 처리과정을 보면이전에 발생한 비슷한 사고에 비해 많이 다름을 알게 된다. 국민이나 피해자 측이 사고원인의 명확한 규명, 사고발생 책임자 처벌과 합당한 배상, 재발방지 대책 등을 요구하고 있다. 삼풍백화점 붕괴나 성수대교 붕괴와 같이 종전에 발생한 유사한 사고의 경우 성금과 보상을 통해 합의하고 사고조사결과 관련자에 대한 처벌수준에서 마무리 되는 것이 일반적이었다. 안전이나 사고를 보는 시각이 완전히 바뀐 것이다.

안전이 대중의 인식 속에 일반화된 결과이다. 안전하게 일할 권리는누구에게나 헌법으로 보장된 행복추구권으로 어떤 경우에도 침해 받지않을 기본권이었음에도 그동안 이는 일부에 국한한 것으로 인식되어왔다. 그러나 우리 사회가 경제적 부족함으로부터 탈출하면서 경제적문제 해결과정에 억눌려 있던 안전과 같은 기본권이 중요한 가치로 인식되어 우리 사회 곳곳에서, 그리고 일터에서 안전과 건강을 보장받을권리를 주장하는 소리가 점점 높아지는 것이다.

60~70년대	80~90년대	2000년대
노동자의 책임	사업주의 의무	일하는 사람의 권리
국가 발전과 경제 성장의 그늘에 가려 있던 시기로 노동자가 스스로 조심해서 일하는 것이 안전으로 인식되었다.	다양한 이해관계집단의 안전 욕구가 분출된 시기로 안전 관련 법과 제도 및 정책 등 인프라가 확충되었다.	안전이 기업의 지속가능한 주요 요소로 인식되고 일하는 모든 사람들에게 안전은 보호받을 권리로 자리잡았다.

국민의 삶의 질 향상과 일하는 사람들의 안전보건에 대한 욕구가 지속적으로 증가하면서 안전 패러다임도 변화하고 있다

안전은 누구나 누릴 권리라는 인식의 변화를 촉발하고 이는 안전권을 위협받거나 부당하게 침해받으면 분노하게 만든다. 세월호사고, 고 김용균 씨 사고도 안전에 관한 비전과 가치가 궁핍하고, 수익 극대화 경영을 지향하며, 안전관리조직 및 시스템에 대한 투자가 제대로 하지 않은 조직 내 구조적 문제로 인해 많은 사람의 목숨을 앗아간 것에 대한 많은 사람들의 분노였다.

이와 같이 안전의 큰 물줄기가 변화하는 것은 메슬로우의 인간욕구 5단계로 해석해 볼 때 자연스러운 현상이다. 생명을 유지하려는 기본적인 의식주에 대한 욕구가 충족되고 나면 위험이나 위협으로부터 자신을 보호하려는 안전 욕구가 강하게 나타나게 마련이다. 안전 욕구가 충족되면 그 다음으로 애정에 대한 욕구, 존경의 욕구, 자아실현의 욕구

순으로 나타나는 것이 일반적인 현상이다.

따라서 안전에 대한 권리의식이 우리 사회 전반에 나타나는 것은 당연한 것이며, 이러한 변화를 거부하거나 수용하기 어려운 상황에서 사람들은 인내하지 못하고 분노하는 것을 종종 보게 된다. 서해페리호 침몰 사고가 유족이나 관련자의 분노수준이었다면 세월호 침몰 사고는 정부를 바꿀 정도로 강력한 국민의 분노였다. 30여 년 전에 발생한 문송면군 수은중독 사망사고가 직업병 예방정책의 필요성을 알리는 단기간의 울림이었다면 구의역 스크린도어 사고나 고 김용균 씨 사망사고는 위험의 외주화로 인한 비정규직 안전문제와 사회 전반의 안전불감증에 대하여 경종을 울렸다. 사람들의 뇌리에 삼풍백화점 붕괴와 성수대교 붕괴사고는 사고원인이나 안전의 변화보다는 합의 보상이라는 것으로만 기억되는 반면 경주 마우나리조트 체육관 붕괴나 제천 찜질방 화재사고에서 국민들이 보여준 사고원인 조사나 재발방지조치 요구수준은 전혀 차원을 달리하고 있다.

이러한 현상은 기업에서도 간과하기 어려운 현실이 되었다. 요즈음 사망과 같은 중대재해가 발생하면 관련자에 대한 처벌은 별건으로 해도 작업 중지, 특별감독, 안전보건진단, 개선계획서 제출, 작업 중지 해제위원회 개최, 작업 중지 해제와 같은 절차이행으로 고초를 치른다. 최근 몇 년 사이에 중대재해가 발생한 대부분의 사업장이 기본적으로 한두 달 정도의 생산중단에 따른 이윤감소를 감수해야 했다. 불과 몇 년 전만 해도 중대재해가 발생한 사업장에 감독관청이 작업 중지와 같은 행정처분을 내리기 어려웠고 사고조사 결과 검찰에 기소한다 해도 몇백만 원의 벌금형으로 마무리되곤 했다. 법령에 의한 감독과 같은 규제를 강화한 결과라기보다는 안전에 대한 큰 페러다임의 변화가 가져온 결과이다.

삼성전자가 매년 수조원의 이익을 내고 있음에도 반도체 공장의 백혈병문제로 10년 가까운 기간 동안 어려움을 겪고 불산누출사고 발생으로 국민들로부터 따가운 눈총을 받던 때, 이건희 삼성그룹 총수가 "삼성이 반도체 못 팔아 망할 일은 없어도 사고로 망하겠다"라는 말을 했다는 후문이다. 괜한 소리가 아니다. 기업이 핵심역량에만 집중했을 때 다른 리스크로 인해 비즈니스가 위협을 받는데 그 대표적인 위협요소가 안전과 환경 리스크이다. 초일류기업 삼성의 총수 눈에 비친 당시 상황은 일시적이고 예외적인 상황이라기보다 내부의 관리시스템과 구조적인 문제로부터 발생하는 것으로 진단하고, 안전 패러다임 변화의 파고가 기업경영에 위협이 될 것이라는 것을 직감하고 있었음을 암시한다.

> "죽어라 하고 일하는 사람은 없다. 죽어라 하고
> 일할 수밖에 없는 조직문화가 있을 뿐이다."
> "생명과 건강을 보호받지 못하는 근로는 의무를 강요하기 어렵다."

이미 우리 사회는 일을 하는 노동자뿐만 아니라 대부분의 국민이 스스로 누릴 권리 속에 안전을 포함시켰다. 일하는 사람의 안전권은 고용한 사람이 보장해 줘야 하고 국민의 안전권은 정부가 보장해 주지 못하면 안전권을 확보하지 못한 사람들의 청구권이 날아들 것이다. 이 청구권이 정부, 기업을 위협하고 사회를 갈등의 소용돌이 속으로 몰아넣는다.

위기 속에서 꽃피우는
안전 리더십

일터에서 사람이 죽거나 다치는 사고는 어떤 이유로도 나지 말아야한다. 사고를 당한 사람과 그 가족이 겪는 고통이 매우 크고 기업이나국가의 경제적 손실이 엄청나기 때문이다. 그럼에도 불구하고 사고가끊임없이 발생해 일터에서 매일 250여 명이 다치고 5, 6명이 목숨을 잃는다.

그런데 일단 사고가 발생하면 사고 피해를 최소화하는 것이 중요하다. 피해자가 생명까지는 잃지 않게 하거나 상해정도를 약화시키는 노력이 따라야 한다. 설비 파손이나 조업중단의 규모와 범위도 최대한 줄여야 한다. 뿐만 아니라 기업의 브랜드 가치를 하락시킬 수 있는 언론보도, 사업장 주변지역 주민 동요, 관공서의 사고조사 및 처벌 등에도 디테일하게 대응해 줘야 한다. 노동자가 안전하고 건강하게 일할 수 있도록 사고를 예방하는 것이 최고의 안전 리더십이라고 하면 불행하게도 사고가 발생했을 때 이 위기를 어떻게 관리했느냐가 차선의 안전 리더십이다.

조직의 위기관리능력과 관련하여 구의역 스크린도어 정비기사 충돌 사망사고와 발전소 벨트컨베이어 협착으로 사망한 고 김용균 씨 사고를 경주 마우나리조트 붕괴로 10명의 대학생이 사망한 사고와 비교해보면 시사하는 바가 크다. 스크린도어 사고와 컨베이어 협착 사고는 공통점이 많다. 공공기관이 경영하는 작업장이다. 사고를 당한 사람이 도급을 받은 수급업체 비정규직 직원이었다. 취업, 결혼, 격차 등 사회현상으로 젊은이들의 삶이 팍팍한 시기에 발생했다. 이 사고는 비슷한 처지에 있는 계층의 사람들을 자극시켜 분노하게 만들었고 만만치 않은 사회적 파장을 가져왔다. 해당 기업은 예산, 인력, 조직 등에 대한 자율권이 제한된 공공기관으로 디테일한 위기관리능력을 발휘하지 못했다.

✚ 위기를 기회로 바꾸다

이런 측면에서 크게 대비되는 사례가 경주 마우나리조트 붕괴사고 시 코오롱그룹이 보여준 위기관리능력이다. 2014년 2월 17일 저녁 9시경 경주시 양남면에 있는 코오롱 그룹 소유의 마우나리조트 강당 건물이 폭설로 무너져 내렸다. 이 건물 내에는 한 대학에서 새내기 오리엔테이션을 진행하기 위해 입소한 대학생 300여 명이 행사에 참여하고 있었다. 이 사고로 대학생 10명이 목숨을 잃고 204명이 부상을 당했다. 희생자중 이 대학 미얀마어과 학생회장은 건물이 무너지려 하자 미처 탈출하지 못한 학생들을 구하려고 건물 잔해 속으로 다시 들어갔다가 2차 붕괴가 발생해 변을 당하는 안타까운 사연도 있다.

마우나리조트 붕괴원인은 크게 4가지가 복합적으로 작용해 발생한 것으로 알려져 있다. 구조설계 시 하중 계산을 실수했거나 고의로 누락한 것이 구조설계 부실의 원인을 제공했다. 구조설계대로 시공이 이루어지지 않다 보니 설계하중이 제대로 나오지 않았을 가능성에 무게가 실린다. 노후화가 많이 진행되고 있었으나 건물 유지관리와 안전관리를 제대로 하지 않은 것도 원인으로 지목되었고 PEB구조시스템에 샌드위치 패널로 마감된 조립식 건물의 설계하중을 초과한 적설하중도 원인이었다.

사고가 발생하자 코오롱그룹의 이웅렬 회장은 "나와 코오롱 그룹이 할 수 있는 것은 모두 하겠다"라는 공식입장을 밝혔다. 이 회장은 사고 당일 자정에 본사 사장을 본부장으로 하는 사고대책반을 꾸리고 곧바로 경주로 내려가 새벽 6시 공식 사과문을 발표했다. 그뿐만 아니라 그룹차원에서 경험있고 유능한 직원 200명을 차출해 경주 사고현장에 급파하여 희생자 구조와 사고현장 수습을 돕도록 했다.

그룹차원의 이런 노력의 결과는 흥분한 유족들의 마음을 가라앉히는 데 성공하고 사고 발생 이틀 만에 유족 측과 보상에 합의를 했다. 코오롱그룹의 재무상태가 좋지 않아 유족 보상 등에 대한 우려가 언론에 보도되기도 했으나 이웅렬 회장이 상당한 규모의 사재를 출연함으로써 원만하게 합의가 이루었고 우려는 불식되었다.

사고를 낸 기업이 칭찬받을 일은 아니지만 이전에 발생한 삼풍백화점 붕괴사고나 성수대교 붕괴사고 때 해당 기업이 보여주던 모습과는 천양지차이다. 구의역 스크린도어 사고나 고 김용균 씨 사고는 사고규모나 피해범위에 있어 마우나리조트 붕괴사고에 훨씬 못 미친다. 그럼에도 사고로 겪은 어려움이나 후유증은 수십 배가 컸다. 대형사고 발생으로 맞은 위기를 슬기롭게 대처해 기업의 브랜드 가치에 손상이 가지 않도록 하는 안전 리더십의 승리이다.

✚ 위기상황에서 빛나는 안전 리더십

안전 리더십은 사고가 발생했을 때 위기관리능력으로만 나타는 것은 아니다. 오히려 위험이 위협해 오는 상황에서 위험이 사고원인으로 작용하지 않도록 통제하고 관리하는 위기관리능력이 안전 리더십의 최고봉이다.

2020년은 중국발 코로나-19가 지구촌을 위협하는 혼돈스러움 속에 시작되었다. 최초 감염자가 발생한 것으로 알려진 중국 후베이성 우한시는 사망자가 8만 명을 넘었고 한국을 포함한 다수의 나라로 옮겨져 각 나라들은 자국민 보호를 위한 대책에 총력을 기울였다. 코로나-19의 강력한 전파력은 대응에 애를 먹게 한다. 그러나 이전에 사스, 메르스 등 바이러스가 국민의 건강을 위협하고 광우병, 조류독감 등으로 살아있는 가축을 살처분했던 때에 비하면 방역, 감시체계, 증상자 치료 등 의료 및 공중보건시스템이 크게 개선되었음이 코로나-19 대처과정에서 드러났다. 그동안의 경험과 실패사례가 바탕이 되었을 것으로 미루어 짐작된다.

이무렵 기아자동차에 방문할 기회가 있었다. 국내 코로나-19 감염자가 발생함에 따라 기업차원의 바이러스 차단을 위한 비상대응대책을 만들어 임시 산업안전보건위원회 심의까지 거쳐 시행하고 있었다. 전체 종업원에게 마스크를 지급하고 통근버스에 손 소독제를 비치하고 공장 입구에 열화상 카메라를 설치하여 24시간 출입자를 감시한다. 증상자 조기 발견 및 격리를 위한 장비도 구입해 사내 건강관리실에 비치하고 현장에 바이러스로 인한 결원 발생시 대책까지 꼼꼼하게 수립했다. 중국 주재원과 가족 전원을 귀국시켜 일정 기간 자택에 능동격리하고, 공사업체 등 외부인의 공장 출입 시 발열 및 증상조사와 중국 여행이력을 파악하여 출입허가여부를 판단하도록 조치했다. 회사의 모든 이해관계자에게 적용할 증상자 조기발견 및 대응 프로그램을 만들어 모든 부서에 보급하고 특별교육을 통해 시행방법을 전달했다.

국내 코로나-19는 감염자 발생 초기에 하나의 기업이 직원들을 질병으로부터 보호하기 위해 정부나 의료기관에 비해 절대 뒤지지 않는 치밀한 계획을 수립하고 분명하게 실행했다. 놀라운 마음으로 회사 관계자에게 그 이유와 배경을 물었다. 이런 위중한 시기에 만 여 명의 직원이 근무하는 회사에 바이러스가 침투하면 안전, 생산 모두 심각한 문제가 아닐 수 없고 내부 구성원이 질병으로부터 편안한 마음을 가질 수 없으면 사내 분위기가 위축되어 사고 위험성이 커지져 정부의 대책에

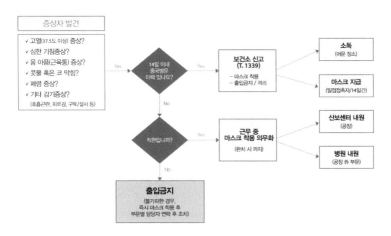

예상하지 못한 위험으로부터 위협을 받는 상황이 전개될 때 사고나 질병으로부터 조직구성원을 보호하기 위한 대응역량은 위기상황에서 더욱 빛난다

만 의존할 수 없다는 명쾌한 대답이 돌아왔다.

이러한 노력과 전략적 접근은 해외에서도 빛이 났다. 소식을 접한 맥시코 정부가 기아자동차 맥시코 공장을 통해서 바이러스 전문가와 비상대응체계 구축 및 운영 전문가 지원을 요청한 것이다. 기아자동차는 이를 기꺼이 수용함으로써 국격과 기업 브랜드 상승에 일조했다.

사실 기아자동차 이외에도 많은 기업들이 이런 정도의 수준은 아니어도 일정부분 질병으로부터의 직원 보호대책을 수립해 시행하고 있을 것으로 생각하며, 하고 있어야 한다. 사고나 질병으로부터의 자유가 안전의 가장 중요한 가치이며 이것을 지켜내기 위한 노력이 안전 리더십이다. 그래서 안전 리더십은 위기상황에서 더욱 빛난다.

10

페이퍼 워킹을
경계하라

최근 가장 눈에 띄는 안전정책 변화는 공공기관에 대한 안전을 강화하고 그 일환으로 안전 활동 수준을 평가해 정부의 공공기관 경영평가에 반영하는 제도 도입이다. 그동안 330여 개에 달하는 공공기관 중 발전, 교통 등 일부 공기업을 제외하고 안전에 대한 관심을 두지 않았으며 안전관리 조직, 인력, 예산 등을 갖추고 안전경영시스템을 운영하지 않았다.

그러나 우리나라 전체 산재 사망자의 5.3%가 공공기관 작업장에서 발생하고 산재로 희생되는 노동자의 85% 이상이 공공기관 발주 또는 하청기업 소속이었다. 특히, 최근 발생한 화력발전소 하청근로자 사망사고, 지역난방공사 고양 온수관 파열사고, 서울지하철 스크린도어 협착 사고, KTX 강릉선 탈선사고 등이 모두 공공기관이 운영하는 사업장에서 발생한 사고로 많은 노동자나 이용하는 시민이 다치거나 목숨을 잃었다.

정부는 이런 상황의 중대성을 인식하고 2019년 3월 공공기관 안전 강화 종합대책을 발표하고 공운법을 근거로 공공기관 안전관리에 관한 지침을 제정해 시행에 들어갔다. 공공기관은 이 지침에 의거하여 안전관리체계를 구축하고 안전 기본계획을 수립 시행하여야 하며, 위험성평가를 실시하고 안전경영시스템도 구축해 운영해야 한다. 안전종합대책의 압권은 공공기관이 매년 안전 활동 수준평가를 받아야 하고 공공기관 경영평가지표 중 6점에 해당하는 안전지표에 그 점수를 참고해 반영하도록 한 것이다. 안전수준평가 지표와 방법이 공개되고 2020년 1월 평가반 구성과 평가 일정이 밝혀지면서 그동안 관망하는 자세를 취하던 공공기관의 발이 빨라지기 시작했다.

✚ 시작이 반

안전보건공단 근무시절 저자의 이력 덕분인지 현재 컨설팅 및 교육사업을 하고 있는 탓인지 몰라도 비교적 큰 규모의 공기업 다섯 곳으로부터 안전 활동 수준평가 대비 컨설팅을 요청받았다. 컨설팅 대상 공기업이 에너지, 관광, 교통, 환경 등 각기 다른 영역의 미션을 가진 곳이어서 개인적으로 좋은 경험을 축적할 수 있는 기회로 생각하고, 다양한 채널을 통해 도움을 줄 수 있는 자료와 정보를 수집 정리했다. 그러나 평가가 코앞으로 임박한 시점의 컨설팅 의뢰이고 보니 34개에 해당하는 평가지표별로 평가 자료를 구성시켜 주고 최고경영자의 면담대응전략 수준의 컨설팅일 수밖에 없었다.

　이중 3개의 공기업은 KOSHA MS 또는 ISO45001과 같은 안전경영 시스템 인증을 받은 기관으로 P-D-C-A사이클을 돌리기 위한 구성요건을 갖춘 상태였다. 그러나 운영체계는 문서화 하여 갖추고 있으나 실행관리가 전혀 이루어지지 않다 보니 컨설팅 시점에서 실행관리에 관한 서류를 모두 준비해 평가에 대비해야 하는 실정이었다. 안전경영시스템 인증을 받은 기관에서 이런 현상을 보이는 것은 중대재해가 발생해 이를 돌파할 대책이 필요했거나 경평에서 안전성과로 제시하기 위해 인증서가 필요해 추진하고는 인증획득 이후 실행관리가 되지 않았기 때문이다. 안전경영을 통해 산업재해를 예방하기 위해 시스템 구축이 필요해 도입한 것이 아닌 것이다. 최고경영자의 관심은 안전에 있지 않고 관리감독자는 시스템을 이해하지 못한 상태에서 안전전담부서 단독으로 경영방침부터 성과평가까지 전체를 페이퍼 워킹으로 갖추고 있는 것이다. 안전수준평가지표별로 제출해야 할 시스템 운영관리와 성과측정과 같은 실행결과가 빈약할 수밖에 없다.

　나머지 2개 기관은 정부의 안전강화대책이 발표되면서 어쩔 수 없이 안전경영시스템 인증을 추진하기 위해 계획을 수립한 정도의 기관이었다. 안전관리부서가 불과 몇 달 전에 만들어지고 다른 일을 하던 직원 몇 명이 내부 전보 발령으로 안전업무를 담당하게 되면서 당장 안전수준평가가 발등의 불이 되었다. 평가 주관기관의 설명회 등을 통해 평가지표와 절차 등에 대한 설명을 들은 것이 전부인지라 지표별로 갖추어야 할 서류나 문서가 상당수 없다. 최고경영자는 걱정이 많지만 정작 무엇을 해야 하는지 정확한 파악이 되어있지 않고, 라인의 사업부서는 안전관리부서의 자료요청이 귀찮을 뿐이다. 안전수준평가 준비와 수검을 총괄해야 할 안전전담부서 역시 안전에 대한 지식이나 이해도가 충분한 것도 아니다.

답답한 마음에 컨설팅을 맡았던 기관 중 한곳의 협조를 구해 임원그룹과 부·팀장으로 나누어 공공기관의 안전관리실태, 평가제도 도입 배경 및 평가지표 해설, 안전경영시스템 등에 대한 교육을 실시했다. 교육 이후 크게 바뀌었음을 알게 된 것은 그 다음날 컨설팅이 진행될 때였다. 사업부서장들이 우리가 뭘 준비해야 하는지 알려달라는 요구가 빗발쳤다.

> "안전 목표는 어떻게 설정하는가?"
> "수급업체 선정 시 안전을 고려하는 방법은 무엇인가?"
> "법령검토 및 등록 관리를 하는 이유는 무엇이며, 등록대상 법령의 선정 방법은?"

왜, 무엇을 해야 하는지 모르는 사람들에게 무작정 평가에 필요하니 무슨 자료를 내 놓으라고 하니 많이 답답했으리라는 짐작이 된다. 이만큼 공공기관이 산업안전보건법과 거리를 두고 안전의 사각지대에 있었던 것이다.

금년도 최초 평가결과가 공개되면 더 달라질 것이다. 시작이 반이다.

첫 평가를 페이퍼 워킹을 통해 받았으면 다음 평가는 현장의 작동성을 확인받아야 하는 평가제도로 발전시키면 된다.

✚ 안전관리 동맥경화, 페이퍼 워킹

이런 현상이 비단 공공기관의 작업장에서만 일어나는 것은 아니다. 법령에 의한 감독관청의 규제가 깊숙하게 미친 개인 기업의 경우도 안전업무의 실행주체인 관리감독자와 총괄 및 지원기능을 갖는 안전관리자의 역할과 책임이 불분명하고 안전경영시스템이 정착되지 않아 안전성과를 거두지 못하는 경우가 흔히 있다.

공정안전관리가 안전관리의 기본 툴인 석유화학공장을 공정안전보고서 확인검사 차 방문한 적이 있다. 위험물질을 다량으로 취급하는 공장을 추가로 짓기 위해 공정안전보고서를 착공 전에 심사받은 사업장으로, 해당 설비를 준공하여 정상가동하기 전에 안전성 확인검사 요청을 받고 방문한 것이다. 그런데 안전관리부서와 생산관리부서의 관리자가 모두 참석한 가운데 시작회의를 마치고 나서 기가 막힌 장면이 연출되었다. 어느 부서가 주관해서 확인검사를 받을 것인지를 결정하지 못했던 것이다.

안전관리부서는 사업장 전체의 안전을 총괄하는 스태프 부서로 실무적인 대응은 운전을 책임지는 생산관리부서에서 받는 것이 맞다는 논리를 앞세워 선을 그었다. 생산관리부서는 확인검사를 이수하고 정상운전이 시작된 이후부터 안전관리 책임이 있는 것이지 그 이전 단계는 안전관리부서와 공사를 책임진 부서의 몫이라는 것이었다.

양 부서 직원 간에 빚어진 격론은 설비를 시공한 수급업체 대표가 책임을 지고 확인검사를 받는 것으로 결론을 냈고, 확인검사반원은 수급업체 대표자에게로 넘겨지는 신세가 되었다. 을이 수검을 받아 적격판정을 받은 결과를 갑에게 넘겨야 정상운전에 들어갈 수 있게 된 것이다. 그런데 이 신설공장에 대한 향후 안전관리를 누가 어떻게 할 것인가 걱정이 앞섰다. 위험물을 취급하는 공정은 누출이나 화재폭발의 위험성이 크고 노동자의 건강관리도 일반 사업장과는 달리 신경 써야 할 것이 많다. 안전관리에 중요하게 참고해야 할 위험성평가, 안전절차서, 비상조치계획 등을 공정안전보고서에 포함하여 지속적으로 실행을 해야 한다. 그때는 어떻게 되는 것인가?

우연히 경험한 단편적인 사례이다. 그러나 중규모 이상의 사업장에서 이와 유사한 일로 안전관리시스템이 작동되지 않거나 안전성과를 내지 못하는 경우를 종종 보게 된다. 이런 사업장은 몇 가지 공통적인 특징이 있다. 모든 일이 페이퍼 워킹(Paper working)으로 이루어진다. 위험성평가, 표준작업매뉴얼, 안전작업허가절차 등이 잘 정비되어 현장에 전달되어 있으나 이는 보관용 서류에 불과하다. 사업주는 안전 활동이 현장에서 어떻게 돌아가는지 과정에 대하여는 관심이 없고 결과에만 관심을 가지고 "어떻게 되었어?"를 반복해서 물을 뿐이다. 이런 사업장에서 사고라도 발생하면 안전부서에 책임이 있는지 라인의 관리감독부서에 책임이 있는지를 가리는데 주력한다. 그러니 스태프의 안전부서와 라인의 관리감독부서가 만나서 협의하고 기술적인 대안을 만드는 것에는 관심이 없고 문제가 발생했을 때 책임을 면할 방법만을 찾는 데 급급하게 된다.

부서 간에 협조를 통해 진행되어야 하는 일은 모두 문서로 깔끔하게 진행된다. 절차서, 매뉴얼, 지침이 잘 정비되어 있고 그 안을 들여다보면 부서 또는 직책별로 책임과 권한이 잘 분장되어 있다. 시스템이 아주 잘 갖추어진 것으로 착각하게 만들어 겉으로 보면 아무 문제가 없어 보인다. 이런 문제는 경영자의 역할 즉, 안전에 관한 잘못된 리더십에서 생긴다. 사고가 많이 발생하면 안전부서 또는 안전관리자에게 책임을 물으려고 하고 한동안 사고가 발생하지 않으면 안전관리 부서의 정체성을 깨닫지 못해 조직의 폐지를 검토한다.

다국적 자동차 기업 GM은 이런 문제를 근본적으로 해결하기 위해 PTMB제를 운영한다. CEO를 포함해 개별 공장의 공장장과 부서장이 순번을 정해 정기적으로 현장을 순찰하고 그 결과를 관련 부서로 통보하고 조치결과를 보고 받는 '공장 순찰제'이다. 관리에 소홀하기 어렵고 협조하지 않으면 문제를 해결하기 어려운 구조이다.

안전은 경영자의 강력한 의지와 현장 실행력이 전부라고 해도 과언이 아니며, 이것이 안전관리시스템을 살아 움직이게 하는 동력이다. 동력을 상실한 시스템이 무슨 성과를 내겠는가?

사고는
교훈을 남긴다

　1995년 6월 부실공사, 불법 구조변경 등이 원인이 되어 5층 구조의 삼풍백화점 건물이 붕괴되어 501명의 사망자가 발생하고 930여 명에 이르는 부상자가 발생했다. 단일사고로 가장 많은 희생자를 낸 것으로 기네스북에 등재되기도 했다. 이 사고가 발생하기 1년 전에는 성수대교가 부실공사가 원인이 되어 붕괴되는 사고가 발생해 32명이 사망하였다.

　그런데 사고가 발생한 지 불과 20년 남짓 지났지만 이 사고가 어떤 원인으로 발생하였고 사고 발생 후 어떤 조치가 이루어졌는지 아는 사람이 별로 없다. 오히려 삼풍백화점 붕괴사고 당시 17일 만에 구출된 마지막 생존자에 대한 구출과정이나 생중계가 이루어진 빨간 원피스 차림의 여성을 헬기로 구조하는 장면을 더 생생하게 기억하고 있다. 많은 사람들이 백화점이 붕괴되고 다리가 끊겼는데 그 원인이 무엇이고 사고 이후 무엇이 바뀌었는지에 대한 것 보다 사고를 당한 피해자들의 애절한 히스토리에 더 관심을 가지고 있고 기억한다.

그후 20여 년 동안 건설 현장에서, 화학공장에서, 냉동 창고에서 붕괴, 폭발, 화재, 질식으로 수많은 노동자가 목숨을 잃고 있지만 사고를 보는 우리의 시각은 크게 바뀌지 않은 것 같다. 사고를 통해서 반성하고 바꿀 수 잇는 모티브를 찾을 수 있는 환경이 만들어지기보다는 사고가 사람들의 감성에만 자극을 해 사람들을 둔감하게 만드는 것 같기도 하다.

여러 가지 이유가 있겠지만, 사람들이 제공받는 사고에 대한 정보의 편협성에 원인이 있다. 우리 민족 특유의 속칭 냄비 근성과 사고를 발생시킨 기업의 은폐노력, 언론의 보도방식 등이 어우러져 생기는 현상이다. 사고가 발생하면 대피, 구조, 조사, 복구 등의 과정이 진행되는데 이런 과정을 통해 사고범위와 손실을 최소화하기 위한 노력이나 사고원인이 무엇인지에 대한 사실관계에 관한 정보가 제공되고 언론이 이를 알려주는 노력이 필요하다. 사고가 발생한 기업의 책임자는 보이지 않고 언론은 피해자와 그 가족에 얽힌 애환과 가족사 등을 여과 없이 보도하기에 바쁘다. 그러는 사이에 사고책임을 져야할 사람들과 사고조사 및 후속조치를 해야 할 사람들은 시선 밖으로 멀어진다. 지금은 많이 달라졌지만 종전의 이런 모습들이 대형사고의 반복을 불러오는 것은 아니었는지 생각하게 된다.

✚ 마이에미 타워사고가 주는 메시지

이 무렵 미국에 잠시 머무는 동안 경험한 사고가 생각난다. 2017년 9월 27일 미국 마이에이에 있는 건설 현장에서 3명의 건설 노동자가 사망하는 대형사고가 발생했다. 방송송출용 타워를 수리하기 위해 약 20m 높이의 비계를 타워에 지지해 달아매고 작업자가 올라가 작업 중에 비계가 편하중을 받아 무너졌다. 비계 위에서 작업 중이던 작업자가 땅바닥으로 떨어져 모두 목숨을 잃은 것이다. 우리나라에 비하여 발생률이 낮기는 하지만 미국에서도 고소작업이나 공종변화가 심한 건설현장에서 종종 이런 사고가 발생하는데 동시에 여러 명의 노동자가 목숨을 잃는 비교적 큰 사고였다.

놀라운 사실은 사고의 규모가 아니라 사고가 발생한 날 저녁 호텔에서 CBS 마이에미방송의 저녁뉴스를 보면서 발견했다. 메인 뉴스 프로그램의 타이틀 뉴스로 이 사고에 대한 소식이 보도되기 시작하는데, 사고가 발생한 건설회사의 사업주 이름과 그 회사가 2008년과 2011년 두 차례에 걸쳐 안전조치 위반으로 입건되어 벌금을 부과 받은 범죄사실 등이 여과 없이 보도되는 것이다. 그리고 사고조사를 담당하는 주체가 OSHA라는 사실도 분명히 밝히고, 자료화면을 통해 사고가 발생한 작업의 평상시 작업형태와 표준작업방법을 비교 소개하며 사고가 발생하는 과정과 원인을 구체적이고 시청자가 이해하기 쉽도록 설명하고 있었다.

사고를 일으킨 기업이나 그 기업의 CEO의 사고에 대한 책임과 그동안 사고예방을 위해 노력하지 않았다는 것을 구체적으로 입증해 내고 이를 사실대로 보도를 하고 있었다. 사고를 낸 기업의 부도덕성과 관공서가 사고원인을 조사하고 조사결과에 대하여 적법하게 처리하는지 지켜봐 달라는 것 같아 보였다. 그뿐만 아니라 동종재해가 다시는 발생하지 않게 막기 위해 경각심을 주는 것과 동시에 예방방법에 대한 정보를 제공하는 역할을 언론이 하고 있었다.

안전관리를 모범적으로 하여 사고가 없는 사업장에 대하여 일체의 규제나 간섭을 하지 않는 것이 미국 OSHA의 산업안전 감독시스템이다. 그러나 사고가 발생한 기업에 대하여는 위험을 무릅쓰고 돈을 버는 과정에서 생성된 위험으로 인해 노동자가 사망한 책임을 위험을 만든 기업의 CEO가 져야 한다는 분명하고도 차별화된 메시지를 주고 있다.

✚ 자율과 제재의 규제 실효성

영국, 호주 등에서 2008년 기업살인법(Corporate Manslaughter and Corporate Homicide Act)이 제정되어 시행되고 있고, 일본도 후크시마원전 사고 이후 도입을 검토하고 있다. 영국의 보건안전법(HSWA)의 대원칙은 "위험을 만드는 주체가 누구이든 그 위험에 대하여 책임을 져야 한다(Those responsible for creating the risk must take ownership of it)"이다. 기업살인법도 이 대원칙이 전제되었다고 한다.

기업살인법의 특징은 상한이 없는 벌금제도로, 심지어 감독관의 조사 감독 등에 들어간 비용까지 유죄 판결을 받은 기업에 요구할 수 있다. 기업이 노동자의 목숨을 소중하게 생각해야 한다는 정치적 메시지가 크고 일하는 사람의 안전권을 보장할 수 없으면 기업을 해서는 안

된다는 암묵적 메시지가 포함되어 있다. 그러나 영국이 기업살인법을 도입한 이후 10년간 이 법을 위반해 유죄를 선고받은 기업은 26곳에 불과하다. 그 사이에 발생한 1,832명의 사고사망자 수 대비 2% 미만의 수준에 불과하다. 물론 유죄 판결 사업장 중에는 대기업 보다 중소기업이 많고 상당수의 기업이 벌금액을 감당하지 못해 도산 또는 파산을 한 것으로 알려져 있다.

결과적으로 영국이 기업살인법을 제정한 취지는 자율과 제재의 차별성을 명확히 함으로써 위험을 만든 주체가 그 위험으로부터의 자유 박탈을 책임져야 한다는 메시지가 크다. 사고예방을 위해 노력하는 사업장은 자율안전관리를 철저히 보장하고, 돈을 벌기 위해 안전에 관심을 두지 않고 수익 극대화 경영을 하다 사고를 낸 기업은 위험을 무릅쓰고 취득한 수익의 상당액을 벌금으로 내놓게 만드는 경제벌제도이다.

✚ 나쁜 사고, 나쁜 기업이 타깃

산업안전보건법령은 하위 규정을 합쳐서 1,222개 조항에 달한다. 이 법을 지켜야 할 사업주는 내용을 다 알지 못하고 다 안다고 해도 지키기 어렵다. 또한 사업주는 법을 다 지키면 사고가 발생하지 않는다는 것에 크게 신뢰를 갖지 않고 감독관청의 공무원 역시 인력, 행정력, 기술력 등의 한계로 모든 사업장의 법령 위반여부를 감시 감독할 형편이 못된다.

기업 입장에서 사고가 발생한 것도 아니고 작업공정에 위험은 있다

해도 사업주가 책임지고 관리해 나가는데 수시로 감독을 받아야 하고 그 결과로 과태료를 내는 일이 잦다면 안전관리를 잘하기 위해 노력할 마음이 들지 않을 것이다. 화학공장 1곳에서 폭발사고가 발생하면 전체 화학공장을 대상으로 기획 감독을 실시하고, 크레인 붕괴로 사망사고가 발생하자 크레인이 설치된 모든 건설 현장을 대상으로 감독을 실시한다면 기업이 안전을 잘하고자 하는 의욕보다 불복복의 잘못된 인식을 주어 맷집만 키우기 쉽다.

사업주가 노동자의 건강과 생명을 보호해야 한다는 것이 산업안전보건법의 기본 이념이다. 사업주가 위험성평가를 하고 안전경영시스템을 구축해 자율안전을 하도록 보장하는 것이 사망이나 중대산업사고를 일으킨 사업장을 제재하는 것만큼 중요하다. 자율과 제재의 대상을 명확하고 투명한 기준에 의해 정해서 차별성 있게 접근하는 것이 산재예방을 위한 규제 실효성 제고의 첩경이다.

영국의 기업살인법을 도입할 것인가 여부의 문제가 아니라 그 법의 바탕에 깔린 정신이 중요하다. 사망이나 재난성 사고와 같은 나쁜 사고가 발생한 사업장에 대한 확실한 제재를 통해 동종 사업장에 경종을 울리는 것이 오히려 효과가 크다. 여기에 언론이 협조를 해준다면 효과를 배가시킬 수 있다.

안전과
위험이
공존하는
현장

A Site Where Safety and Risk Coexist

"

사고원인과 전조증상은 다르다고 생각하기 쉽다.
사고가 매뉴얼대로 일어나지 않기 때문이다.
전조증상을 찾아내 가장 약한 곳부터 관리해야 한다.

"

01

소 잃고
외양간 고치다

매년 10월이면 정부와 공공기관을 상대로 한 국정감사가 시작된다. 이 시기가 되면 일상에서 접하기 어려운 이슈들이 국회의원의 보도자료 배포로 공개되곤 하는데, 최근 들어 사회적 관심을 반영하듯 안전문제나 사고관련 자료들이 많아졌다는 느낌이다.

발전 공기업이 2019년 국정감사자료로 국회에 제출한 자료를 보자. 이 자료에 의하면 발전사 안전사고는 정규직에 비해 수급업체 직원이 44배 많아 위험의 외주화가 개선되지 않았다고 밝힌다. 구체적인 수치를 살펴보자. 최근 5년간 발전 공기업의 사고 발생으로 271명의 사상자가 발생했는데 이 중 98%인 265명이 수급업체 소속 직원이었다. 수급업체 직원의 사고나 산재발생건수가 원청보다 많은 것이 위험의 위주화라는 의미와 일치하는지는 별개로 하더라도 고 김용균 씨 사망사고를 비롯한 많은 사고 발생 이후에도 도급, 하청에 대한 문제는 크게 개선되지 않았다는 것에 방점을 둔 보도일 것이다.

최근 몇 년간 크레인이 넘어가는 사고나 화재폭발로 많은 사상자와 재산상 손실이 발생하였다. 건설 현장에서 1년에 500여 명의 노동자가 사망해도 좀처럼 바뀔 것 같지 않던 산업안전보건법이었지만 최근 잇따라 발생한 대형 사망사고에 힘입어 산업안전보건법 전부 개정안이 총알처럼 국회를 통과했다. 330여 개에 이르는 공공기관 사업장의 안전수준을 평가하고 이를 경영실적평가에 반영하는 등 규제와 감독책이 확대되는 결과도 가져왔다.

✚ 공공 사업장의 민낯을 드러낸 사고

2018년 12월 10일에 서해안에 소재한 한 석탄화력발전소에서 밤 근무를 하던 노동자 한 명이 석탄 운반용 벨트컨베이어 끼여 사망하는 사고가 발생했다. 사고가 발생한 발전사의 설비 정비·보수를 전문으로 수행하는 수급업체 소속인 노동자는 밤 10:50경 컨베이어 하부에 떨어져 쌓인 석탄과 설비의 이상 유무를 확인하고 휴대폰 카메라를 이용해 이를 촬영하려다 컨베이어에 말려 들어갔다. 사고가 발생한 벨트컨베이어는 아이들러를 이용해 석탄 이송용 벨트를 뒤집어주는 턴 오버(Turn Over) 형태로 벨트가 뒤집어지는 아이들러 구간은 고장이 잦고 낙탄이 많이 발생해 평소에도 밀폐된 점검구의 덮개를 제거하고 수시로 기기 점검이나 떨어진 석탄을 제거하는 작업을 진행해 왔다.

사고가 발생한 시간에 작업자가 단독으로 휴대폰 조명에 의지해 빠른 속도로 돌아가는 컨베이어 점검구 안으로 들어갔고, 어두컴컴하고 좁은 공간에서 불안전한 상태로 점검업무를 수행하다 아이들러와 벨트 사이에 신체가 말려 들어갔다. 왜 야심한 시간에 위험지역을 단독으로 점검해야 했는지, 급박한 위험 상황을 대비한 방호장치는 왜 없었는지, 점검 매뉴얼이나 안전수칙은 존재하고 교육은 이루어졌는지, 점검구 덮개는 누가, 왜 제거했는지, 위험작업에 대한 위험성평가와 저감대책은 시행되었는지 등 수많은 문제가 제기되었다. 우리나라 경제수준은 선진국 진입을 목전에 두고 있고 발전기술이나 에너지 이용에 있어서도 선진국에 못지않은 수준이다. 그럼에도 불구하고 재래(在來)형 사망사고가 발생할 여지는 널려있고 이를 개선하기 위한 기술과 시스템에 대한 투자는 소극적이었다. 이번 사고는 우리 스스로 인정한 꼴이자 현시점에

발전, 철도, 항만, 에너지 등 공기업 사업장의 설비 점검, 정비·보수, 청소 등 유해위험성이 큰 업무의 대부분이 협력업체에 하청을 통해 이루어지고 있는 시점에서 컨베이어 협착사고는 공공기관의 위험 외주화 논란을 불러왔다

서 우리가 시행하는 안전의 민낯이 고스란히 드러난 결과였다.

자식을 잃은 부모는 분노하고 노동계는 근본적인 사고원인 규명과 대책을 요구했다. 정치권은 위험의 외주화 금지를 위한 법령 개정에 발 빠르게 움직였다. 국가기간산업인 발전 공기업이 아니고 맥주, 우유, 빵과 같은 생필품을 만드는 민간기업이었다면 이 사고의 여파가 어디까지 미쳤을지 생각하는 것만으로도 끔찍하다.

✚ 위험까지 도급받는 수급업체

이 사고의 직접적인 원인은 몇 가지로 정리된다. 석탄운반시설, 조명, 작업도구, 교육훈련, 매뉴얼 및 규정, 안전관리, 비상정지구조 등이 야기한 문제가 복합적으로 기능공명을 일으킨 결과이다.

사고가 발생한 벨트컨베이어는 낙탄을 최소화하여 청소작업이 거의 필요 없는 밀폐형 구조로 제작되었으나 실제 운영에 있어서는 물기가 많은 석탄 운반과정에서 낙탄이 과다하게 발생했다. 따라서 점검구를 제거하고 수시로 점검이나 낙탄제거를 위해 컨베이어에 근접작업은 불가피했을 것이다. 작동 중인 기계장치에서는 청소, 정비, 유지보수 작업을 금하고 있으나 관행적으로 컨베이어가 작동 중일 때도 점검 및 청소작업을 해왔다. 그뿐만 아니라 벨트컨베이어 주변에 고정형 조명은 전혀 설치되지 않아 손전등 불빛에만 의지해 작업을 수행해 온 것으로 알려졌다.

컨베이어가 당초 설계의도대로 운영되지 못해 낙탄이 과도하게 발생한다는 점을 알았다면 이를 고려해 컨베이어 근접작업에 따른 위험 요인을 제거하는 노력이 필요했지만 미흡했다. 밀폐구조의 컨베이어로 설계된 관계로 컨베이어벨트 주변 청소구는 사람이 들어가기 어려운 좁은 공간이었고 당연히 조명 설치는 고려대상에서 빠졌을 공산이 크다.

안타깝게도 낙탄 최소화 방안, 자동 낙탄 제거 기술 적용, 아이들러 등 부품의 수명 예측을 통한 예방정비시스템 도입 등 위험 요인을 저감시키기 위한 대책 강구에 미흡했다. 그간의 설비 트러블이나 사고유형 분석을 통해 암묵지를 매뉴얼에 반영하고 운전원이나 작업자에 대한 교육훈련에 활용했더라면 하는 아쉬움도 크다. 발전사의 장소, 시설, 운영시스템에서 만들어진 위험으로 수급업체 직원이 목숨을 잃었으니 위험의 외주화라는 말을 부정할 방법이 없어 보인다.

✚ 관리시스템 부재가 가져온 인재

발전 설비 정비 · 보수 및 청소 등 작업은 대부분의 발전소들이 수급업체에 도급을 주어 수행하는데 사고가 발생한 이 발전소도 예외는 아니다. 원청인 발전사가 도급을 주는 과정에서 가장 신경 쓰는 것은 생산성과 안전성일 것이다. 생산성은 이윤에 영향을 미치니 당연한 것이고, 안전성은 원청 직원이 하기 싫어하거나 효율성이 떨어지는 업무를 떼어내 도급을 주는 관계로 그만큼 위험이 클 것이다.

따라서 기업들은 저가 입찰자 우선낙찰제를 통해 수급업체를 선정하는 것이 관행이다. 설계부서에서 하도급을 위한 설계금액을 산정한 후

계약부서에서 사정가를 작성하고 결재단계에서 다시 예가를 삭감하여 산정하는 것이 일반적인 예이다. 그동안 도급계약 낙찰률이 예가 대비 85~90% 수준이었던 것으로 알려졌는데, 예가 산정구조를 그대로 따랐다고 전제하면 발전사가 낙찰해준 금액은 설계금액 대비 훨씬 낮았을 가능성이 크다. 계약 당사자인 수급업체로서는 적정 이윤을 확보하기 위해 직접노무비에서 이윤을 보충하려고 했을 것을 어렵지 않게 짐작할 수 있는 대목이다.

위험 요인을 찾아내고 관리하는 시스템과 문화도 허술했던 것으로 알려졌다. 2017년 사고 발생 설비를 준공하였을 때나 컨베이어 점검창의 도어 개조 등 설비구조 변경 등이 있었으나 변경에 따른 위험성평가를 실시하지 않았다. 위험을 사전에 제거할 절호의 기회를 놓친 것이다. 그뿐만 아니라 수급업체가 컨베이어 설비에 대한 개선 요청을 원청에 문서로 전달하였으나 개선이 이루어지지 않았고 피드백도 이루어지지 않았다. 수급업체가 원청을 상대로 한 불안전 시설 개선요청을 기피하는 문화가 만연한 모습을 보여준 사례이기도 하다.

✚ 노동자가 죽고서야 바뀌었다.

이 사고는 제도나 안전을 보는 국민의 시각 측면에서 많은 이슈를 제기했다. 특히 안전의 무풍지대로 여겨졌던 공공 부문에 경종을 울리고 우리 사회 속 격차 문제를 환기하는 계기가 되었다.

사고 발생 1년 전쯤 고용노동부 발의로 그동안 법의 사각지대로 놓여 있거나 사고가 다발하는 부분에 대한 대책을 강화하는 내용을 포함한 산업안전보건법 전부 개정안이 발의되었으나 정상적인 처리절차를 밟지 못해 잠들어 있었다. 그러다 이 사고를 계기로 단 1달여 만에 전격 통과되어 2020년 1월 16일부터 시행되었다. 개정안은 유해위험작업에 대한 도급을 전면적으로 금지했다. 다단계 도급으로 위험이 다단계 하향 외주화되는 관행을 원천적으로 차단하기 위해 관계수급인에 대한 안전보건 조치 의무를 도급 또는 발주 사업주에게 부여했다. 특히, 법령 위반에 대한 처벌을 강화해 법인의 경우 벌과금을 10억 원으로 향상되었다.

정부는 발전, 철도, 에너지 등 공기업 작업장에서 민간 기업 수준의 사망재해가 발생하는 문제를 해결하기 위한 종합대책을 내어놓았다. 안전경영시스템을 구축하고 안전관리 조직 및 인력을 보강해 체계적인 안전관리가 이루어지도록 한다는 내용이다. 여기에 매년 안전관리수준을 평가해 공공기관 경영평가에 반영하도록 함으로써 다소 보수적인 경영을 하는 공공기관의 경영진을 긴장하게 만들었다. 뿐만 아니라 원청과 수급업체, 대기업과 중소기업, 정규직과 비정규직 간의 안전격차를 줄여야 한다는 과제도 제기되었다.

사고원인과 전조증상은 다르다고 생각하기 쉽다. 사고는 매뉴얼대로 일어나지 않기 때문이다. 타사의 베스트 프랙티스나 우수 프로그램이 모든 사업장에 안전성과를 가져다줄 것이라는 환상을 버리고 가장 약한 곳을 찾아 관리하는 것이 중요하다. 며칠 전 SNS에서 사고가 발생했던 발전소의 변화된 모습에 대한 동영상을 보았다. 안전장치가 새로 설치되고, 조명과 개구부가 개선되었으며 낙탄을 최소화하기 위한 설비 등이 구비된 모습을 보여주는 짧은 동영상이었다. 환영의 마음보다 왜 진작 이렇게 하지 못했을까 하는 안타까운 마음이 컸다. 사고가 발생한 지 채 1년도 되지 않는 기간에 개선할 수 있었던 일인데 말이다. 이러한 안전 문제가 비단 이 회사에만 국한한 문제라면 다행이겠지만, 현실은 그렇지 못하다. 타산지석으로 삼아야 한다.

02

위험을
도급하시겠습니까?

2013년 3월 14일 저녁 8시 50분 무렵 전남 여수산업단지에 소재한 D산업 여수공장에서 노동자 17명이 사상을 당하는 대형 폭발사고가 발생했다. 이 회사 생산품인 고농도폴리에틸렌(HDPE)을 저장하는 사일로 (Silo)에서 용접작업 중 폭발이 일어난 것이다. 사고 발생 이틀 전부터 공장 전체에 대한 정기 대보수작업이 시작되어 공장 가동을 정지한 상태였고 정비 · 보수 전문업체인 A기술에 의해 보수작업이 진행 중이었다.

사고가 발생한 지상으로부터 약 8m 높이의 사일로에서는 작업자 7명이 내부 점검용 맨홀을 설치하고 있었다. 같은 시간 사일로 상부에서는 9명의 작업자가 플랫폼(platform) 시공을 위해 비계를 설치하고 있었다. 맨홀 설치 작업은 사일로 동체에 드릴기로 작은 구멍을 만든 후 전기톱으로 맨홀 설치 부위를 잘라내고 아르곤 용접기를 사용해 맨홀을 부착하는 순으로 진행된다. 따라서 작업 중에 고열의 불티가 튀기도 하고 드릴 및 전기톱 사용 중에 금속에 고열이 발생하기도 한다.

폭발은 맨홀 설치를 위해 용접작업을 하던 중 일어났다. 용접 불티가 사일로 내부로 튀면서 사일로 안에 남아있던 가연성 분진에 착화된 것이다. 폭발 시 생성된 불꽃과 진동은 연결되어 있던 2개의 사일로까지 전달되었고, 맨홀 작업과 플랫폼 작업 중이던 작업자 중 6명이 목숨을 잃고 11명이 크게 다쳤다.

✚ 최악의 상황을 고려한 도급작업 관리

사고가 발생한 사일로는 가연성 분체인 HDPE를 저장하는 설비로 정상운전 중에도 폭발위험도를 낮추기 위해 불활성 가스인 질소를 채운 상태에서 운전한다. 따라서 용접이나 드릴작업과 같이 화기가 다루어지는 작업을 할 때는 사일로에 저장된 HDPE를 모두 제거해야 한다. 정기 대보수작업이 추진되면서 사일로 내부에 저장된 HDPE는 모두 안전하게 빼낸 상태였다. 그러나 사일로 벽과 하부에 퇴적된 분체는 제거하지 않았다. 또한 사일로 안에 물을 뿌려 퇴적된 분체를 제거하거나 고체로 성형시켜 불이 옮겨 붙거나 폭발 위험성이 없도록 하는 절차가 생략되었다. 퇴적 분진이 화재 또는 폭발 가능한 분위기를 형성할 최악의 상황이 고려되지 않았다.

용접작업은 대보수작업을 맡은 A기술에서 재하청을 준 수급업체의 일용직 노동자가 실시하였다. 공장내부 사정을 전혀 알지 못하는 이들이었지만 사전에 안전보건교육조차 실시하지 않았다. 사일로의 용도, 저장하는 물질의 특성이나 위험성 등에 대한 정보가 전혀 없는 상태에서 맨홀 설치하라는 지시를 받고 용접봉에 불을 당긴 것이다. 설사 재하청을 받은 시공업체가 임시로 고용한 용접공이 사일로 내부 상황을 알았다고 해도 물청소를 요구하거나 설비를 사전에 점검해 위험성을 파악해 원청업체에 시정을 요구하기란 불가능에 가깝다.

폭발성 물질을 취급하거나 저장하는 설비에서의 화기 사용 작업은 내부지침에 의해 사전에 안전작업 허가를 받아야 한다. 사고 당일 발행한 안전작업 허가서를 보면 산소농도가 정상(21%)이며 인화성 가스농도 측정결과 가스가 검출되지 않은 것으로 작성되어 있고, 가연성 분진에 대하여는 기록이 없다. 형식적인 안전작업 허가였다. 이로 인해 용접작

사일로 폭발 시 발생한 폭압과 진동으로 파손된 사일로 및 상부 설비의 모습으로 화재폭발과 같은 중대산업사고가 가져오는 엄청난 인적, 물적, 환경적 피해를 보여준다

업 전에 분진폭발 위험장소인 사일로 내부의 가연성 분체를 제거할 기회를 놓쳤다. 혹은 퇴적 분체의 위험성을 알면서도 눈감아 버린 것은 아닐까?

✚ 무리한 정비기간 단축이 부른 화

사고가 발생한 사일로를 포함해 4개의 사일로는 30년 이상 된 설비였고 여기에 2개의 사일로를 추가로 설치해 6개의 사일로를 하나로 묶어서 제품이 저장되도록 운전했다. 공정이 변경된 것이다. 뿐만 아니라 같은 공정에서 2년 전에 사일로 폭발사고가 발생한 적도 있었다. 사고가 발생했거나 공정이 변경된 경우 응당 위험성평가를 통해서 작업절차서를 개정하고 정비·보수작업지침을 개정해야 한다. 이번 사고도 위험성평가를 실시해 정비·보수작업의 위험성을 찾아내 작업절차서에 반영했더라면 막을 수 있었을 것이다.

그러나 연속생산이라는 특징을 가진 화학공장에서 생산제품의 저장 기능이 정지되면 공장 가동이 불가능하다. 따라서 사일로의 정비·보수 기간은 공장 재가동의 변수로 작용하게 되고 납기, 매출에 영향을 준다. 따라서 정비·보수기간을 단축해 하루라도 빨리 공장을 가동하기 위해 많은 시간이 소요되는 사일로 내 물 세척 작업을 생략했을 가능성이 크다고 본다. 정부 자료에 의하면 이 사고로 인해 해당 기업이 입은 손실액은 1,600억 원에 달한다고 알려졌다. 몇 일간의 정비·보수기간 단축으로 얻고자 하는 영업이익이 사고가 발생했을 때 생기는 손실 비용을 감당할 수 있을까? 결국, 예방에 투자하는 비용이 사고로 인한 손실비용보다 훨씬 적게 든다는 사실을 깨닫게 될 것이다.

✚ 유해위험정보를 모르는 관리감독자

사고 발생 당시 원청업체인 A기술의 관리감독자 2명이 현장에 있었고, 이들도 부상을 당했다. 관리감독자는 기계·기구 또는 설비의 안전점검을 실시하여 이상 유무를 확인하고 보호구 착용지도 및 방호장치점검, 통로확보 등의 직무를 수행해야 한다. 현장의 위험성을 확인하고 안전조치를 취하는 것은 현장에서 상주하고 있던 관리감독자의 당연한 업무이다. 그러니 현장에 상주하면서 작업관리를 하던 관리자가 가연성분체로 인한 폭발위험성을 몰랐거나, 공사를 발주한 D산업이 사일로 물 세척에 협조해 주지 않아 그냥 용접작업을 강행한 것으로 보인다. 과연 관리자들이 물 세척을 통해 퇴적 분체를 제거한 후 용접과 같은 화기작업을 해야 한다는 사실을 인지하지 못한 걸까? 한 해 전인 2012년 정기 대보수작업 시에는 사일로 내부 물 세척을 한 사실이 확인되었다. 결국 공사를 맡아 외부에서 공장으로 들어온 이들이 발주업체로 부터 유해위험 정보를 사전에 제공받지 못함으로써 사일로 내부의 잠재 위험성을 몰랐을 개연성이 크다.

이러한 모든 것은 발주기업인 D산업이 기본적인 조치를 하지 않은 것에서 기인한다. 사일로의 소유자가 아닌 A기술 입장에서는 하청을 받은 공사 범위 이외의 설비에 함부로 손대기가 쉽지 않았을 것이다. 따라서 D산업이 사일로 물 세척작업을 한 후 맨홀작업을 하도록 발주하거나 사일로의 용도와 저장물질의 위험성에 대한 정보를 수급업체에 제공했어야 했다.

이 사고는 우리에게 또 다른 교훈을 남겼다. IMF 금융위기 이전에는 사업장 내에 대보수 정비작업처럼 위험성이 높은 작업을 총괄하는 공사과, 공무과와 같은 전문부서가 있었으며, 거기서 근무하는 공정안전 전문가들이 작업을 관리했었다. 이후 기업이 구조조정을 거치며 부서가 폐지되고 업무는 아웃소싱 되면서 전문가 육성이 단절된 채 20년이 흘렀다. 이러한 경비절감이 기업에 무슨 도움이 되었는지 되묻지 않을 수 없다.

✚ 형식적인 안전작업허가가 부른 화

화기 작업, 밀폐공간에서의 작업, 전기 작업, 고소 작업 등을 위험작업으로 분류하고 사업장은 이런 작업을 하는 경우에 대비하여 안전작업허가절차를 만들어 운영한다. 작업허가를 받아야 하는 화기 작업의 경우 용접, 용단, 연마, 드릴 등 화염 또는 스파크를 발생시키는 작업이나 가연성 물질의 점화원으로 제공될 수 있는 모든 기기를 사용하는 작업이 포함된다.

사고가 발생한 사일로의 경우 폭발성 물질을 저장하던 설비로 용접하기 전에 이에 대한 확인 절차가 필요했다. 그러나 가연성가스 농도만을 측정하여 가스가 존재하지 않는다고 작업허가서에 기록하고 작업허가를 내 주었다. 사일로 내벽에 분진상태의 폴리에틸렌이 코팅상태로 존재해 충격이나 진동으로 작업 중 부유 가능성이 컸으나 이를 확인한 근거는 찾기 어렵다. 또한 작업허가를 내주면서 사고위험을 종합적으로 체크하기보다는 절차를 따르는 것에 머물렀다. 이 작업이 8m 높이에서 이루어져 고소 작업이었으나 작업허가 대상임을 인지조차 하지 못한 것으로 판단된다. 과거에 동일한 설비에서 화기작업 중 사고가 발생한 경험이 있었음에도 안전작업허가절차가 제대로 정착되지 않아 다시 대형사고가 발생하는 우를 범했다.

✛ 종전의 사고를 깬 원청 사업주 실형

그동안 발생한 대형사고 조치결과를 보면 관리감독자나 안전관리자가 징역 또는 벌금 등 실형을 받고 사업주나 안전관리책임자가 실형을 받는 경우는 보기 어려웠다. 특히, 원청의 사업주가 수급업체 사고에 대하여 실형을 받는 경우는 드물었다. 이 사고도 1,2심에서 원청인 D산업의 안전관리책임자인 공장장은 과실을 인정하기 어렵다는 취지의 무죄판결을 받았다. 그러나 대법원 최종심에서 당시 산업안전보건법 제23조에 의한 안전상의 조치를 소홀히 한 과실이 인정되어 파기환송되었고 결국 징역 1년의 실형이 선고되었다.

근래 우리나라 산업재해를 선진국 수준으로 낮추기 위해서는 회사의 실질적인 경영권을 쥐고 있는 대표이사와 원청 사업주에 대한 산재예방책임을 강화해야 한다는 목소리가 높아지고 있었다. 이러한 목소리는 산업안전보건법에서 대표이사와 원청 사업주의 산재예방책임을 부과하는 내용을 포함시키는 성과를 이끌어 냈다. 회사 대표이사가 안전보건관리계획을 수립해 이사회 승인을 받도록 의무화하고, 다단계에 걸친 도급사업의 경우 원청 사업주는 모든 수급 사업장(관계수급인)에 대하여 안전보건조치를 취해야 할 의무를 부과하게 되었다. 이미 일어난 사고를 생각하면 만시지탄이지만 이제라도 문제의 근원을 찾아 해소하려 했다는 것은 퍽 다행이다.

03

기본이 무너진 틈새로
유독물이 샌다

    안전을 전문으로 일하는 사람이라면 흔히 듣는 사고 사례 중 하나가 보팔 가스누출 사고이다. 1984년 미국의 다국적기업인 유니온카바이드 인도 보팔시 공장에서 42t의 아이소시안화메틸(MIC)가 누출되었다. 사고 당일 하루에만 2,800여 명이 사망하였고 지금까지 사망자만 2만여 명이 넘어, 총 인명피해규모가 약 12만 명 정도로 알려진다. 피해보상을 청구한 사람만 58만 명을 넘었으며 인도 정부의 피해보상금 33억 달러에 대한 최종합의는 35년이 지난 지금도 이루어지지 않고 있다.

    80여만 명이 사는 도시 하나를 재앙에 빠뜨린 이 사고는 여러 가지 시사점을 준다. 우선, 사고 한 건이 인류에게 재앙이 될 수도 있음을 상기시킨다. 70년대 이후 서구 열강들의 환경안전에 관한 법적 규제가 강화하면서 다국적기업들은 규제망을 피해 후발국으로 진출하게 되었고 이는 고도의 유해위험 요인이 동시에 후발국으로 이전되는 결과를 가져왔다. 화학 사고는 한번 발생하면 광범위한 지역에 영향을 미치고 그 영향이 상당 기간 지속된다. 후발국은 체계적인 안전관리가 어렵고 투자여력이나 고용사정 등이 열악하다는 측면에서 이러한 공장의 무분별한 후발국 이전은 많은 문제를 안고 있었다.

2012년 H글로벌에서 발생한 불화수소 누출사고는 사고발생 경위나 규모 측면에서 이에 비교할 바는 아니지만, 오버랩 되는 부분이 많은 사고이다. 경북 구미시에 소재한 이 사업장은 중국에서 컨테이너로 수입한 불화수소에 물을 섞어 불산을 생산해 주로 반도체, 전자제품 공장에 납품하는 회사로 5명 내외의 노동자가 일하는 소규모 사업장이었다. 2012년 9월 27일 오후 3시 35분경 이 사업장 컨테이너에 담긴 불화수소가 대기 중으로 다량 누출되는 사고가 발생했다. 사고 여파는 사업장 내에서 그치지 않고 기화된 불화수소가 바람을 타고 인근 지역으로 확산되면서 농작물 피해와 차량 파손 등으로 피해 범위를 넓혔다. 결국 현장에서 일하던 노동자 등 5명이 목숨을 잃고 7,000여 명이 넘는 지역 주민이 입원하거나 건강검진을 받았으며, 지역 자체가 재난지역으로 선포되기도 했다.

✚ 불량구조의 설비와 휴먼 에러의 상호작용

사고발생일 오후 컨테이너에 담긴 불화수소를 공장 내 저장설비인 탱크로 옮겨 담기 위해 작업자 4명이 컨테이너 위로 올라갔다. 불화수소를 옮기기 위해서는 먼저 컨테이너의 차단밸브가 닫힌 상태에서 배관을 막고 있는 맹판(Blind Flange)을 제거한 후 저장용 탱크의 배관라인을 연결한다. 그리고 컨테이너 밸브를 서서히 열면서 동시에 공기압축기 밸브를 열어 이송에 필요한 공기압을 공급하면 컨테이너에 담긴 유체가 탱크로 옮겨간다.

사고는 배관라인이 연결되기 전에 컨테이너에 붙은 차단밸브가 열리면서 발생했다. 손잡이를 쉽게 조작할 수 있는 레버형 밸브 바로 위에 설치된 맹판을 열기 위해 4개의 볼트를 제거하던 작업자가 레버 손잡이를 건드려 밸브가 열린 것이다. 반쯤 열린 밸브를 통해 액화불화수소의 이송을 위해 가압된 압력에 밀려 불화수소가 새어나온 것이다. 누출된 액체는 공기 중에서 순간적으로 기화되며 운무로 변했고 작업장을 뒤덮었다. 그 바람에 밸브를 차단할 틈도 없이 작업 중이던 8명의 노동자 중 5명이 사망했다.

사고가 발생하자 대부분의 언론은 불산 누출사고로 대서특필을 했다. 그러나 대기 중으로 누출된 물질은 불산이 아니라 불화수소(HF, Hydrogen Fluoride)였다. 불화수소는 물질안전보건자료(MSDS)에 의하면 상온, 상압 하에서 기체 상태로 변하는 자극적인 냄새가 나는 급성독성물질로서 압축시켜 액체 상태로 운반하거나 보관한다. 반면 불산은 불화수소에 순수(純水)를 섞은 액상 물질이다. 전자제품제조 사업장에서 식각제로 많이 사용하는데 이 사업장은 50~55% 농도의 불산을 생산해 왔다. 설비는 불화수소에 물을 섞는 희석 설비와 저장탱크가 전부이며, 불화수소가 주원료이고 불산이 생산품인 단순공정의 사업장이었다. 사고가 발생한 곳이 불화수소 원액이 담긴 컨테이너 상부의 연결라인이었으니 누출된 물질은 거의 100%에 가까운 액상의 불화수소였다. 따라서 불산보다 훨씬 독성이 강한 물질이 대기로 나온 것이다.

사고가 발생한 불화수소 이송용 탱크 컨테이너는 불화수소를 공급하기 위해 조작하는 밸브 2개가 설치되어 있었다. 큰 사이즈의 밸브(50A)는 불화수소를 저장탱크로 이송하기 위한 것이고, 작은 사이즈의 밸브(25A)는 불화수소의 이송을 돕는 압축공기를 불어넣기 위한 것이었다. 이 밸브는 작동 스위치가 레버형태로 달린 볼 밸브로 작업자가 한 손으로 쉽게 여닫을 수 있는 구조였다. 일반적으로 볼 밸브는 목욕탕이나 가정에서 물처럼 위험하지 않은 액체류를 취급하는 배관에 사람들이 쉽게 조작할 수 있도록 설치한다. 작업자의 작은 실수나 착각에 의한 오조작으로 사고를 일으키기 쉬운 이런 구조의 밸브를 독성물질을 다량으로 취급하는 탱크 컨테이너에 설치해서는 안 된다. 사람이나 동물이 흡입하게 되면 치명적인 독성물질, 누출에 의한 화재폭발이나 환경오염의 위험이 큰 화학물질 등을 취급하는 탱크나 배관에는 쉽게 조작하기 어려운 글로브 밸브(Globe Valve)나 게이트 밸브(Gate Valve)를 사용한다. 작업자의 실수나 착각을 예방하며 밸브의 개방 여부도 쉽게 식별할 수 있다. 부득이하게 볼 밸브와 같은 구조의 밸브를 설치하는 경우에는 밸브 손잡이에 잠금장치를 달거나 이중으로 밸브를 설치해 휴먼 에러에 의한 사고에 대비해야 한다.

밸브의 선택과 설치는 컨테이너가 설계되고 제작될 당시 고려했어야 할 기본적인 안전사항이지만 무시되었다. 2009년에도 유사한 원인으로 불화수소가 누출되는 위험한 상황이 있었지만 무시하고 개선하지 않은 것이 돌이킬 수 없는 참사를 불러왔다.

화학물질 취급 설비는 설비 자체의 안전화와 작업절차서 작성, 작업자 교육훈련, 복장 및 보호구, 유해위험정보의 제공 등 이 매우 중요하다

✚ 기본이 지켜지지 않은 무리한 작업

모든 작업이 그렇듯이 탱크 컨테이너에 배관을 연결해 불화수소를 이송하고 이송작업이 완료되면 배관을 분리하는 작업에도 기본적인 안전수칙과 작업절차가 있다. 작업자는 이를 준수하여 작업에 임해야 하고 관리감독자는 준수여부를 확인해야 한다. 작업자가 불화수소가 피부에 접촉하지 않도록 내산복을 착용하고 방독마스크를 착용하는 것은 안전수칙의 기본이다. 기본적인 작업순서는 맹판을 제거하고 압축공기

라인을 체결하고 컨테이너 밸브를 개방하는 것이며, 이때 국소배기장치 후드를 접근시켜 유해가스를 빨아들이고 압력조정기의 압력이 적정한지 체크해야 한다. 그러나 사고 발생당시 CCTV에 포착된 화면을 보면 작업자들은 내산성 보호복과 장갑, 방독면을 착용하지 않았다. 분진작업장에서 사용하는 방진마스크를 착용하고 있었다. 불화수소 탱크 배관을 연결하는 순서도 무시되어 불화수소와 공기배관의 맹판을 동시에 개방하고 있었다.

작업자가 안전수칙을 지키기 위해서는 작업자로 하여금 필요한 작업안전수칙이 무엇인지를 알게 하는 교육과 실행에 옮기도록 하는 반복훈련 혹은 지속적인 관리가 필요하다. 작업안전수칙에는 취급 물질의 성상, 안전작업방법, 적정 보호구의 착용, 노출 시 응급조치 사항 등이 반영되어 있어야 한다. 따라서 이 사업장에서는 불화수소가 외부로 누출될 경우에 대비하여 신속하게 대피하거나 조치할 수 있는 가스감지 및 경보설비를 설치하고, 가상시나리오에 기반을 둔 주기적인 훈련을 통해 비상시에 신속한 대응이 가능하도록 준비했어야 한다. 그러나 실제 작업에는 이러한 비상조치계획을 마련하지 않은 채 입·출하 작업이 평상시와 같이 이루어졌다.

작업자의 보호구 착용상태, 외부 확산에 대비하여 실시하는 비상대피훈련, 비상연락망 구축, 응급조치약품 비치 등 기본적인 비상 대비·대응수준이 사업장에서 취급하는 물질의 유해위험성에 비해 크게 취약했음이 사고를 통해 만연하게 드러났다. 특히, H글로벌은 위험도가 상당히 높은 불화수소를 취급하면서 그에 걸맞은 비상조치계획을 수립하여 운영하지 않음으로써 사고로 인한 2차 피해가 커지는 결과를 가져왔다. 사업장 내부에서 발생한 사고가 인근 사업장이나 지역에 영향을 미칠 것에 대비해 비상연락망을 구축하고 지역과 커뮤니케이션을 통해 정보를 공유했어야 했다.

일부 언론은 사고 발생 당시 출동한 소방대가 소방호스로 물을 뿌리는 독성물질 희석방식을 사용해 기화현상이 급속하게 가속되어 피해범위를 넓혔다고 보도했다. 기본적으로 불화수소와 같은 독성물질을 희석시키기 위해 물을 사용하는 일이 잘못된 방식으로 보기는 어렵다. 다만 물을 살포하는 방식에 문제가 있었다. 불화수소를 수용액 상태로 녹여야 효율이 좋아지므로 물을 안개비와 같은 미스트 상태로 분사해 물 입자의 표면적을 넓혀야 피해를 줄일 수 있다. 그러나 독성물질이 누출되고 있는 시급한 상황에서 소방차의 물 분무 호스 노즐을 미스트용으로 바꾸지 못하고 일반 화재 소화방식으로 물을 분사한 아쉬움이 있었다.

✚ 화관법, 화평법 제정에 불을 댕기다

사고 당시 산업안전보건법에서는 위험물질 누출, 화재, 폭발 등으로 인하여 사업장 내 노동자에게 즉시 피해를 주거나 사업장 인근지역에 피해를 줄 수 있는 중대 산업사고를 엄격하게 규제하고 있었다. 석유화학업종이나 화학물질을 다량 제조·사용·취급하는 사업장을 설치, 이전, 변경하는 경우에 공정안전보고서를 작성해 정부에 제출해 심사와 확인을 받아야 했다. 공정안전보고서는 중대산업사고를 예방하기 위해 위험물질을 취급하는 사업장이나 공정에 대한 사전안전성을 확보하는 제도이다. 공정안전보고서에는 공정안전자료, 위험성평가, 안전운전계획, 비상조치계획 등을 포함하여 작성하고 있다. 시운전 단계에서 보고서대로 설치하고 운전되고 있는지를 확인하고, 일정주기로 계속 확인을 받아야 한다. 그러나 이 회사가 공장을 새로 설치하던 때에는 직원수가 5인 미만이었다. 따라서 공정안전보고서를 제출하지 않아도 되어 제도에 의한 규제를 피할 수 있었다. 그뿐만 아니라 추후 불화수소와 물을 혼합하는 희석설비를 추가로 설치하였으나 희석설비를 반응기로 분류하지 않아 역시 공정안전보고서 제출이라는 규제망을 피해갈 수 있었다. 사고가 난 사업장이 공정안전보고서를 제출했거나 이에 준하는 공정안전관리를 자율적으로 했더라면 이러한 끔찍한 대형 누출사고는 예방할 수 있지 않았을까 하는 안타까움이 크다.

인도 보팔 가스누출사고는 지구촌의 따가운 시선이 미국으로 향하면서 미국 대통령 직속으로 화학사고조사위원회를 창설하는 계기가 되었다. 이후 많은 화학사고가 이어지면서 영국, 독일, 미국 등을 시작으로 도입된 제도가 공정안전관리제도이다. 인류를 위협하는 대형사고가 새로운 제도와 규제를 불러온다.

휴브글로벌사고도 안전, 환경과 관련한 규제변화를 촉진시켰다. 산업안전보건법으로 정한 공정안전보고서 제출대상이 대폭 확대되었고, 화관법과 화평법이 제정되어 이를 전문으로 취급할 화학물질관리원이 설립되었다. 화학물질을 취급하는 사업장은 장외영향평가서와 위해관리계획서를 제출해 심사를 받아야 하고 화학설비에 대하여 정기적으로 검사를 받아야 한다. 고의 또는 과실에 의해 화학물질을 누출하는 사고 발생 시 과징금을 부과하는 징벌적 배상제도가 도입되었다.

반복되는 이야기지만 규제가 개별 사업장의 안전문제를 해결해 주거나 사고를 줄여주지는 못한다. 자율안전관리가 가능한 관리시스템을 구축해 효율적으로 운영하는 것이 문제를 해결하는 지름길이다.

04

비즈니스 재앙은
안전 무지에서 온다

  2000년대 들어 수도권의 중소규모 공장이 우후죽순 화성으로 이전해 오면서 지역경제 발전이라는 양지 이면에 난개발과 화약창고라는 그늘이 드리워졌다. 반도체, 자동차 등 굴지의 대기업이 들어서면서 그 수급업체가 밀집해 화학물질 사용량이나 외국인 노동자 수 등이 매년 증가하고 있으며 재해율도 다른 지역에 비해 월등히 높다. 대형 산업재해도 자주 발생한다.

  2012년 6월 18일 오전 공업용 접착제를 생산하는 ㈜A코트에서 작업자 4명이 목숨을 잃고 9명이 크게 부상을 당하는 대형 폭발사고가 발생했다. 부상자 중에는 인근 3개 사업장 작업자 5명이 포함되었고 사망자의 신체 일부가 250m 밖으로 비산될 정도로 끔찍한 사고였다. 4년 전 화재사고가 발생해 폐업한 장소를 인수하여 공장을 설립한 이 사업장은 또다시 발생한 사고로 형체를 알아보기 어렵게 파괴되어 결국 비즈니스를 포기했다.

이 사업장은 접착제와 첨가제류를 주로 생산하는 노동자 8명의 소규모 사업장이었다. 사고 발생 전에 이 사업장은 반도체 생산을 전문으로 하는 기업으로부터 도전성 코팅제 납품계약을 하고 연구소장 겸 기술이사가 제품 생산에 박차를 가하고 있었다. 실험실에서 원료 조성을 마친 연구소장은 시제품 생산을 위해 생산실로 그 원료를 들고 갔다. 연구소장은 고속으로 회전하며 물질을 섞어주는 배합용기(resolver)에 가지고 온 원료를 쏟아 부었고 약 2분 후인 11시 25분경 굉음과 함께 리졸버가 폭발했다. 시제품 조성에 사용한 주원료는 유기과산화물질인 과산화벤조일(BPO)로 폭발적으로 반응하는 특성을 가지고 있다. 이 물질이 과염소산 리튬 등 다른 물질과 고속으로 회전하는 리졸버에서 급격히 반응하면서 어마어마한 에너지가 발생해 폭발 원인을 제공했을 것으로 추정된다.

✚ Lab-Batch-Pilot 단계별 위험성평가 실시

화학약품 등 새로운 제품 개발은 실험실에서 원료를 조성하고 비커 생산을 거쳐 현장 생산 공정과 유사한 설비를 구성해 대량생산 전단계의 시제품을 생산하는 Lab-Batch-Pilot 과정을 거친다. 특히 과산화벤조일이나 과염소산 리튬과 같은 물질은 작은 충격이나 에너지에도 쉽게 폭발할 수 있는 물질이다. 폭발성 물질로 분류되지 않지만 반응성이 큰 물질도 충격, 화학반응, 온도상승에 의해 폭발할 위험이 있다. 그리고 이러한 물질의 혼합과 반응에 있어서는 물리적인 충격 요인을 줄여주고 정전기 발생이나 온도상승 등에 의한 위험을 관리해주어야 한다. 모든 충격과 에너지 제어수단의 강구가 필요하다. 그러나 연구소장과 실험에 참여했던 멤버는 도전성코팅제와 같이 과산화물질을 주원료로 사용하는 신제품을 개발하면서 이러한 위험성을 파악하지 못한 것으로 판단된다.

화학물질을 혼합, 반응시켜 제3의 물질을 만드는 Lab-Batch-Pilot 과정은 큰 위험성이 따르기 때문에 고도의 전문성을 갖춘 전문가가 엄격한 표준에 따라 진행해야 한다

현장에 비치된 과염소산리튬 등의 물질안전자료(MSDS)는 외국어로 표기되어 있었다. 여러 종류의 분체 원료들이 위험성과 용도가 모두 다른데도 불구하고 컬러와 포장방식이 유사해 저장이나 취급시 주의를 필

요로 했고 물질을 취급하는 사람에게 사용에 대한 정확한 정보를 전달하지도 못하고 있었다.

일반적으로 새로운 용도의 복합물질을 주문을 받아 조성하는 경우 특성이 다른 여러 물질을 혼합하는 과정을 거쳐 만들어 낸다. 이때 서로 다른 물질이 혼합하는 과정에서 나타나는 반응을 체크하듯이 실험에 투입되는 물질 간 이상반응도 사전에 파악해 대비해야 한다. 다시 말해 미지의 위험상황 발생 가능성에 대한 검토(Cross Checking)가 이루어져야 한다. 이것이 Lab-Batch-Pilot 단계별 위험성평가의 기본이 된다. 또한 소량의 다양한 위험물질을 다루며 새로운 물질을 조성하는 공간, 즉 화학실험실 등에는 예방도 중요하지만 만일의 사고가 발생할 경우 인명과 시설에 대한 피해를 최소화할 보호설비를 갖추는 것이 중요하다. 폭발 등에 대비한 차단 및 차폐 설비, 위험물질 누출에 대비한 안전한 배출 설비가 갖추어져야 한다. 작업자가 착용할 보호구 및 보호복과 세안 설비 등도 갖추어야 한다.

✛ 작업표준 없는 시제품 개발

작업표준이나 매뉴얼은 정상운전 중이거나 표준작업에 대하여 만들어지고 지켜져야 한다고 생각하기 쉽다. 그러나 사고는 정상운전중인 설비나 작업에서 보다 시운전, 비상운전, 임시운전 등에서 더 많이 발생한다. 정상운전 시 작업과 다르게 이루어지기 때문에 정상운전중인 설비 작업표준을 따르면 예측하지 못한 위험이 있을 수 있기 때문이다.

화학공장 대보수정비작업, 신규 도입 설비 시운전 작업, 밀폐 공간 내부 청소작업 등을 작업계획이나 안전작업표준도 없이 수행한다고 생각해 보자. 초심자가 나침반도 지도도 없이 태평양을 향해해 미국을 가겠다는 것과 무엇이 다르겠는가?

작업 전에 안전작업표준을 작성해 작업자에게 사전에 교육하고, 안전작업허가를 승인받아 시행토록 하고 복장 보호구를 점검하는 이유가 여기에 있다. 화학물질도 물질특성과 취급조건에 따라 화재폭발을 일으키거나 누출 위험성을 가지고 있다. 이러한 위험을 통제하기 위해 만들어진 것이 매뉴얼과 안전작업표준이다. 특히, 위험물질을 혼합해 제3의 복합물질을 제조하는 작업은 음식을 만들 때 사용하는 레시피 수준의 상세한 작업표준을 작성해 지켜야 한다. 새로운 물질을 조성하는 과정에서 나타날 수 있는 위험은 정상적인 생산작업에서 발생하는 위험과 사뭇 다르기 때문이다.

이 사업장도 사고발생 전까지 혼합용기는 작업표준에 의해 정상작업이 이루어지고 있었다. 그러나 새로운 제품을 실험실에서 조성하고 파이롯트를 생산하는 작업에 대한 작업표준은 아예 존재하지 않았다. 목격자의 진술에 의하면 연구소장이 시제품을 직접 생산하기 위해 혼합용기에 조성된 원료를 용기째 들어붓는 장면을 목격했다고 한다. 연구소에서 제품개발을 맡고 있는 연구원장이 폭발성이 강한 물질을 소량씩 서서히 투입하는 정상작업 절차조차 이해하지 못하고 시제품 생산을 맡은 것이다.

✚ 지역 주민을 무시한 비즈니스는 성공하기 어렵다

㈜A코트는 상시 종업원 수가 10여 명 내외인 소규모 사업장이 30여 개 밀집된 지역에 소재해 있었다. 대부분 사업장이 화학물질을 취급하고 작업의 절반 이상을 외국인 노동자가 담당했다. 이렇게 대기업의 주문을 받아 그때마다 새로운 제품을 개발하고 생산해야 하는 다품종 소량생산을 하는 사업장들이 많다. 취급하는 화학물질의 종류가 다양하고 새로운 복합물질이 지속적으로 개발되다 보니 유해위험성은 상대적으로 높아지지만 자율안전관리가 어려운 소규모 영세사업장이 대부분인 실정이다.

이런 소규모 산업단지에서 폭발이나 화학물질 누출 사고가 발생하면 그 영향은 사고 발생 사업장 내에 그치지 않는다. ㈜A코트에서 발생한 폭발사고도 해당 사업장은 재가동이 불가능할 정도로 파괴되었고 인근 사업장도 그 여파로 상당기간 작업을 중단해야 하는 피해를 보았다. 사용하는 물질이 공정관리 실패로 누출될 경우 심각한 환경오염도 발생시킨다. 대기로 나가 사람과 가축의 생명에 영향을 주기도 하고 배수구를 통해 하천이나 강으로 흘러 들어갈 경우 수질과 토양 오염을 초래한다. 지역 주민은 불안해하고 사업장은 지역으로부터 많은 민원에 시달리게 된다.

이런 상황은 사고가 발생한 사업장이 위치한 화성지역에 국한하지 않는다. 7~80년대 중화학공업 육성 정책에 힘입어 여수와 울산에도 대형 화학플랜트가 들어섰다. 산업단지 조성 당시는 바닷가로 주민 주거지역과 상당한 이격 거리를 두고 선정되었다. 그러나 현재는 아파트와 공원 등을 화학공장이 병풍처럼 둘러싼 형국이다. 선진국이 시행하는 안전을 고려한 국토이용에 관한 제도와 모범 적용 사례를 좀 더 세심하게 들여다보고 학습할 필요가 있다.

화성지역과 같은 소규모 화학공장이 입주한 군소 산단의 경우에도 지역 주민과 인근 사업장을 보호할 대책강구가 필요하다. 단위 사업장별 안전관리시스템을 갖추기 어렵고 시설투자 여건이 부족하므로 대규모 산단에 입주한 대기업과 같은 안전관리체계 구축을 요구하는 것은 현실성이 떨어진다. 산단 내 입주업체가 공동으로 참여해 운영하는 안전관리시스템을 갖추도록 제도화 하고 정부가 자원의 일부를 지원하는 것이 하나의 대안이 될 수 있겠다. 사업장 유해위험정보를 공유하고 비상대비 훈련을 공동으로 실시하는 등 합동 안전관리 및 방제시스템을 갖추는 것이다. 종업원, 지역 주민, 소비자의 안전을 무시한 비즈니스란 성공하기 어렵다.

05

추락하는 크레인은
날개가 없다

　최근 지식을 공유하는 조찬 강연을 간 적이 있다. 코믹한 강연 기술로 아침잠이 덜 깬 점잖은 중년 청중을 집중시키는 연사는 농담 한 마디로 좌중을 웃음바다로 만들었다. 요즘 하늘을 치솟는 세 가지가 있는데 교회 십자가, 건설 현장 크레인 그리고 한반도를 둘러싼 미·중·일의 끝없는 욕심이란다. 십자가는 사람의 마음을 평안하게 보듬기 위해, 크레인은 사람에게 줄 안식처를 만들기 위해 치솟는데, 주변 열강은 너 죽고 나 살자 식으로 덤벼든다고 넉살을 늘어놓았다.

　우리나라는 대도시마다 4~50층짜리 아파트가 즐비하게 공사 중이고 공장, 상가, 지하철 공사장이 여기저기 널려 있다. 이런 건설 작업은 크레인 없이는 시공이 불가능하다. 그러다 보니 노란색으로 상징되는 크고 작은 크레인이 공사장마다 세워져 있어 우리 눈에 쉽게 보인다. 그뿐만 아니라 건축 구조물의 높이나 공사규모에 따라 수십 대의 크레인이 밭을 이루고 있으며, 자고 일어나보면 높아져 있다. 역동적인 산업발전의 한 단면으로 비춰지기보다는 안전한지가 더 궁금해진다. 그동안의 많은 크레인 사고 때문이다. 저 육중한 장비가 전문적으로 설계되어 제작되었는지, 설치 및 상승작업이 적격하게 이루어지는지, 운전자가 매뉴얼대로 원칙을 지켜 조작을 하는지, 이 모든 것을 정기적으로 점검하고 인증하는 시스템은 작동되는지에 대한 우려를 놓을 수 없다.

최근 발생한 아파트 철거현장의 고소작업대 붐대 꺾임사고, 건설 현장에서 넘어진 크레인이 시내버스 정류장을 덮친 사고, 아파트 건설 현장에 설치한 크레인이 출근길 도로를 덮친 사고 등은 주민을 불안하게 하고 죄 없는 사람 목숨을 앗아갔다. 우려는 기우가 아니고 현실이 되었다. 당연히 지켜져야 할 것들이 지켜지지 않기 때문이다.

✚ 돈과 바꾼 방호장치 기능해제

2017년 당산동 아파트 재건축 공사현장에서 고소 작업대에 올라 작업 중이던 일용직 노동자 2명이 떨어져 모두 현장에서 사망하는 사고가 발생했다. 고소작업대는 차량탑재형 이동식 크레인이었는데 초고층 아파트를 신축하기 위해 지상 12층의 헌 아파트를 철거하는 공사현장에 투입되었다. 당시 작업자는 고소작업대의 붐대 끝에 매달린 달기구인 바스켓을 타고 아파트 벽체에 분진 비산방지용 가림막을 설치하던 중이었다. 크레인 붐대의 높이를 지상으로부터 점점 올리면서 12층까지 설치작업을 하던 중이었는데 11층 높이에서 붐대가 빠지면서 작업자가 바스켓과 함께 바닥으로 내동댕이쳐졌다.

이 고소작업대는 제작 당시 7단의 붐 인출이 가능하고 지면경사각 45도를 고려할 때 최대 인출 길이는 29.7m로 설계되었다. 작업능력을 초과하여 조작을 하지 못하도록 하중감지장치, 붐 길이센서, 붐 각도센서, 붐 회전센서 등 안전장치가 설치되어 있었고 기능적으로도 정상이었다. 2011년도 제작된 기기로 비교적 성능이나 외관상태도 좋았다. 그러나 사고 당시 붐의 총 인출 길이는 35.9m였던 것으로 밝혀졌다. 정상보다 6m 이상을 더 인출했으니 붐이 하중을 견디지 못하고 꺾인 것이다. 안전장치의 기능을 해제하거나 다른 방법으로 무력화 하지 않고는 불가능한 일이다. 고소작업대 운전자가 운전석 옆에 부착된 안전장치 컨트롤 박스를 열고 붐 길이 센서의 기능을 해제한 사실은 얼마 지나지 않

고소작업대의 붐은 유압에 의해 7단까지 인출해 높이를 조절해 작업에 활용하는 장비로 붐의 최대 인출 길이를 안전장치로 제한하고 있으며 이를 해제할 경우 사고 위험이 크다

아 작업장 인근 방범용 CCTV 확인으로 밝혀졌다. 왜 이런 위험한 행동을 했을까?

철거대상 건축구조물의 크기와 철거공사 규모를 고려할 때 사고를 낸 장비보다 큰 장비를 투입하거나 작업의 안전성과 편리성을 고려해 큰 장비를 추가 투입했어야 했다. 그러나 작업능력이 큰 장비를 투입하거나 장비를 추가로 투입하는 경우 장비임대에 따른 비용이 늘어나기 때문에 운전자와 공사 시행 주체 간에 적당한 합의를 통해 이런 위험한 결정을 내린 것이다. 안전장치를 마음대로 조작하기 어렵도록 컨트롤박스를 봉인하거나 정기적인 검사를 통해 확인하는 관리시스템이 작동되지 않은 결과는 아무것도 모르는 일용직 노동자 2명의 목숨을 앗아가는 것으로 결론이 났다.

✚ 적당히 설치된 이동식크레인의 반란

2017년 12월 28일. 강서구 등촌동의 대로를 지나던 시내버스와 정류장에서 버스를 기다리던 시민은 날벼락을 맞았다. 인근 공사현장에 설치한 이동식 크레인이 굴삭기를 들어 옮기는 작업을 하다 넘어지면서 인근 도로 위로 쓰러진 것이다. 크레인의 붐대가 지나가던 시내버스와 버스정류장을 덮쳐 승객 1명이 사망하고 15명이 중경상을 입었다. 이동식 크레인이 넘어지는 원인은 자체 하중이 무겁거나, 아우트리거로 불리는 지주대를 잘못 설치하거나, 지반이 연약한 경우이다. 사고를 일으킨 크레인은 70t짜리로 건축물 철거작업을 위해 설치되었는데, 5t짜리 굴착기를 건물 5층으로 들어 올리는 과정에서 사고가 발생했다.

이동식 크레인의 용량을 감안할 때 굴착기를 들어서 이동시키는 데는 문제가 없었다. 다만 이동식 크레인을 설치한 장소가 연약지반으로 밝혀졌고 아우트리거를 설치하면서 연약지반인 점을 고려해 받침대를 제대로 했어야 했는데 이를 소홀히 한 것으로 밝혀졌다. 아우트리거가 제대로 설치되지 않은 이동식크레인이 5t짜리 굴삭기를 들어 올려 선회를 시작하는 순간 전체적인 하중이 한쪽으로 쏠리면서 균형을 잃고 넘어진 것이다. 게다가 이동식크레인이 설치된 장소는 잡자재가 두껍게 쌓여 아우트리거를 제대로 설치한다 해도 단단하게 고정되기 어려운 상태였다. 굴삭기만 이동시키는 것에 집중한 나머지 인양 중량의 문제만 검토하고 하중에 의한 전도 가능성은 검토하지 않은 것이 화를 불렀다. 건축물 철거 작업이 차량과 사람의 이동이 많은 대로변이고 중장비를 동원해 철거작업을 하는 점을 고려해 안전에 좀 더 신경을 썼어야 함에도 오히려 기본적인 안전수칙조차 지키지 않아 애꿎은 시민이 변을 당하고 말았다.

특히, 이 사고는 왜 굴착기를 5층 건물 위로 무리하게 들어 올리려고 했을까 하는 의문이 들게 한다. 공사 설계 및 구청 인가에는 구조물을 조금씩 뜯어내는 압쇄공법으로 철거 작업을 하도록 되어 있었다. 그러나 실제 철거는 공사기간과 비용을 줄이기 위해 굴착기를 이용하는 것으로 바뀌었다. 공사를 책임지는 현장소장, 철거공사를 도급받은 수급업체, 공사감리자의 검은 담합이 아니면 불가능한 일이다. 돈 앞에 기본은 무력했고 무고한 시민과 노동자의 생명이 지속적으로 위협 받은 것이다.

무리하게 공사기간과 비용을 줄이겠다는 생각은 많은 위험성이 존재하는 건설공사현장의 기본을 무너뜨리고 무고한 생명을 위협한다

✚ 출근길 도로를 덮친 크레인

2015년 5월 31일 이른 아침시간에 서울시 강동구에 소재한 오피스텔 신축현장에 설치된 타워크레인의 지브(Jib)가 꺾이며 도로 가운데로 거꾸러지는 사고가 발생했다. 인근을 지나던 행인은 놀라서 대피하고 도로를 지나던 자동차들도 아슬아슬하게 피하는 상황이 벌어졌다. 사고가 발생한 오피스텔은 공사가 마무리되어 준공검사만을 남겨 두고 있었다. 그런데 사용하던 크레인을 철거하기 위해 해체작업을 하다 사고가 발생한 것이다.

크레인은 형식, 작업방식 등에 따라 다양한 형태가 있으나, 일반적으로 건설 현장에서 건설공사용 자재를 올리거나 내리는 작업에는 T형 타워크레인과 러핑 지브 크레인(Luffing Jib Crane)을 주로 사용한다. 사고가 발생한 크레인은 정격하중이 24t인 러핑 크레인으로 땅 위에 마스트를 세

자재, 구조, 안정장치 등이 불안전한 중고 수입 크레인이 쉬는 날 없이 건설 현장을 누비며 공사에 투입되어 노동자의 안전을 위협하고 있다

위 고정하고 마스트 끝에 작업용 지브를 걸어 웨이트(균형추)로 무게중심을 잡는 지브 크레인의 일종이다. 2005년도 이탈리아에서 제작되어 2년 전에 중고품으로 수입한 것으로 밝혀졌다.

크레인 해체작업은 크레인 상단부를 지상 가까이 내린 후 지브와 웨이트를 먼저 해체하고 마스트를 상부에서부터 해체하는 순으로 이루어진다. 이날 해체작업에는 9명의 작업자가 투입되었는데 이 중 3명은 지브를 고정하고 있는 타이 바(tie bar)를 풀기 위해 약 20m 높이의 지브에 올라갔고 나머지 6명은 지상에서 작업을 지원하고 있었다. 지브 위에서 작업 중이던 노동자가 타이 바를 해체하고 지브의 끝단부를 먼저 해체하기 위해 지브 위를 이동하던 중 갑자기 지브가 도로방향으로 꺾인 것이다.

이 사고의 직접적인 원인은 지브를 구성하고 있는 철제 부재에 발생한 피로균열로 인해 취약부분이 꺾인 것으로 드러났다. 강철로 만들어진 지브의 외관은 도장이 상당히 벗겨진 채 건설 현장에서 장기간 사용되었다. 꺾인 부분의 형상을 보면 사고 발생 전 파단면에 이미 부식이 발생해 있었고, 파단면 주위도 강도를 기대하기 어려운 수준으로 변해 있었다. 이 정도로 피로균열이 진행된 상태에서 지브를 해체하기 위해 수평 가까이 뉘자 지브 자체의 하중을 견디지 못하고 취약부분이 꺾인 것으로 보인다. 큰 하중이 걸리는 작업 중에 사고가 발생하지 않은 것이 그나마 불행 중 다행이었다. 지브를 거의 수직에 가깝게 세워 공사자재를 인양하는 러핑크레인의 특성 때문에 작업 중에는 인양하중을 잘 견디어 낸 것이다.

크레인의 사용수명은 일반적으로 15~20년 정도이다. 사고가 발생한 크레인은 제작된 지 10년 정도 지났고 불과 2년 전에 수입된 장비이다. 그럼에도 불구하고 지브가 꺾일 정도로 심하게 피로균열이 발생한 것은 장비관리를 제대로 하지 않았거나 실제 제작연도가 잘못 표기된 것으로 추정할 수 있다. 크레인을 수입하는 경우 관련법에 의거 형식신고만 하면 된다. 형식신고 시에 기재되는 제작 및 수입일자는 수입면장에 기재된 날짜이다. 그러나 현재 수입해 사용 중인 건설 현장 크레인의 상당수가 제작 및 수입날짜에 대한 진위여부를 파악하기 어려운 것이 문제이다. 자동차와 같이 차대번호나 연식이 관리되고 있지 않기 때문이다. 이런 취약점을 이용해 노후한 크레인을 싼 가격에 수입한 후 비, 먼지, 바람 등에 상시 노출되는 건설 현장을 이동해 가며 제대로 관리하지 않고 사용할 경우 대형사고 발생 위험이 커질 수밖에 없다.

크레인은 제조, 수입, 임대업자가 제작 전 설계당시부터 사용 중에 걸쳐 여러 단계의 검사를 받아야 하는 장비이다. 우선 제조 또는 수입자가 제작 전에 형식신고를 해야 한다. 크레인 제작이 완성되었거나 수입되어 현장에 최초로 설치된 후에는 확인검사를 받는다. 그리고 사용 중에는 6개월마다 안전검사를 받아야 한다. 사고가 발생한 러핑 크레인도 검사 대상에 포함되는 기계이고 검사 결과 모두 합격을 받았다. 2년 전에 장비 수입을 전후해서 형식신고와 확인검사를 받았으며, 3개월 전에도 안전검사를 받고 사고 발생 현장에 임대되어 작업 중이었다.

이는 검사필만으로 크레인 안전을 확보하기에 충분하지 못하다는 것을 입증한다. 따라서 용접불량이나 피로균열과 같은 사고발생 위험 요인을 파악하려면 정밀한 비파괴검사 등을 활용해 미세한 피로균열과 같은 근원적인 위험 요인을 발견할 필요가 있다. 최근 수입장비의 등록 요건과 형식신고 제도를 강화하는 것도 이러한 사고를 예방하기 위한 대책의 일환으로 생각된다.

✚ 기본이 중시되는 설치 · 상승 · 해체작업

타워크레인 또는 지브 크레인은 건설 현장의 생성, 소멸에 따라 일정 기간씩 이동, 임대 배치해 사용하는 방식으로 운영된다. 임대수입을 올리기 위해 크레인을 현장단위로 회전시키며 임대일자를 빈틈없이 채우다 보면 장비의 점검이나 유지보수를 소홀히 하기 쉽다. 한번 설치하여 고정으로 사용하기보다는 수시로 높이를 조정하는 위험작업 단계를 거쳐야 한다. 장비 특성상 옥외에 설치해 사용하므로 환경의 영향도 많이 받는다. 따라서 고도의 위험이 따르는 크레인 설치 · 해체 및 상승작업에는 기본적인 절차와 작업방법 준수가 무엇보다 중시된다. 작업팀 구성, 작업계획 수립, 작업순서 결정 등이 철저히 준비되어 교육을 실시하고 작업 시작 전과 작업 중에 지켜야 할 매뉴얼이나 작업절차도 꼼꼼히 챙겨야 한다. 정기적으로 실시하는 법적검사보다 장비를 이전 · 설치하고 사용하는 과정에서 자체점검을 철저하게 해야 장비 수명도 오래가고 안전성도 확보할 수 있겠다. 그러나 크레인에 의한 대형사고를 예방하기 위해서는 크레인 임대업자의 제대로 된 안전의식이 무엇보다 중요할 것이다.

06

황금비가
내리다

1993년 2월 22일. 프랑크푸르트 인근의 대표적인 주거지역인 슈반하임(Schwanheim)은 주말부터 시작된 카니발 축제로 약간 들뜬 분위기였다. 이 카니발은 많은 주민들이 열광적으로 참여하는 지역축제로 매년 이 무렵에 열린다. 축제가 시작된 지 3일째 되는 날 축제의 꽃인 시내 카니발 퍼레이드가 예정되어 있어 축제 분위기는 최고조를 치닫고 있었다. 평상시 차량으로 붐비던 시내 간선도로는 카니발 행렬을 위해 차량 통행이 차단되었고 도로변에는 얼굴에 형형색색의 분장을 한 어린이들과 카니발 복장을 한 주민들 그리고 축제를 같이 즐기려고 각국의 고유 의상을 입은 외국인 등이 줄지어 늘어서 카니발 행렬이 오기를 기다리고 있었다.

이렇게 축제 분위기가 절정으로 치닫던 오후 4시 경, 갑자기 하늘에서 황금색의 안개비가 내리기 시작했다. 황금색 노란 비를 맞은 사람들이 하나둘 늘어나면서 이들을 중심으로 피부와 목의 자극적인 통증을 호소하고 구토증상 등이 나타나기 시작했다. 축제에 참여했던 인파는 혼비백산해 흩어지고 시내는 언제 축제가 있었느냐는 듯 죽음의 정적이 흘렀다. 그리고 늦은 오후부터 속속 터져 나온 화학공장의 화학물질 누출사고에 대한 속보가 보도되며 슈반하임은 공포의 밤이 시작되었다.

✚ 휴먼 에러가 만들어 낸 황금비

이 사고는 화학물질을 전문으로 생산하는 독일의 3대 화학회사 중 하나인 훽스트사(Hoechst AG)의 그리스하임(Griesheim)공장에서 발생했다. 공정을 운전하는 기사의 밸브조작 실수로 인하여 무려 11.8t에 달하는 화학물질이 누출되었고 대기중으로 비산되어 퍼져 나갔다. 바람을 타고 대기로 비산된 화학물질은 축제가 한창이던 슈반하임지역과 골드스테인 지역에 노란색 비가 되어 내렸다. 미스트 상태로 슈반하임 하늘을 뒤덮은 노란 비는 여러 가지 물질이 소량씩 섞인 혼합물질이었는데 여기에 니트로아니졸(O-Nitroanisole)이 27.8% 포함되어 있었다. 니트로아니졸은 끈적거리고 노란색을 띤 물질로 인체에 노출되면 얼굴 피부, 호흡기도의 입구 및 중간 부분, 눈에 대한 자극이 심하고 구토증상을 불러일으킨다. 고온에서 분해되어 독성을 생성하며 가열하는 경우 용기가 폭발할 수도 있는 물질로 미국 국립독성프로그램(NPT)의 11번째 보고서에 발암물질로 포함되어 있다. 결론적으로 하늘에서 내린 황금비의 정체는 누출된 혼합물질에 포함된 니트로아니졸 이었다. 이 물질은 발암성에 대한 의심이 있는 점성을 가진 물질이기는 하나, 그동안 이 화학물질 누출사고의 직접적인 영향으로 심각한 증상이 나타났거나 수년 후 건강상의 손상이 확인되지는 않았었다.

그린스하임 공장은 이 누출사고가 발생한 이후 3주 사이에 9번의 크고 작은 위험물질 누출사고가 발생했다. 특히, 같은 해 3월 15일 포르말린 생산 도중 원인 모를 폭발사고로 인해 유독물인 메탄올이 누출되었는데 프랑크푸르트 인근에 거대한 버섯구름을 만들었으며 작업자 1명이 사망하고 2명이 중상을 당해 사회적으로 큰 파장을 불러일으켰다.

화학물질 누출사고는 중독, 화재 폭발 등으로 생명을 위협하지만, 광범위한 환경오염을 가져와 원상복구에 상당한 비용, 시간, 인력 투입을 필요로 한다

니트로아니졸 누출 사고는 전문가로 편성된 화학사고조사반의 사고조사와 검찰의 세부적인 관련자료 검토에 의해 단순한 실수에 의해 발생된 것이 아니고 여러 가지 원인이 복합적으로 작용한 사고임이 밝혀졌다. 사고가 발생한 반응기는 페인트와 안료를 생산하기 위한 중간체

인 니트로아니졸을 생성하는 설비이다. 생성이 완료되면 여기에 메탄올과 니트로클로어벤졸을 첨가해 교반하고, 다시 교반기가 정지된 상태에서 질소를 가압하여야 한다. 그리고 다음단계에서 다시 교반기를 가동시켜야 한다. 그러나 작업자는 조작실수로 교반기를 다시 가동시키지 않았다. 교반기가 가동되지 않는 채로 해당 반응기는 공정제어 프로그램에서 정해진 온도로 가열되었고 메탄올이 함유된 수산화나트륨이 펌프로 반응기에 정량 공급되기 시작했다. 개별 반응시간이 지난 후에야 교반기가 가동되지 않고 있다는 것을 인식한 작업자는 허겁지겁 교반기를 가동했지만 이 순간 서서히 진행 중이던 발열반응이 아주 강하게 촉진되어 반응기 내부 온도는 95℃에서 115℃로 급상승했고 반응기 압력은 9 bar에서 16 bar로 급상승했다. 그러자 안전밸브가 개방되었고, 반응 중이던 혼합물(10t)의 약 40%는 2개의 밸브를 통해 분출되었다. 이때 반응기 내에는 반응단계상 니트로아니졸, 염과 물이 존재했다. 또한 불완전 및 과열 반응에 의해 정상반응에서는 발생되지 않아야 하는 디클로라조벤졸(Dichlorazobenzol) 및 디클로라조지벤졸(Dichlorazoxibenzol)도 생성되었다. 분출된 반응 혼합물은 명확하게 확인할 수 있는 노란색 비로 2,000명 이상이 거주하던 25~30ha 면적의 지역에 영향을 입혔다.

✚ 눈덩이처럼 커진 불안과 불신

훽트사의 그리스하임공장은 독일의 슈반하임 주민들에게 자부심의 상징이었다. 소도시에 대기업의 공장이 들어서 고용창출과 지역경제발전에 크게 기여하고 지역 주민들과의 다양한 소통을 통해 화학공장임에도 불구하고 좋은 기업 이미지를 가지고 있었다. 그러나 2월 22일 첫 번째 누출사고가 발생한 이후 사업장 인근의 환경오염실태를 눈으로 확인하고 축제를 망친 슈반하임의 시민은 분노하기 시작했다.

> 독일의 대표적인 화학회사가 지역에 소재하고 있다는 자부심은 불안으로 변했고, 훽스트사의 안전관리에 대한 불신이 눈덩이처럼 커졌다. 사고가 발생한 원인과 책임소재 등에 대한 진상을 밝히라는 민원이 빗발쳤다. 수십 년간의 공든 탑이 한 순간 와르르 무너지는 순간이었다.

대기중으로 유출된 니트로아니졸의 영향은 광범위했다. 회사 측과 소방당국은 3주에 걸쳐 마인강 남쪽의 도로, 주택을 청소하고, 가로수와 농경지에 대한 대대적인 제독작업을 해야 했다. 그리고 지역 주민이 가지고 있는 의구심을 풀어주고 잘못된 정보가 확산되는 것을 차단하기 위해 대대적인 주민홍보활동을 전개했다. 사고 발생 후 2주 동안 15건의 사업장 정보를 주민에게 제공하고, 미디어 매체를 이용해 13건의 브리핑을 하고, 안전보건정보지를 7건 제작하여 훽스트사의 직원에게 제공했다. 사업장 인근지역 2개의 주민모임에 경영진이 직접 참석해 사고경위와 대책에 대한 설명하고 질의응답에도 응하고, 이후 약 4개월간 '사업장과 주민간 간담회'라는 공식 회의체를 만들어 정기적인 회의를 운영해 갔다. 이외에도 사업장에 주민 전용 긴급전화 회선을 갖추고 직원이 매일 450여 통의 전화 문의를 받아 대응했고, 사업장 책임 간부가 나서 1993년 말까지 발생한 100건이 넘는 누출사고에 대한 상세한 정보와 그간의 개선사항 등이 포함된 강연을 수행했다. '어떻게 나 스스로와 주변사람을 화학물질사고로부터 보호할 수 있는가'라는 제목의 안내서를 130,000부 제작해 사업장 인근의 가정에 배포하기도 했다.

그러나 훽스트사의 이러한 활동과 예방대책에도 불구하고 정치인, 관공서, 저널리스트, 주민, 주주들은 사업장에서 제공한 위험정보는 부족하고 재발방지를 위한 대책도 믿을 수 없다고 한 목소리로 성토했다. 주민들에게 제공한 정보는 위험성을 축소하고 거짓으로 위장되었으며 시민을 잘못된 방향으로 유도하려는 의도가 숨어 있는 등 안전의식이 결여되었다고 평가한 것이다.

누출사고 직후 훽스트사는 첫 브리핑에서 누출된 혼합물은 독일의 물질안전보건자료(MSDS)에 근거해 저독성으로 분류된다고 발표하고, 누출물질에 포함된 니트로아니졸이 발암성 물질로 의심되고 있다는 사실을 은폐했다. 사고 발생 후 2일 동안 경영진은 주민들과의 간담회에서도 누출된 화학물질은 '심각한 건강상의 위험이 없다'라고 설명하였다. 그러나 같은 날 15시 55분 독일뉴스협회가 처음으로 발암성 물질로 의심된다는 방송보도를 한 다음에 서야 훽스트사가 이를 공식적으로 인정함으로써 주민으로부터 불신의 목소리가 커지는 계기가 되었다. 또한 이때부터 누출사고가 발생한 작업장 세정작업에 투입된 노동자들은 방독면과 화학복을 착용하게 되었다. 이러한 모습이 방송매체를 통해 주민들에게 전달되면서 지금까지 사업장의 각종 주민홍보활동은 물거품이 되고 말았다.

✛ 백년의 명성을 하루아침에 잃다.

누출사고가 발생한 후 약 2달 사이에 17건의 공정사고가 발생했다. 휙스트사의 대변인은 이 사실을 알고 있었지만 정례 브리핑에서 한 번도 발표하지 않았다. 이러한 정황을 눈치 챈 환경단체(Greanpeace)는 사고 발생장소에서 샘플을 채취하기 위해 공장 내로 진입하려 했으나 경찰력을 동원해 저지하는 일까지 발생하였다.

얼마 후 열린 휙스트사 주주총회 자리에서 CEO는 니트로아니졸 누출사고와 폭발사고에 대하여 개인적인 잘못은 없다고 강하게 항변했다. 그는 누출사고가 발생할 당시 휴가였으나 휴가를 중단하고 돌아올 이유가 없었다고 했다. 그리고 이런 공정사고는 다른 화학공장에서도 흔히 발생할 수 있는 대수롭지 않은 일이라고 일축하고, 언론이 일부 작업자가 겪은 호흡곤란과 피부발진 정도를 침소봉대해 과장 보도했다고 변명했다. 이에 주주총회는 이사회에서 CEO의 도덕성과 위기관리능력에 대하여 심각한 논의를 진행했다. 최종적으로 방출을 결정하지는 않았지만, 화학공장협의회는 휙스트사의 CEO가 맡고 있던 협회장직의 사임을 요구하였다. 그리고 이 사고에 대한 법원의 최종 판결에서 사고와 직접 관련이 있는 한 직원에게 징역 6월에 집행유예를, 다른 세 명의 직원에게 벌금형을 부과하였다. 그뿐만 아니라 주변지역에 대한 피해보상 금액은 수천억 원에 달했다.

휙스트사가 주민으로부터 불신을 걷어내고 회사의 이미지를 새롭게 만드는 데는 10년 가까운 시간이 걸렸고, 계산하기 어려운 액수의 돈과 노력을 지불해야 했다. 현재 이 시업장이 위치한 산업단지는 지방정부와 주민의 강력한 요구에 의해 별도의 안전관리 전문회사를 새로 설립하였다. 산업단지 내 모든 사업장을 안전관리를 통합한 안전관리시스템을 갖추어 운영하고 있다. 사고가 발생할 경우 실시간으로 운영되고 있는 웹사이트에 그 사실을 보고하고 있다. 사고 대응, 대피, 조사 및 복구에 필요한 지원도 모두 담당하고 있다.

기업의 CEO의 안전에 대한 철학 부족과 공정안전관리 실패가 원인이 된 이 사고는 100년 넘게 쌓아온 세계적인 화학기업이라는 명성을 하루아침에 바닥으로 추락시켰고, 실추된 명성을 다시 회복하기까지는 수많은 시간과 노력, 그리고 천문학적인 돈이 들어야 했다.

07

최선의 상황만
상상하지 말라

　독일에서 알게된 안전전문가 브레너(Blenner) 씨가 한국에 개인적으로 여행 왔다가 연락을 해와 만난 적이 있다. 검은 콧수염이 인상적인 그는 지멘스에서 안전업무를 총괄하는 부서에 근무하다 퇴직을 하고 지금은 프리렌서로 활동 중이다. 궁금한 것이 생기거나 뭔가 못마땅하면 어깨와 함께 콧수염을 실룩거리는 습관을 가지고 있다. 반가운 마음에 기억에 남을 만한 추억을 만들어 주고 싶어 한강 유람선 선착장에 있는 레스토랑을 예약해 어둠이 내리기 시작할 무렵 그곳에서 저녁 식사를 시작했다. 그런데 이 친구는 식사에는 큰 관심이 없어 보이고 연신 강 건너편에 빼곡히 늘어선 고층 아파트를 향해 연신 스마트폰 카메라를 눌러대고 있었다. 잠시 후 기다렸다는 듯이 폭풍 질문을 퍼붓기 시작한다.

"아파트를 왜 저렇게 많이 짓느냐?"

"주로 어떤 계층의 사람들이 거주하느냐?"

"교통체증 유발요인을 어떻게 해결하느냐?

일조권이나 사생활 침해 우려가 있어 보인다는 등 궁금증을 넘어 전문가다운 식견을 자랑하듯이 많은 것을 물어왔다. 한국인의 주거문화 변화, 인구의 도시 집중화, 짧은 산업화 과정 등 짧은 지식을 총동원해 궁금증을 해소시켜 주었다고 생각할 무렵 그는 의미심장한 말을 했다. 콘크리트로 지은 건축물이 내구도로 보나 삶의 질 측면의 주거환경을 고려할 때 50년을 넘기기 어려워 어느 순간 철거·해체, 재건축, 폐기물 처리에 대한 심각한 안전 환경 문제가 닥쳐올 것이라며 콧수염을 심하게 실룩거렸다. 그러면서 미국 뉴욕에 있는 엠파이어스테이트 빌딩은 준공한지 100년이 되었지만 지금도 지진이나 태풍에 크게 걱정하지 않는다며 미국의 아파트 콘크리트 강도가 평균 $400 \sim 500kg/cm^2$ 정도라는 것을 감안해 생각하면 이해가 된다는 말을 했다. 스마트폰을 열어 한국의 아파트 콘크리트 강도를 검색해 보니 한국주택산업연구원에서 $210 \sim 270kg/cm^2$ 정도인 것으로 발표한 자료가 눈에 띄었다. 한국의 아파트 콘크리트 강도는 미국의 절반수준이고 동남아지역 국가에도 미치지 못했다. 향후 건설기술은 안전 측면에서 새로운 건축물을 만드는 기술보다 철거·해체하는 기술이 중요하게 될 것이라는 그의 말에 공감하지 않을 수가 없었다.

우연의 일치일까? 식사를 마치고 브레너 씨와 헤어진 다음날 서울 한

가운데서 오래된 호텔을 철거하고 새 호텔을 신축하기 위해 해체공사를 하던 중 낡은 호텔이 붕괴되어 현장 작업자 3명이 사상을 당했다는 소식이 뉴스를 통해 전해졌다.

✚ 기본이 무시된 철거작업이 부른 화

사고는 종로구 낙원동에 있는 약 40년 된 톰지호텔을 철거하기 위해 굴삭기를 이용해 해체하던 중 호텔 건물이 붕괴되어 발생했다. 1층에서 살수작업 중이던 작업자 2명은 매몰되어 사망하고 굴삭기 운전원 등 2명은 크게 부상을 당했다. 붕괴된 건축물은 지하 3층 지상 11층 규모의 호텔로 사고 당시 약 80%의 철거작업이 진행 중이었다. 복잡한 도심공사 특성상 폭파공법 등을 사용하지 못하고 중장비를 이용해 뜯어내는 압쇄공법으로 해체가 이루어지고 있었다. 그러나 지상 10층까지 해체를 마치고 지상 1층 바닥 슬라브와 계단실 벽체를 해체하던 중 1층 바닥 슬라브가 굴삭기와 철거잔재물의 하중을 견디지 못하고 붕괴되면서 연쇄적으로 지하 2층 바닥까지 붕괴되었다. 지상 1층에서 살수작업을 하던 노동자는 붕괴하는 잔재물과 함께 지하로 빨려 들어가고 굴삭기도 지하 2층으로 전도되었으나 운전원은 운전실의 방호기능으로 가까스로 목숨을 건졌다.

도심에서 시행되는 낡은 구조물 해체 공사는 협소한 작업 장소, 약해진 구조물의 강도, 짧은 공기, 비전문가 투입 등으로 사고발생 위험이 크다

붕괴가 발생한 직접적인 원인은 하중이나 충격에 취약한 낡은 건축물을 철거하면서 하중을 견딜 수 있는 안전장치를 제대로 설치하지 않고 압쇄장비와 철거잔재물의 하중을 오히려 증가시켜 작업을 강행한 데 있다. 대형 압쇄장비인 굴삭기의 자중과 철거잔재물의 반출지연으로 슬라브가 받는 하중은 크게 증가하였다. 반면, 하중을 견딜 수 있도록 슬라브 하부에 서포트와 같은 하중보강장치를 했어야 했는데 이를 무시하고 작업을 강행함으로써 사고위험성이 수십 배로 커진 것이다. 기본이 무시된 철거작업이 부른 당연한 결과이다.

✚ 공기와 원가에 파묻힌 안전

이 공사는 산업안전보건법에 의해 착공 전에 유해위험방지계획서를 작성해 관공서에 제출해 심사를 받아야 하는 공사였기에 법적 절차는 준수한 것으로 드러났다. 계획서에는 철거 층 하부의 붕괴를 막기 위해 2개 층에 걸쳐 18본의 잭 서포트를 설치하고, 압쇄장비는 자중이 작은 굴삭기를 투입하고, 철거 잔재물의 실시간 반출로 하중의 증가를 방지한다는 등의 내용이 포함되어 있었다. 그러나 실제 시공은 계획서 내용과 전혀 다르게 이루어졌다. 우선, 부족한 공기로 인해 계획서를 지킬 수가 없었을 것으로 분석된다. 도심지 철거공사의 경우 석면처리, 내부철거 등에 소요되는 40일이 필요하고 철거작업이 층당 3일 정도가 소요되는 점을 감안했을 때 이 건물의 철거작업 기간은 총 73일 정도가 요구된다. 그러나 실제 하도급 계약서에는 41일로 계약되었다. 이마저도 민원 발생으로 공사 계약 기한에 대비하여 45일이 지연된 시점에서 철거작업이 시작되었다.

잭 서포트는 계획서에 제시한 18본을 무시하고 지하 1층에 단 3본만 설치하여 흉내만 낸 모양새였다. 굴삭기는 당초 14.5t급 경량장비를 투입하도록 계획하였으나, 공사를 빨리 진행하고 철거 잔재물 반출에 필요한 로우더를 투입하지 않고 철거, 반출, 상차작업이 동시에 가능하도록 21t급 대형장비를 투입했다. 잔재물 처리는 발생 즉시 반출하는 것으로 계획하였으나 사고 당시 1.5m 높이가 적치되어 있었다. 철거 잔재물과 대형 장비 투입에 따른 하중이 크게 증가하였으나 하중을 지지해 줄 서포트는 반대로 설치하지 않은 것이다. 원가를 절감하고 공기를 단축하기 위한 고육지책이었으리라.

붕괴사고

∧

공기단축과 원가절감

∧

원 · 하청 간 불공정한 계약과 부실한 안전관리시스템

통상 철거공사의 경우 단가 미만으로 계약이 이루어지는 폐단이 많다. 그리고 철거관련 설계도와 시방서, 구조계산서 없이 도급계약을 한 후 철거공사를 진행하고 원청사의 귀책사유에 대하여도 하청업체가 추가적인 공사비 정산을 요구할 수 없는 불공정 계약을 체결한다. 견적상 안전관리비는 포함되나 최종계약 시 이를 삭감했다. 안전관리시스템은 없다고 보는 것이 맞다. 본사에도 안전조직이나 전담인력이 배치되지 않았고, 현장 안전관리를 지원하는 시스템도 갖추지 않고 있었다. 현장소장이 단독으로 안전점검, 교육 등 안전관리를 실시하였다고 하나 실행근거가 없다. 특히, 안전관리비 집행근거 서류가 없고 이를 점검하거나 개선활동을 한 실적이 없는 것으로 보아 사고가 나지 않고 공사가 종료되기만을 바라는 요행수에 안전을 맡겼다는 것이 정확한 얘기겠다.

✚ 사고발생에 한몫한 제도적 허점

우리나라는 1967년 세운상가, 1968년 순수 주거용 11층짜리 힐탑아파트가 최초로 들어선 후 약 50년간 아파트와 초고층건물이 즐비하게 건설되었다. 지금부터 도시 재생을 위한 재개발과 아파트 재건축 바람이 불면서 철거해체공사가 기하급수적으로 늘어날 것으로 보인다. 그러나 건축물 신축공사에 대한 법령이나 기준 등 제도는 잘 정비되어 있는 반면 철거해체에 관한 제도는 그에 미치지 못하는 것 같다. 이 사고도 전문해체기술 및 인력 양성을 체계적으로 진행하기 어렵고, 전문성이 전무한 일용직 노동자가 인력 소개소를 통해 채용되어 위험공사에 투입된 것이다. 사고 당시만 해도 철거나 해체 관련 업종이 현행 건축법상 비계, 파일등과 혼재되어 있어 철거해체 경험이 없는 업체도 가능했다.

서울을 포함한 도심권의 수많은 고층빌딩과 아파트는 어느 시점에 도달하면 수명을 다해 없어져야 할 운명이다. 새로 지을 건축물 수와 철거해야 할 건축물 수가 맞먹게 나올 수 있다. 그러나 철거해체는 단순히 오래된 건축구조물을 헐어내는 것에 그치는 것이 아니다. 과거에 시공한 건축물의 경우 석면과 같은 인체에 유해한 자재가 사용되었을 수 있어 특수공법을 동원해야 한다. 철거대상 주변에 수많은 건축물과 지하 설비가 들어서 정교한 철거해체 공법을 필요로 한다. 신축공사보다 철거해체공사에 훨씬 큰 위험이 따른다. 잔재물의 환경오염을 최소화할 방안이나 자원 재활용과 같은 기술도 요구된다. 철거해체가 차별화된 전문공사업으로 자리매김해야 하는 이유이다.

08

산소가 없는 곳에
사람이 있었다

충남 당진에 소재한 제철소 내에는 가스를 이용하여 전기를 생산하는 G파워라는 화력발전소가 있다. 제철소에서는 철광석에서 철을 생산하는 과정에서 공정에 따라 코크스오븐가스(COG), 제철고로가스(BFG), 제강전로가스(LDG) 등이 부산물로 발생된다. 과거에는 이 부생가스를 폐기물로 취급해 태워버렸으나 기술이 발전하면서 발전 원료로 이용하게 되었고, G파워는 이 가스를 제철소에서 독점으로 공급받아 전기를 생산하는 사업장이다. G파워는 총 8기의 발전설비 가동을 목표로 4기를 먼저 준공해 가동 중이었으나 추가로 4기의 발전설비를 착공하여 시운전 중이던 2013년 11월 26일 가스중독으로 9명의 노동자가 사상을 당하는 사고가 발생하였다.

제철소에서 공급된 부생가스는 발전소 내 버너에서 연소시켜 보일러에서 스팀을 발생시킨다. 이 스팀의 동력을 이용해 발전기 터빈을 돌려 전기가 생산된다. 이때 BFG는 주연료로 사용되고 COG와 LDG는 보조연료로 사용되는데, 주연료인 BFG는 저온의 가스로 120℃ 이상의 고온으로 예열기에서 열교환을 해주어야 한다. 사고가 발생한 날 18시경 예열기에 결함이 발생되어 수급업체 노동자 9명이 결함원인을 찾아 보수하기 위해 투입되었다. 이중 3명은 예열기 내부로 진입해 용접작업을 하고 6명은 예열기 밖에서 보조작업을 하던 중 원인을 알 수 없는 가스가 유입되어 중독이 발생한 것이다.

사고는 BFG 예열기 내부 결함을 보수하고 보일러를 가동하기 위해서 연료배관에 가스를 투입하는 퍼지작업을 동시에 진행하는 과정에서 발생했다. 보일러 연소용 LDG를 공급하기 전에 배관 내 공기를 빼내기 위해 질소가스를 공급하고 다시 질소가스를 빼내기 위하여 LDG가스를 투입하여 밀어낸다. 그런데 LDG, BFG, COG 배기관이 지상으로 배출되는 끝단에서 합류해 한 개의 배기관으로 연결 설치되었다. 결과적으로 여러 종류의 가스가 배출과정에서 합처지며 BFG예열기 내부로 역유입 되고 작업 중이던 노동자가 이를 흡입한 것이다.

✚ 예열기 내부는 밀폐공간이다

법적으로 밀폐공간이란 정상작업 중에 또는 평상시에 산소결핍 우려가 있거나 유해가스가 유입되거나 발생할 가능성이 있는 장소를 말한다. 산업안전보건기준에 관한 규칙에 산소결핍, 유해가스로 인한 화재·폭발 등의 위험이 있는 장소를 산소결핍장소로 정의하고 있는데, 좀 더 엄밀히 말하면 노동자가 작업을 수행할 수 있는 공간으로 환기가 불충분한 장소이다. 메탄을 함유한 지층에 접하거나 통하는 우물·수직갱·터널, 장기간 사용하지 않은 우물의 내부, 케이블 등 매설물을 수용하기 위해 설치한 맨홀 또는 피트, 발효하는 물품이 들어있는 탱크 또는 창고, 화학물질이 들어 있는 반응기 또는 탱크 등 18개 장소를 밀폐공간으로 지정하고 있다. 그러나 정상작업 시에는 밀폐공간과 아무런 상관이 없던 장소가 시스템 개방과 같은 비정상작업시 밀폐공간으로 전환되어 관리되어야 하는 장소가 생긴다. 사고가 발생한 예열기 내부도 정상작업시에는 노동자가 체류할 수 있는 공간이 아니나, 보수작업시에 예열기 내부 공간에 유독가스가 유입되면서 밀폐공간화 되고 동시에 노동자가 들어가면서 사고로 연결된 것이다.

사고가 발생한 설비의 시운전계획서를 보면 예열기의 보수작업이 끝난 다음에 보일러를 가동하도록 되어 있었다. 그러나 예열기의 결함이 잡히지 않아 점검 및 보수작업이 사고 발생일까지 진행되고 있었으나 이를 무시하고 보일러를 가동한 것으로 밝혀졌다. 발전연료인 부생가스의 통로인 예열기 내부는 밀폐공간이다. 밀폐공간 내에서 노동자가 작업 중에 보일러를 가동함으로써 예열기 내부로 연료가스가 역유입된 것이 사고의 직접적인 원인이었다. 같은 위험공정에서 동시에 작업을 실시할 경우 서로의 작업에 의하여 사고발생 위험성이 커지기 때문에 시운전계획서에 따라 작업순서를 지켜야 했다. 그리고 밀폐공간 작업은 작업 전에 가스농도를 측정하고 환기설비를 이용해 밀폐공간 내 산소농도를 적정하게 유지하고 독성 가스를 제거해야 한다. 밀폐공간 작업자에게는 공기호흡기와 같은 보호구를 착용시켜야 한다. 사고현장의 노동자는 방진마스크를 착용하고 있었고 가스검지기도 일부 작업자만 착용하고 있었다. 밀폐공간 안전보건프로그램을 수립해 시행하지 않은 아쉬움이 크게 느껴진다.

✚ 설계미스인가 원가절감인가

가스가 BFG예열기로 역유입된 원인은 가스 배출구의 구조에 있었다. 종전에 준공해 가동 중인 1~4호기의 발전설비는 3종류의 가스가 각각의 배관을 통해 계통에 공급되고 배출이 필요할 경우 각각의 배출구를 통해 분리돼 지상으로 배출되도록 설치되어 있다. 즉, 배기관이 3개이다.

그러나 사고가 발생한 5~8호기 발전설비는 3종류의 가스 배기관이 끝단(지상부분 40m)에서 하나로 통합되어 한 개의 배기관을 통해 배출되는 구조이다. 전문가의 현장진단 결과를 보면 통합 배기관의 크기가 부족하여 굴뚝과 같은 원활한 가스배출이 어렵고 일부 가스가 예열기 내로 역유입되는 현상이 발생한 것으로 나타났다. 그리고 가스 배출구의 위치도 안전한 장소가 아니라는 지적이 있다. 당초 배출설비에 대한 적정한 용량계산과 올바른 설계의 중요성을 설계자가 몰랐을 리는 없어 보인다. 1~4호기의 설계 및 시공 경험이 있고 그동안 운전을 통해 안전성도 검증했기 때문이다. 그렇다고 배기관을 하나로 통합해 설치하는 것

설비 점검보수 작업자 3명이 유해가스에 중독되어 사망한 예열기와 점검청소구 모습으로 예열기 내부는 산소결핍 우려가 있는 밀폐공간이다

이 원가절감에 크게 도움이 되어 보이지도 않는다. 그러니 설계 및 시공단계에서 근원적인 안전성을 확보하기 위해 위험성평가를 해야 하는 이유를 방기한 탓으로 볼 수 있다.

✚ 잘못된 정보가 화를 키웠다

5~8호기 발전설비 공사계약서를 보면 시운전 시 발주자가 주관하고 기술지원은 수급자가 하도록 되어 있다. 계약관계에 의해 수급자는 발주자에게 연료배관과 배기관 도면을 제공하였으나 현장과 다른 도면이

었다. 이런 상황에서 발주자는 현장 작업상황이나 밸브차단과 같은 사전 점검이나 조치 없이 보일러를 가동시켰다. 수급자는 보일러가 가동 중임을 알고 있음에도 예열기 보수작업을 계속 진행시키다 사고가 발생하였다. 발주자와 수급자간 기술정보 공유에 오류가 발생한 것이다. 그뿐만 아니라 예열기 보수작업 절차서를 보면 작업이 진행되는 동안 예열기의 전단과 후단에 설치된 가스 차단밸브의 잠금상태를 확인하고 가스 누설여부도 확인해야 한다. 그러나 이러한 절차는 모두 무시된 채 작업이 진행되었다.

동일한 사고를 예방하기 위해서는 공정이나 설비 정비 · 보수작업 시 발주자와 수급자 또는 원청과 하청 간에 공정협의, 업무범위, 책임한계 등에 대한 소통네트워크를 구축해야 한다. 원청에선 수급업체 노동자에게 작업내용과 취급 물질이나 공정의 유해위험성, 작업절차 등에 대한 교육을 지원하거나 교육실시 여부 등을 확인하는 노력이 필요하다. 만약 재해자가 발생한 경우 구조를 위해서는 공기호흡기와 같은 안전장비를 착용하고 밀폐공간에 들어가야 하고 구조된 재해자에게 심폐소생술 등 응급조치를 실시해야 한다.

밀폐공간에서 산소결핍작업을 시행할 경우
① 밀폐공간에 대한 가스농도를 측정하고,
② 작업 전은 물론 작업 중에도 환기를 실시하고,
③ 출입금지 표시판 설치 및 감시인 배치 등 기본적인 절차를 준수하는 것이 최우선이다.

✚ 기본으로 돌아가다

사고가 난 G파워는 대형 제철소에 자리를 잡고 있는 관계로 양사의 토탈 사망자 수가 언론이나 정부의 감시감독에 같은 대상으로 잡혀 함께 물매를 맞기도 했다. 이런 억울한 입장에서 벗어나고 사고 후유증을 조기에 벗어던질 수 있었던 것은 2014년 안전경영시스템 구축과 2015년 공정안전보고서 S등급 획득이 계기가 되었다.

안전과 기술혁신을 통해 100년 기업을 만든다는 경영목표를 설정하고 이를 실현하기 위해 안전경영시스템을 구축해 운영하고 있다. 가장 눈에 띄는 대목은 12대 핵심 안전수칙을 정해 지키도록 하고 안전수칙 위반자에 대한 제제기준을 마련하여 무관용 원칙을 세웠다는 것이다. 현장의 실행력을 담보하기 위해 2개 조의 안전 순찰조를 연중 24시간 운영한다. 전 직원의 안전 활동 참여를 독려하기 위해 안전마일리지 제도를 운영해 우수활동 직원에 대하여 포상 및 승진 가점을 부여하는 등 당근 제도를 활용하기도 한다. 이런 개선 노력에 힘입어 대형사고 발생 이후 5년이 지난 지금까지 한 건의 사고도 없는 무재해 사업장을 유지해 오고 있다.

> "안전관리는 재해로부터 인간의 생명과 재산을 보호하기 위해 계획적이고 체계적으로 시행되어야 한다."

이 회사 대표이사가 2018년 전직원에게 배포한 '오늘도 안전하게'라는 제목의 소책자 머리말의 시작 글이다. 아픈 과거를 딛고 새롭게 태어날 수 있었던 용기와 지혜에 박수를 보낸다.

09

부실, 불량은
안전의 적

늦겨울 추위가 풀리기 시작하던 2015년 2월 11일 퇴근 무렵 라디오에서 정규방송이 중단되고 사당동에 신축 중이던 체육관이 무너져 노동자 7명이 매몰되었다는 뉴스가 긴급하게 보도되었다. 잠시 후 소셜네트워크에는 매몰자 수가 9명으로 늘었다가 12명까지 증가했다는 기사가 속속 올라왔다. 저녁 9시 뉴스에서 최종 확인된 매몰자는 12명이었고 이 중 11명이 구출되어 병원에 입원 중이며, 매몰자 1명의 구출작업이 계속되고 있다는 소식이 전해졌다. 그런데 최종적으로 구조를 못 해 모두를 안타깝게 했던 노동자 1명이 사실은 연락이 두절된 채 집에서 쉬고 있었던 것으로 확인되었다. 사고가 발생한 후 4시간이 지나서였다. 큰 사고였으나 사망자가 없는 것을 불행 중 다행으로 생각해야 하는 것인가? 일하는 사람들의 생존수단인 일터가 이렇게 관리되어도 되나?

많은 생각을 하게 하는 사고였다.

사고는 신축 중인 체육관 지붕 슬래브에 콘크리트 타설작업을 하던 중 슬래브를 지지하고 있던 시스템 동바리가 콘크리트의 하중을 이기지 못하고 붕괴되면서 발생했다. 지자체가 구민들이 이용할 종합체육관을 사당동 언덕에 신축하기 위해 2014년 5월에 발주한 공사로 공정률이 68% 정도였다. 지하 1층, 지상 2층 규모의 철근콘크리트 구조로 사고발생 당일 7시부터 14.5m 높이의 슬래브에서 두께 $20cm$의 콘크리트를 타설하고 있었다. 사고가 발생한 16시 50분 경까지 벽체와 기둥, 보, 슬래브 순으로 콘크리트 약 $728m^3$(계획 타설량 $900m^3$)의 타설작업 중 하부를 지지하고 있던 시스템 동바리에 휨(좌굴)현상이 발생하며 슬래브가 붕괴되었다. 이때 타설작업에 참여한 수급업체 직원 11명이 1층 콘크리트 바닥으로 떨어지며 콘크리트에 매몰되어 부상을 당한 것이다.

✚ 전문성 없는 구조 검토

건설공사에서는 가설구조물이 시공 중에 무너지거나 노동자가 떨어지는 사고가 가장 많이 발생하며, 인적·물적 손실이 큰 대형사고가 될 가능성이 크다. 특히, 가설구조물이 무너져 발생하는 붕괴재해는 많은 인명피해를 동반하는 경우가 많다. 따라서 건축공사에 있어 시공과정에서 가장 중요하게 고려하는 것은 가설구조물의 하중에 대한 구조검토이다. 전문가가 공사 착공 전에 가설구조물 시공 중 콘크리트 타설 등으로 받을 하중을 산출해 구조계산을 하고 이를 설계에 반영하게 된다. 국토교통부에서 제시한 가설공사 표준시방서에 따르면 거푸집동바리의 경우 수평하중에 대해 고정하중의 2% 또는 수평 길이당 1.5N/m 중에서 큰 쪽의 하중을 적용하여 구조를 검토하도록 하고 있다.

사당체육관의 경우 구조계산을 하면서 수평하중에 대하여는 전혀 검토가 되지 않았다. 상부 슬래브로부터 받는 수직하중만을 고려하고 콘크리트 타설과정에서 발생할 수 있는 수평변위가 시스템 동바리에 미칠 영향에 대하여는 구조검토에서 배제된 것이다. 시스템 동바리 수직재의 구조검토도 휨(좌굴)길이 적용을 잘못해 전체 하중을 부족하게 검토했다. 콘크리트를 타설할 슬래브 높이는 14.050m로 시스템동바리(1.725m)를 6.5개씩 연결해 수직으로 받치도록 설계되어 있다. 그런데 이 현장은 수직재 1개에 대한 축력만을 계산하여 이에 대한 안전성을 검토해 구조계산서에 반영하였다.

사고 당일 타설한 콘크리트량을 계획 타설량의 80% 정도로 추정할 때 거푸집동바리 수직재에 발생하는 최대응력이 허용응력의 약 12배에 달한 것으로 추정된다. 결국 수직재의 휨 현상이 발생하고 수평재가 이를 받아주지 못해 장방향(X자)으로 변형되어 거푸집동바리가 붕괴된 것이다. 시스템동바리 구조검토 시 수평하중과 수직재의 좌굴길이 등에 대한 검토가 적절하게 이루어졌다면 콘크리트 타설시 구조적인 안전성을 확보할 수 있었을 것이다.

거푸집 동바리 수직재에 발생하는 최대응력이 허용응력의 약 12배에 달해 콘크리트 하중을 이기지 못하고 붕괴된 체육관 상부 슬래브 모습으로 부실시공은 안전의 적임을 보여준다

✚ 기본을 무시한 부실시공

　체육관은 넓은 내부공간을 필요로 하는 건축물로 기둥을 적게 설치하고 바닥과 지붕 면적이 넓은 것이 특징이다. 사당체육관도 이러한 특징을 반영해 무지주 슬래브 데크 설치공법을 적용해 시공 중이었다. 체육관 지붕에 해당하는 슬래브를 받치는 기둥 사이에 지주가 필요 없는 구조부재를 설치하고 시스템 동바리를 설치해 콘크리트 하중을 지지하는 가설 공법이다. 이러한 공법에서 슬래브로부터 내려오는 하중을 적정하게 분산하고 지탱하기 위해서는 수직재와 수평재 간에 견고한 연결이 중요하다. 사당체육관의 경우 시스템 동바리의 수직재를 상호 결속시켜주는 가새재가 하나도 설치되지 않았고 수평연결재 역시 설치되

지 않은 채 콘크리트 타설이 강행되었다. 그뿐만 아니라 수직재의 연결 부위가 꺾어지거나 탈락하는 것을 방지하기 위해 설치하는 연결핀도 상당수 누락되었다.

하부 가설구조물이 제대로 설치되지 않은 상태에서 $20cm$ 두께의 콘크리트를 한쪽 방향에서부터 슬래브 전체에 한꺼번에 타설하는 방식으로 작업을 진행했다. 이는 콘크리트를 분산타설을 하지 않아 편하중이 발생하면서 붕괴를 가속하는 결과를 가져왔다. 체육관이라는 특수 건축물에 무지주 슬래브 데크 설치공법을 적용하기로 한 것은 적절한 선택으로 평가된다. 그러나 적정한 공법을 선택했음에도 시공 중에 반드시 준수해야 할 가새재, 안전핀, 수평연결재와 같은 가설구조물에 대한 안전조치와 콘크리트 분산타설 등이 생략되거나 무시된 결과는 엄청난 손실을 가져왔다.

건축물을 안전하게 시공하도록 책임지고 감독하기 위해 있는 제도가 바로 감리자 제도이다. 감리자는 공개입찰방식으로 발주자가 선임한다. 사당체육관 공사에도 감리자가 선임되어 있었다. 그런데 어찌된 일인지 구조검토는 제대로 이루어진 것 같지 않았고, 시공 중 가설구조물에 대해 제대로 된 안전조치가 없었으며, 콘크리트 타설방식도 문제가 있었으나 이를 제재하거나 위험을 경고한 흔적을 찾아볼 수 없었다. 감리자가 시스템동바리를 설치하고 콘크리트를 타설하는 동안 현장에 있었는지조차 의심스러웠다. 감리업무에 종사하는 인력 중에 안전전문가가 극히 일부에 지나지 않고, 감리자가 안전보다 원가절감이나 공기단축을 우선시하는 잘못된 특성을 보여주는 대표적인 현장이었다.

시공사의 부실한 공사관리나 인력관리도 문제로 지적되었다. 시공사에 기술적인 위험 요인을 관리하기 위해 필요한 안전조직이나 본사의 현장지원체제 등이 부족해 보였다. 당일 현장 투입인력조차 제대로 파악되지 않은 상태에서 작업을 진행함으로써 사고 발생 후 4시간이 지나서야 투입인력과 매몰 후 구조된 부상자 등이 확인되었다.

약 110억 원에 수주한 사당체육관은 공정률이 절반 조금 넘었을 때 대형사고가 발생했다. 부적정한 구조검토, 부실한 시공 등으로 약간의 공기단축이나 원가절감을 할 수 있었을지 모르겠다. 그러나 사고발생으로 인한 손실액은 재해자 보상을 제외하고도 잔재물 철거와 재시공에 수주금액만큼의 돈이 다시 들어가야 할지도 모른다. 만약 사고가 발생하지 않고 완공된 체육관 안에서 수백 명의 시민이 취미활동 중에 부실시공이 원인이 되어 붕괴되었다면 하는 생각을 하면 소름이 돋는다.

✚ 3명의 목숨과 바꾼 200만 원

플랜트공사의 부실시공에 의한 대형사고는 2013년 7월 26일 울산에서도 발생했었다. 한여름 무더위가 대지를 달구고 있을 무렵 울산 소재 폴리실리콘 제조공장에서 소방용 물탱크가 파열돼 노동자 15명이 사상을 당한 어처구니없는 사고였다. 공장 한가운데에 물탱크를 새로 만들어 수압테스트를 위해 물을 채우던 중 탱크가 파열되면서 쏟아진 물과 탱크 파편에 맞은 노동자들이 목숨을 잃거나 크게 다쳤다. 사고가 발생한 공사는 1,430t의 물을 가두어 두었다가 사업장에 화재가 발생할 경우 소화용으로 사용하기 위한 물을 저장하는 물탱크를 제작하는 것으로 공정률은 43%였다. 물탱크는 구조용 탄소강(SS400)을 사용해 직경이 10.5m, 높이가 17m 크기의 원통형 구조였다.

물탱크 설치는 콘크리트로 물탱크를 지지할 기초 구조물을 만든 다음 물탱크 지붕과 동체 패널을 조립하고 마지막으로 내·외부 방수작업을 진행한다. 사고는 물탱크 제작을 완료한 후 탱크에 물을 채워 수압테스트를 하던 중 발생했다. 수압테스트는 설계압력에 대한 시험을 위해 높은 압력의 물을 채워 최고압력까지의 강도를 검사하고 탱크 설치 장소의 지반침하와 같은 문제를 확인하기 위한 절차였다. 사고가 발생하기 전날까지 4일간 옥외 소화전을 이용해 탱크 설계 충수량의 93%(1,330t)의 물을 채웠다. 그리고 고소작업차량을 이용해 누수부위 볼트 재조임 작업을 하던 중이었는데 그 순간 탱크가 물의 내압을 이기지 못하고 터져 주변 작업자를 덮쳤다.

사고가 발생한 물탱크는 일반적으로 사용되는 물탱크의 제작방식과는 다른 볼트체결방식으로 제작 중이었다. 물탱크 동체에 사용될 철판을 설계도에 따라 디자인한 후 볼트를 사용해 철판조각을 겹이음 방식으로 접합시켜 원통형 동체를 세우는 것이다. 설계사양서에 의하면 총 16단으로 설계된 동체의 각 단별 이음부위를 19,340개의 고장력 볼트로 접합시키도록 되어 있었다. 그리고 탱크 겹이음부에 사용하는 볼트는 M12여야 하고 볼트재질은 인장강도가 1,000MPa 이상인 것을 사용해야 했다. 그런데 최초로 파열이 발생한 탱크 하부에 고장력 볼트가 아닌 일반볼트가 사용되었고 여기에 수압이 걸리면서 일반볼트가 모두 끊어져 탱크가 파열하는 원인이 되었다. 탱크 동체 접합에 사용된 전체 볼트의 약 25%인 4,000여 개가 일반볼트였다. 이 일반볼트의 항복강도는 약 540MPa 정도로 수압을 집중적으로 받는 탱크 하부 접합에 사용될 경우 설계요구조건의 전단력을 충족시키지 못한다. 엄밀하게 말하면 규격과 설계사양에 맞지 않는 불량 볼트를 상당수 사용한 것으로 영락없는 부실시공이다.

일반볼트의 경우 고장력 볼트 가격보다 개당 약 500원 정도 싸다. 사고가 발생한 탱크 조립에 사용된 2만여 개의 볼트 중에서 4,000개를 고장력 볼트가 아닌 일반볼트로 구입해 절감한 돈은 2백만 원 정도로 추산된다. 이 사고로 3명의 노동자가 목숨을 잃었고 12명이 크고 작은 부상을 당했다. 200만 원 아끼려다 3명이 목숨을 잃은 사고였다. 또한 상상하기조차 싫지만 만약에 충수시험에서 수압을 간신히 견뎌 탱크가 무사히 완공되었다면 어떻게 되었을까? 불량 물탱크가 사업장 내에 존재하는 한 노동자는 물을 채우고 사용하는 과정에서 더 큰 사고발생 위험성에 상시로 노출되는 결과를 가져왔을 것이다.

✚ 공사 자재관리 부실

안전을 위협하거나 불량 건축물이 만들어지는 것은 부실공사가 원인이다. 부실공사는 불량자재를 사용하거나 시공이 부실한 데서 발생하는 경우가 대부분이다. 따라서 부실공사를 방지하기 위해서는 설계, 감리가 제대로 이루어져야 하고 발주업체, 원청업체, 수급업체가 각각의 역할을 다해야 한다. 특히, 대형 구조물을 제작하면서 자중, 적재하중, 풍압 등에 의한 붕괴, 도괴와 같은 사고가 발생하지 않도록 건설공사 시방서에 의해 반입자재의 규격과 강도를 사전에 확인하고 현장에서 시공하도록 해야 한다. 그리고 설계도서에 의해 제작, 설치되었는지 여부를 확인해야 한다. 그러나 사고가 발생한 물탱크 공사는 설계도서나 공사시방서상 문제가 없었음에도 사고의 원인이 된 볼트를 현장에 반입하면서 원청업체나 수급업체 모두 확인하는 과정을 소홀히 했다. 볼트와 너트에 대한 시험성적서를 사전에 확인하거나 자재검수 기록, 납품업체 납품수량 등에 대한 점검이 제대로 이루어지지 않은 것이다.

종전의 물탱크는 용접에 의해 제작을 하는 경우가 대부분이었다. 그러나 사고가 발생한 물탱크는 볼트를 체결해 제작하는 특수방식으로 최근 들어 많이 사용하는 기술이다. 이런 방식으로 제작되는 물탱크의 경우 접합면에 대한 누수여부 확인과 보강작업은 물탱크 조립을 완료한 후 충수시험을 통해서 실시한다. 물이 채워진 탱크의 볼트 접합부분에서 물이 새는지 여부를 확인하고 새는 부분의 볼트를 다시 조이는 작업으로 완성되는 것이다.

작업 방식에도 문제가 있었다. 일반적으로 볼트와 너트는 적당한 죔(토크)을 해줘야 볼트의 전단력도 유지되고 볼트로 접합한 제품의 품질도 보장할 수 있다. 따라서 볼트의 특성이나 제품의 용도에 따라 볼트 토크 기준을 설정하여 과도한 힘이 볼트에 전달되거나 조임 부족으로 안전에 문제가 생기지 않도록 하고 있다. 사고가 발생한 탱크는 충수작업을 완료하고 탱크 파열이 발생하기 직전까지 고소작업차량을 이용해 누수 발생 부분의 볼트 재조임 작업을 실시하고 있었다. 그런데 해당 볼트의 토크기준이 설정되어 있지 않아 작업자는 마음대로 볼트 조임작업을 했다. 고장력 볼트가 아닌 일반 볼트의 경우 과다한 조임은 곧 볼트가 전단력을 상실하며 파단 되는 위험에 이르게 한다. 모든 작업에서 표준이 마련되어 있지 않으면 지키려고 해도 지킬 것도 없고 이는 곧 안전을 위협하는 위험이 된다.

✚ 건설공사 발주자 책임 강화

우리나라에서 연간 발생하는 사고로 인한 사망재해의 절반이 건설업종에서 발생하는데 그중 절반은 추락사고이다. 건설공사현장에서 추락, 붕괴와 같은 사망사고가 다발하는 이유로는 부실시공이 가장 큰 원인으로 지목된다. 부실시공의 근본원인은 공사원가와 공기에 있는데 이는 발주단계에서부터 시작이 된다. 이러한 구조적이고 근원적인 문제를 뿌리 뽑기 위해 최근 산업안전보건법과 건설기술진흥법 등 관련 법령을 대폭 손질했다. 이전에는 건설공사를 도급하는 발주자는 공사를 계획하고 설계하여 타인에게 시공을 맡기고 직접 시공에 관여하지 않았다. 따라서 그동안 건설 공사에서 발생하는 산업재해예방에 대한 책임과 의무에서 자유로웠다. 그러나 앞으로는 건설공사 발주자가 안전보건대장을 작성하도록 해 안전에 대한 책임을 부과했다. 또한 건설공사 설계단계에서 발주자의 총괄 아래 설계안전성을 검토(DFS)를 하도록 규정하고 있다. 건설공사 발주자나 도급인이 설계도서 등에 따라 선정된 공사기간을 단축하거나 공사비를 절감하기 위해 공법을 변경하는 것도 엄격하게 금지시키고 있다. 뿐만 아니라 건설공사 도급인이 산업재해예방을 위하여 공사기간연장을 요청할 경우 특별한 사유가 없는 한 연장해 주어야 한다. 건설공사 발주형태에 따라서 발주자가 안전보건조정자를 선임해야 하는 경우도 있다.

통계적으로만 보면 건설 현장에서 발생하는 사고가 획기적으로 개선되지 않고는 우리나라의 안전수준이 선진국수준으로 진입하는데 한계가 있어 보인다.

✚ 건설 현장 스마트 안전장비 활용의 제도화

제4차 산업혁명 도래와 더불어 사고 위험성이 많은 건설 현장에서는 안전관리에 첨단기술을 활용하는 방안이 검토되어 왔다. 공공 발주 공사는 2019년 4월 정부 지침으로 스마트 전자장비 도입을 의무화했다. 그러나 민간 발주 공사의 경우 사정이 달랐다. 생성, 소멸이 반복되는 건설 현장의 특성으로 인해 원가 상승이나 안전관리비 제도 운용의 경직성 문제가 걸림돌로 작용했다.

2020년 3월 18일 건설기술진흥법 개정 시행으로 첨단기술 활용에 소요되는 비용이 건설 현장 안전관리비 활용범위에 포함되었다. 안전관리비 항목에 무선통신 및 설비를 이용한 안전관리체계 구축 · 운용비용을 추가함으로써, 건설 현장에 사물인터넷(IoT), 빅데이터 등을 활용한 스마트 안전장비를 도입 등 첨단기술 활용 근거를 마련한 것이다. 수시로 변화하는 건설 현장의 위험요소를 실시간으로 사전에 인지하고 제거함으로써 현장 작업자의 안전 확보에 크게 기여할 것으로 보인다.

그동안 품질관리비는 낙찰률과 연동되어 책정되는 관계로 공사비 낙찰총액에 따라 값이 들쭉날쭉해 시공 품질에 악영향을 미치는 요인이었다. 건설공사의 적정 품질 확보를 위하여 이번 법 개정에서는 낙찰률 적용을 배제했다. 입찰공고 시 발주자는 품질관리비와 구체적인 산출근거를 설계도서에 명시하고, 입찰참가자는 발주자가 명시한 품질관리비를 조정 없이 반영하여야 한다. 품질관리비가 입찰 과정에서 조정되는 나쁜 관례는 없어질 것으로 보인다.

안전을
더하는
디테일의 힘

The Power of Detail to add Safety

"

수단과 방법을 가리지 않고 일하는 것은 조직 내 나쁜 습관만 만든다.
또한 사고 위험성을 증가시켜
생산량을 늘리고 불량을 줄이는 효과를 기대하기 어렵다.

"

01

비상대응시스템의
가치

　"지난 일의 잘못을 징계하여 훗날의 환란이 없도록 조심하고자 한
다." 임진왜란의 일등공신이었던 서애 유성룡 선생이 집필한 징비록의
서문 내용이다. 징비록에는 임진왜란이 발생하게 된 경위와 전황을 자
세히 묘사하고, 어지러운 난리 속에 위태로운 사태를 바로잡지 못하고
넘어지는 형세를 붙들지 못한 것에 대한 자책이 들어있다. 미리 대비하
였다면 전쟁을 막을 수도 있었다는 생각이 징비록 곳곳에 등장한다. 임
진왜란 이전에도 조선은 크고 작은 전쟁과 민란을 겪어왔다. 그러나 당
시 교통수단으로 변방에 위기상황이 발생할 경우 의정부와 6조에서 관
할하는데 어려움이 많았다. 이를 타계하기 위해 왜적의 침입과 같은 국
가적 비상사태에 대처하기 위해 성종 대에 비변사를 설치했다. 변방을
지킬 준비를 하다라는 의미의 비변사는 전시에만 임시로 운영되다 임

진왜란 이후 권한과 가능이 강화되어 조선의 최고의사결정기구로 자리 매김했다. 이러한 시스템 구축은 외침과 민란이 잦았던 조선시대에 위기상황에 대처하기 위해 반드시 필요한 선행 조건이었을지도 모른다.

일본과 평화의 길이 열린 후 1711년 일본을 찾은 조선통신사 조태억은 일본어판 징비록이 일본인들에게 베스트셀러가 되어 읽히고 있다는 사실을 알았다고 한다. 상세히 있는 그대로 기록하여 후대에 같은 실수를 반복하지 않도록 대비하는 지침서로 그 가치를 알아본 것이다. 화재 폭발, 붕괴, 추락 등 대형사고가 끊이지 않고 발생하는 위험사회를 사는 우리에게 주는 메시지가 크다.

✛ 9.11테러에서 빛을 본 모건스텐리의 비상대비

사고나 재난은 예방이 최선이다. 그러나 예방에 실패했을 때 손실을 최소화할 수 있는 방법은 사전에 비상대응시스템을 구축해 평소 훈련을 통해 작동성을 고도화 시키는 것이다. 비상대응시스템 구축과 훈련은 스스로 또는 남이 경험한 사고나 재난의 기록으로부터 교훈을 얻어 참고하는 것이 최고이다.

2001년 알카에다에 의해 일어났던 대폭발테러사건인 9.11 테러를 생각해 보자. 알카에다 소속의 테러단체는 여객기를 납치해 뉴욕 한가운데 서있는 110층짜리 세계무역센터 쌍둥이빌딩을 들이받는 대참사를 일으켰다. 당시 무역센터에는 수백 개의 금융관련 기관 및 기업이 입주해 있었고, 이 테러사건으로 2,700여 명이 사망했다. 그런데 이 빌딩에 본사를 두고 3,000여 명의 직원이 근무하던 글로벌 금융회사인 모건 스텐리는 이 사고 당시 13명의 직원만 목숨을 잃고 다른 직원들은 모두 대피했다. 그뿐만 아니라 테러로 망가진 모건스텐리의 금융시스템도 사고 발생 하루만에 복구를 완료해 정상화되었다.

많은 안전전문가들에게 연구대상이 된 모건스텐리의 기적과 같은 비상대응시스템은 대기업이기에 가능했던 것도 행운의 결과도 아니었다. 이 회사의 안전책임자 릭 레스콜라(Rick Rescorla)가 리더십을 발휘해 잘 구축한 비상대응시스템이 완벽하게 작동된 결과로 밝혀졌다. 안전책임자 릭은 초대형 빌딩에 수많은 기업이 입주해 있고 수만 명이 근무하는 상황에서 사고나 재난이 닥쳐왔을 때 대응할 방법에 대한 고민에 빠졌다. 그는 위기상황에 대처하기 위한 비상대응시스템을 구축하고 지진, 화재, 테러, 바이러스 등이 발생한 때를 가정한 가상시나리오를 작성해 연 4회 모든 직원이 참여하는 비상훈련을 실시했다.

수많은 기업이 입주한 대형빌딩에서 회사 단독으로 하는 훈련의 비효율성을 지적하기도 하고 금융회사 특성상 고객 불만의 요인이 된다는 등을 이유로 훈련을 중단하거나 횟수를 줄이라는 경영진의 압박도 심했으나 이에 굴하지 않고 훈련을 계속했다. 그리고 훈련결과를 토대로 시스템을 보완하고 시나리오를 손보는 노력을 게을리하지 않았다. 비록 9.11테러에 의한 사고는 불행한 일이지만 비상대응시스템 운영성과를 평가하는 계기가 되었다. 테러 당시 사망한 13명의 모건스텐리 직원 중 일부는 폭격을 맞은 현장에서 빠져나왔으나 미처 나오지 못한 직원 구조에 참여하다 목숨을 잃은 것으로 밝혀져 시스템의 완성도 이외에 평소 훈련을 통해 남달랐던 안전의식과 시민정신도 확인되는 계기가 되었다.

✚ 예방관리 실패를 보완하는 길

구미 불산 누출사고 발생했을 때 소방호스를 이용하여 물을 분사하는 독성물질 희석방식이 기화현상을 가속함으로써 피해범위를 넓혔다는 지적이 있었다. 2013년 미국 텍사스 비료공장에서 폭발사고가 발생해 200명 이상의 사상자가 발생했을 때도 물과 접촉하면 폭발하는 무수암모니아가 누출된 상황에서 소화용수를 이용한 화재진압방식이 문제가 되기도 했다. 대구지하철 중앙역 방화사고도 초기 대응만 잘 했어도 단순한 방화사건으로 마무리될 수 있었는데 비상대응시스템 부재와 대응인력의 역량 부재로 인하여 192명의 사상자를 내고 말았다. 2017년 발생한 제천시 스포츠센터 화재사고 는 건물 내 주차장에 주차된 차량에서 발생한 화재가 원인이었는데 초기진화 실패로 건물에 불이 옮겨 붙어 66명의 사상자를 냈다. 비상구는 막혀 있었고, 대피를 유도하는 직원이 배치되지도 않았으며, 소방용 굴절차가 제대로 설치되지 않아 진화가 늦어지는 등 많은 문제를 남기고 마무리 되었다. 이런 사고들은 몇 가지 공통점을 가지고 있다.

하나, 예방실패에 대응실패까지 얹어져 사고 규모가 커진다.
둘, 비상대응시스템과 시스템을 운용할 안전역량이 부족하다.

셋, 정기적이고 지속적인 비상훈련을 통해 매뉴얼이나 시나리오를 보완하는 노력이 부족하다.

모든 사고는 예방이 가능하다고 말한다. 그러나 완벽한 예방체계를 갖추었을 때 실현이 가능한 이론에 불과하다. 현실적으로 위험이 있는 한 사고는 발생할 수 있다는 전제하에 사고에 어떻게 미리 대비하고 피해를 최소화 할 것인가를 고민해야 한다. 비상대응시스템 구축의 일반적인 절차는 조직체계 정비, 매뉴얼 작성 및 가상시나리오 마련, 비상대응 장비 구비, 비상훈련 순으로 이루어진다.

우선 비상대응조직은 책임과 역할이 분명하게 부여되어야 위기상황 속에서 혼란을 야기하지 않는다. 9.11테러 당시 미국 대통령도 비상대응을 총괄 책임지고 있던 뉴욕 소장서장의 지휘에 따랐다는 일화는 미국에서는 당연한 일이지만 우리에겐 낯선 광경이기도 했다. 비상대응절차는 비상시 실행이 가능한 절차를 규정한 매뉴얼이 기본이 된다. 그리고 화재, 폭발, 화학물질 누출, 폭우(설), 지진, 붕괴 등 가상의 사고형태에 따라 신고, 초기대응, 조업중단 및 가동정지, 경보, 비상연락 등에 대하여 명확한 정의와 절차를 마련해야 한다.

비상대응에 필요한 장비를 확보해 주기적으로 점검하고 외부 기관의 지원을 위한 협조체제도 구축해야 한다. 감지경보설비, 소방 설비, 긴급차단설비와 같은 초기 대응설비가 적정한 성능을 유지하도록 주기적으로 점검하고, 위기상황이 발생했을 때 투입되어야 하는 장비들도 정상기능과 적정 수량을 보유해야 한다. 자체 장비와 인력에 의한 대응이 어려운 경우에 대비하여 지역 소방서, 군부대 등 외부와 협조체제도 갖추어야 한다. 2013년 웅진폴리실리콘 상주공장에서 염화수소 약 200t이 누출되는 사고가 일어났다. 사고 발생 사업장은 경영 악화로 조업 중단 상태였고 따라서 인력도 중화재 보유량도 부족했다. 이때 인근 군부대에 도움을 요청해 병사 140여 명이 군부대에 보관하고 있던 중화재를 이용해 조기에 확산을 차단하는 성과를 거두었는데, 이는 비상대응에서 연락 및 지원체계 구축이 얼마나 중요한지 일깨워준 사례이다.

마지막으로 지속적이고 정기적으로 실시되는 비상훈련이 중요하다. 비상훈련은 실제상황이 발생했을 때 시나리오대로 침착하게 대응할 수 있는 역량을 키워주고, 비상대응시스템에 대한 개선의 기회를 갖는다는 장점이 있다. 따라서 비상훈련은 반드시 최고경영자가 참여하는 마무리 강평회의가 이루어지는 것까지 중요하다.

02

캐비닛 속의 규범,
캐비닛 밖의 규범

대형사고가 발생한 사업장에 사고원인조사를 나가거나 안전진단을 위해 사업장을 방문하는 경우 사업주나 사고가 발생한 부서의 대표에게 자주 듣는 말이 있다.

"사고가 발생할 곳이 아닌데 발생했다."
"종업원이 안전 수칙을 지키지 않았다."
"왜 시키지 않는 일을 해 사고를 일으켰는지 모르겠다."

사고를 일으킬만한 위험이 있지도 않았고, 사고를 당한 작업자가 가지 말아야 할 곳에 들어가거나 불필요한 행동을 함으로 인해서 사고가 발생한 것이라는 이야기이다.

플라스틱 사출을 주요 사업으로 하는 사업장에서 성형물의 정리와 포장을 담당하던 수급업체 직원이 사출성형기 운전자를 돕다 손가락이 잘린 사고를 조사한 경험이 있다. 이 사업장에 도착했을 때 공장장은 사고개요에 대한 설명 보다는 사고를 당한 작업자가 본인 작업도 아닌 기계에 쓸데없이 접근해 사고를 일으켰다고 불편한 심기를 먼저 드러냈다.

사고를 당한 작업자는 동료 2명과 함께 금형에서 플라스틱 사출이 이루어져 취출구를 통해 나오면 깨끗하게 정리하여 포장하는 일을 해왔다. 그런데 취출구를 통해 나오는 작은 성형물이 종종 쌓여 취출구를 막게 되고 그때마다 손을 넣어 긁어내리는데, 한명의 운전자가 사출기 3대를 운전하다 보니 미처 손을 쓰지 못하면 포장을 하던 수급업체 직원들이 도와주고 있었다. 이날 사고는 작업자의 손이 취출구에 너무 깊이 들어가면서 금형에 끼여 발생했다.

사출성형기 구조, 작업방법, 안전장치 등 기술적인 면이나 휴먼 에러 측면에서 사고가 발생할 수 있는 위험 요인은 수없이 많았다. 이를 예방하기 위한 안전수칙이나 작업절차서가 마련되어 작업자에게 교육시키거나 작업도구를 제공하는 등 관리적, 시스템적 방안을 찾는 노력도 없었다. 누가 책임을 지고 어떤 절차에 따라 무슨 기계나 공구를 사용해 어떤 방법으로 작업을 할 것인지를 정리한 것이 절차서이고 작업표준 아닌가? 이런 상황을 사고 발생 전조증상으로 느끼지 못해 위험으로 인식하지 못한 것은 지금까지 사고가 없었던 것이 오히려 행운이라고 생각하게 한다.

✚ 비슷한 사고, 전혀 다른 결과

1972년 일본은 한 건의 사고로 인해 온 열도가 충격에 빠졌다. 후쿠이현 스루가역과 미나미이마조역 사이에 있는 호쿠리쿠 터널을 진입한 고속열차에서 화재가 발생해 승객 30명이 목숨을 잃고 714명이 부상을 당하는 대형 참사였다.

이 사고는 15량으로 편성된 열차의 가운데 식당칸에서 발생한 화재가 원인이었다. 오사카를 출발한 급행열차가 연장 13km의 호쿠리쿠 터널에 진입할 무렵 기관사는 승객으로부터 긴급무전을 받는다. 식당칸에 설치된 소파 아래에서 연기가 올라온다는 것이다. 기관사는 열차 급정지를 시도했고 열차는 터널 진입로로부터 약 8km 정도의 터널 속에 정차했다. 기관사가 급히 식당 칸에 도착했을 때는 이미 연기가 나는 수준을 넘어 불이 붙어 있는 상태였고 가연물이 타면서 지독한 연기가 식당 칸을 채워 소화기로 진화를 시도했으나 실패하였다. 기관사는 우선 식당 칸의 승객을 다른 차량으로 대피시키고, 다음 단계로 열차사령실에 화재 사실을 알려 옆 선로에 열차 진입을 하지 못하도록 조치했다. 그리고 앞과 뒤 역에 연락해 견인열차를 투입해 달라고 요청한 다음 열차 밖으로 나가 식당 칸을 중심으로 앞뒤 차량의 분리작업을 했다. 열차가 분리되고 견인차를 기다리는 동안 불길은 이미 차량 밖으로 치솟아 나오며 아수라장이 된 상황이었고, 불길에 전차선이 녹아내리며 정전이 발생해 견인 기관차는 터널 안으로 들어오지 못했다.

사고가 발생한 기술적인 원인은 어쩔 수 없었다 치더라도 사고로 인한 인명피해를 키운 원인은 화재가 발생한 열차를 터널 안에 정차시켰기 때문이었다. 사고 발생 시기 일본 급행열차의 운행안전 매뉴얼은 화재가 발생했을 때 열차를 정차하고 초기 진화, 상황실 보고, 차량 분리, 견인차 요구 순서로 구체적으로 작성되어 교육되었다. 기관사는 운행안전 매뉴얼에 의해 교육받은 대로 대응했을 뿐이었는데 매뉴얼을 지킨 것이 오히려 화를 키웠다.

일본 호쿠리쿠 터널 열차 화재사고가 발생한지 30년 후 우리나라 대구 지하철 중앙역에서 방화로 인한 열차 내 화재로 무려 172명의 사망자가 발생하는 끔찍한 일이 발생한다. 이 사고는 정신이상증세를 보이는 승객 한 사람이 휘발유병과 라이터를 들고 지하철에 올라 장난기가 발동한 것을 본 승객이 만류하는 사이에 휘발유 뚜껑을 열고 라이터 불을 당긴 것이 원인이었다. 인화성이 강한 인화물에 불이 붙고 가연성 소재의 열차 차량 내장재에 불이 옮겨 붙으면서 순식간에 차량은 불덩이가 되었다. 지하철 역사 내부도 검은 연기로 가득 차 아수라장이 되었다. 불행 중 다행인 것은 역에 도착한 지하철이 승객 승하차를 위해 출입문을 개방해 놓은 상태라서 그나마 대피가 용이한 상태였다는 것이다. 그런데 화재로 앞을 볼 수 없는 역내로 반대 방향으로 가는 열차가 들어오고 역내에 정차했다. 기관사는 화재 사실을 확인하고 승객을 대피시키기 위해 출입문을 열었으나 역사에 꽉찬 검은 연기가 열차내로 역류해 들어오자 이를 차단하기 위해 다시 문을 닫았다. 그 후 열차 출발을 시도했으나 전기 공급과 중단이 몇 번 반복되다 완전 정전상태가 되면서 열차 출발은커녕 출입문 개방도 불가능한 상황에 놓인다. 열차 내에 갇힌 승객은 피할 길 없이 불길과 연기에 휩싸여 목숨을 잃고 부상을 당하는 끔찍한 사태에 직면했고 결과적으로 방화로 화재가 발생한 차량 보다 반대편 차량의 열차에서 훨씬 많은 승객이 사상을 당하는 피해가 발생했다. 왜 이런 일이 발생한 것인가?

열차에 화재가 발생하거나 비상상황 시 어떻게 조치가 이루어져야 하는지에 대한 매뉴얼 내용에 문제가 있었다. 특히 터널 운행구간이 대부분인 지하철의 경우 화재와 같은 비상상황이 발생하는 것에 대한 대응조치절차가 구체적으로 작성되고 훈련을 통해 적정성 검토와 보완이 이루어져야 하는데 그렇지 못한 상태에서 사고를 당한 것이다. 특히, 일본 호쿠리쿠 터널 화재사고가 발생한지 30년이 지난 시기에 그와 유사한 사고가 지킬 수 없는 규범, 지켜지지 않는 규범이 원인이 되어 발생했다는 것은 매우 안타까운 일이다.

✚ 절차를 지키며 일하는 것이 성과

매뉴얼, 지침, 절차서와 같은 사내 규범들은 안전경영시스템 운영에서 중요한 요소이다. 사람의 몸으로 치자면 피를 돌게 하는 혈관과도 같다. 혈관에 혈전이 끼면 피의 흐름이 느려지고, 구멍이 나면 피가 새고, 막히면 손발이 썩는다. 마찬가지로 내규가 없으면 일의 질서가 사라져 안전, 생산, 품질의 문제가 생기게 된다.

규범이 생산성과 품질 측면에서의 필요성이나 안전 확보를 위해 작성하기보다는 안전경영시스템을 구축하기 위한 목적이나 상사의 지시로 작성된 경우 대부분 이 규범은 캐비닛으로 들어간 후 꺼내 보지 않게 된다. 그러나 캐비닛 속에 보관된 매뉴얼, 지침, 절차서는 없는 것만 못하니, 현장으로 끄집어내야 한다. 정기적으로 검토하고 보완해야 한다. 좋은 규범을 작성해 관리하고 준수하는 것이 조직의 안전역량이다.

일반적으로 규범준수율을 제고하기 위해 위계, 공동체 의식, 기준화, 성과 등 4가지 방식을 선택적으로 활용한다. 그러나 일반적으로 상급자의 감시나 감독 등 위계에 의한 통제방식은 보이는 곳에서는 잘 지켜지지만 보이지 않는 곳에서는 지켜지지 않는다. 오히려 나쁜 조직문화를 만들 수 있어 준수율 향상에 도움이 안 된다. 내가 규범을 지키는 것이 조직 전체에 미치는 영향이 크다는 공동체 의식을 불어넣어 준수율을 높이는 것도 한 방법이다. 그러나 쉽지가 않다. 모든 작업이나 공정에 대해 지켜야 할 사항을 규범화하는 제도혁신 방법도 있으나 조직구성원이 지켜야 할 규범을 어느 정도까지 만들어 교육시킬 수 있을지를 생각해보면 이것 역시 성과를 기대하기 어렵다.

따라서 성과와 피드백이 규범 준수율 향상에 으뜸이다. '일을 얼마나 했는가'라는 성과보다 '규범을 지키며 일을 얼마나 했는가'를 성과로 평가하는 성과관리제도를 정착하는 것이다. 수단과 방법을 가리지 않고 일하는 것은 조직 내 나쁜 습관만 만든다. 이렇게 쌓인 나쁜 습관은 사고 위험성을 증가시켜 생산량을 늘리고 불량을 줄이는 효과를 기대하기란 매우 어렵다.

03

지하철 9호선의
안전 리더십

　최근 몇 년간 수도권 지하철에서 잦은 사고로 시민들로부터 대중교통의 안전성에 대한 불안과 불신이 커지고 있다. 성수, 강남, 구의역에서 연례행사처럼 스크린도어 끼임 사고가 발생해 정비기사가 희생되었다. 왕십리역에서는 열차 간 추돌사고가 발생하기도 했고 열차 쾌도 유지보수 공사 중에도 작업자가 열차에 충돌해 사망하는 사고도 몇 건이나 발생했다. 지하철 사고가 잇따라 발생하면서 언론과 전문가들을 통해 많은 문제가 지적되고 있다. 1~4호선을 운행하는 차량의 41%가 제작된 지 21년 이상 되어 노후정도가 심하고, 기관사가 가속과 감속을 수동(ATS)으로 조작하는 방식과 자동으로 조작하는 방식(ATO)의 열차가 혼재된 채 운행되고 있다. 또한 기관사 1인만이 승무하여 운행하는가 하면 관제시스템이 미비되는 경우 동시에 많은 승객을 실어 나르는 운송수단의 안전 확보가 어렵다는 치명적인 문제를 안고 있다는 지적도 나왔다.

그 무렵 서울에서 한 개의 지하철 노선을 운영하고 있는 지하철 9호선의 안전관리실태를 들여다 볼 기회가 있었다. 얼마 전까지만 해도 10년간 외국계 기업이 운영을 맡아 다른 지하철 운영사와는 차별화된 선진 안전관리시스템으로 무사고, 무재해를 기록한 회사이다.

일반적으로 지하철 운영기관들은 크게 철도안전과 산업안전으로 나누어 관리한다. 철도안전은 고객과 철도 운행의 안전이 타깃이고 산업안전은 종사하는 직원과 수급업체가 타깃이다. 그런데 이 회사는 산업안전과 철도안전을 통합해 안전시스템을 일원화해서 조직과 안전경영시스템을 전문화(Specialized), 단순화(Simplify), 통합화(Integrated)했다. 그리고 안전에 대한 최고경영자의 관심과 회사의 지원 아래 시스템이 운영되고 있다는 특징을 알 수 있었다.

✚ 역무원이 없는 지하철 역사

이 회사가 운영하는 지하철역은 38개이다. 모든 역사에는 역무원이라는 이름으로 근무하는 직원이 한명도 없다. 대신 잘 훈련된 약 200여 명의 이공계 출신 초동조치 요원이 배치되어 있다. 초동조치요원은 역사에서 비상상황 발생 시 응급조치와 승객 대피업무를 담당하고 초기 화재진압도 하면서 비상 시 열차가 정상적으로 운행되도록 돕는다. 역무원 모두가 초동조치 요원으로 배치된 것이다.

또한 2003년 대구지하철 방화사건 같은 사고를 예방하기 위하여 전 국철도운영기관 최초로 약 20여 명의 보안요원을 열차 내와 역사에 배 치하였다. 보안요원은 선로나 승강장 등에서 열차운행에 장애가 되거 나 자살이나 방화와 같은 사고 발생이 우려되는 위험 요인을 발굴하고, 성희롱과 같은 이상 징후를 보이는 승객 또는 취객 등 행동이 미심쩍은 승객을 찾아내 조치하는 임무가 부여되어 있다. 이를 위해 유도나 태권 도 등 유단자 출신인 보안요원들을 모두 정규직으로 채용함으로써 안 정적인 열차운영에 도움이 되도록 하고 있다.

생각해보면, 9호선 개통 당시에 10년 후에 닥칠 안전문제를 예견해 예방제도나 시스템을 마련한 것으로 보인다. 미래를 내다보는 혜안으로 자살의 심각성, 성희롱 및 성폭력의 사회 문제화, 유해물질의 전철 내 반입 등에 대비한 열차운영 안전관리시스템을 만들었다. 기업의 안전에 대한 가치와 비전이 확실하다는 것을 분명하게 보여주는 것이다.

✛ 안전관리는 전문가 영역

안전에서 예방의 핵심은 얼마나 정확하고 빨리 위험 요인을 찾아내 개선하느냐에 있고, 사고발생 시 피해나 사고확산을 최소화하기 위한 관건은 초기에 얼마나 체계적이고 전문적으로 대응하느냐에 달렸다. 이 는 안전에 관한 전문가 중심의 일원화된 안전관리시스템 운영체제에서 만 가능하다. 이를 위해 이 회사는 안전관리 전담부서를 CEO 직속으로 하고, 안전관리 전담부서장은 업무의 연속성과 전문성을 고려해 개통

이래 한 번도 보직을 바꾸지 않은 것으로 유명하다. 특히, 운영사가 바뀐 이후 오히려 안전부서장을 부사장급으로 격상해 철도 전문가를 보임해 운영함으로써 타 철도운영사의 귀감이 되고 있다.

사업장의 특성도 잘 고려했다. 지하철 운영 사업장은 24시간 365일 근무하는 특성이 있다. 따라서 안전부서는 모든 조직원이 어떤 상황에서 무엇을 하고 어떤 역할을 해야 하는지 코디네이터 역할만을 한다. 대신 모든 조직원이 안전에 관해 스스로 전문성을 확보할 수 있도록 체계적으로 교육시키고 정기적으로 실전과 같은 훈련을 진행한다. 지하철 운영 시 발생할 수 있는 화재, 탈선, 충돌 등 26개 유형의 사고대응절차를 매뉴얼화하여 정기적으로 훈련을 실시하는데 실제상황과 동일하게 진행한다. 사전 예고 없이 지하철 역사에 장치를 이용해 연기를 피우고 불시에 비상대응훈련을 하는 것이다. 가끔 고객들이 실제 상황으로 착각해 신고가 들어가고 훈련을 위해 지원을 약속한 소방차 이외의 소방차가 더 출동하곤 한다. 매뉴얼과 훈련의 핵심은 예기치 못한 비상상황이 발생하더라도 골든타임(Golden Time)을 놓치지 않고 신속 · 정확한 초동조치로 고객과 내부 노동자의 생명을 보호하는 데 두고 있다.

또한 각종 안전수칙과 더불어 웬만한 회사의 웹진보다 내용이 알찬 안전보건통신문을 매월 작성해 각 부서에 보급함으로써 안전 전문화를 촉진하고 부서장의 월간 안전교육 자료로 활용하는 모습도 보였다. 마지막으로 위험성평가를 안전의 기본 도구로 하고 있었다. 현장뿐만 아니라 본사의 모든 사무부서까지 부서장 책임 하에 위험성평가를 실시하도록 해서 부서별로 스스로 위험 요인을 도출하고 안전대책을 수립·이행하는 것을 기본으로 삼았다. 이 과정에서 안전관리 전담부서 직원은 전문가로서 지도, 지원, 조정기능의 역할만 수행할 뿐이다.

사실 9호선의 조직이나 인력 규모로 볼 때 안전관리 부서장의 직급은 과장급이면 충분하다. 그러나 한국의 조직문화를 고려하여 수송, 영업, 업무지원 등 라인의 안전관리업무에 대한 코디와 일원화된 비상대응체계가 신속하게 가동되도록 부사장급 안전부서장을 보임하는 CEO의 인사방침은 감동이었다. 한국의 국민성과 조직문화를 이해하고 이에 적절한 안전시스템과 안전문화를 리딩하는 CEO의 리더십은 많은 시사점을 준다.

✚ 안전시스템의 심장, 종합관제센터

어느 사업장에서 작업 중에 갑자기 불이 나면 무슨 일이 벌어질까? 어떤 노동자는 불을 끄려고 하겠고, 어떤 노동자는 119에 신고를 할 것이고, 어떤 노동자는 황급하게 문밖으로 도망쳐 나갈 것이다. 그러나 이 회사에서는 컨트롤타워인 종합관제센터에 보고를 한다. 지하철 역사 등 현장에 근무하는 모든 직원에게 지급된 TRS(무전기)로 모든 상황을 무조건 관제센터에 보고해야 하기 때문이다. 종합관제센터에서 이상 상황 정보를 수집하는 경로는 이외에도 고객안전원, 유지보수요원, 고객지원센터 등 다양하다. 119도 관제센터에서 호출하고 지원인력도 관제센터에서 호출하고, 구성원의 역할이나 고객 대피 등에 대한 모든 사항을 관제센터에서 지시를 내리고 모두가 이에 따라야 한다. 이례적인 사태와 같은 이상 상황 발생 시 보고와 지원 및 조직원의 행동요령이 종합관제 센터로 통합화되어 있는 것이다. 그밖에 업무 중 발견한 위험상황이나 크고 작은 아차사고 등도 정해진 시간 내에 모두 종합관제로 보고하도록 의무화하고 있다. 경미한 사고와 아차사고까지 보고받는 것은 그와 관련된 책임을 문책하려는 것이 아니라 유사 사고 예방조치를 위한 것이다.

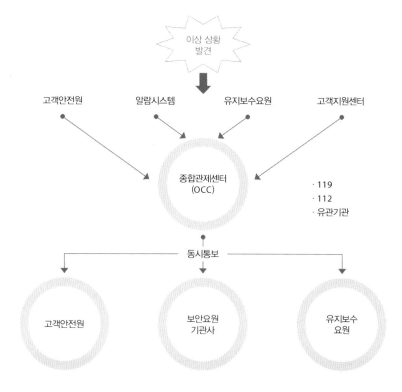

지하철 9호선의 통합관제시스템 운영 개념도. 이상 상태가 발생했을 때 정보를 수집하고 제공하는 심장으로써의 기능을 종합관제센터(OCC)가 담당한다

2011년 12월 공항철도에서 외주 용역업체 직원 5명이 열차운행이 종료된 후 선로에 진입해야 하는 기본적인 절차를 어기고 약 20분 먼저 작업준비를 위해 선로로 들어갔다가 막차에 참변을 당한 일이 있다. 외주 용역업체의 작업허가와 관리감독 등이 일원화돼 있지 않았고 작업자가 선로에 무단으로 침입할 수 있는 구조에서 발생한 안타까운 결과였다.

이런 비극적인 사고를 예방하기 위해 지하철 9호선은 비정상의 이례적인 사태에 대한 정보를 수집한 뒤 관계자에게 신속히 전달해 대응하도록 하는 기능 역시 통합관제시스템을 통해 수행한다. 특히 작업안전관리 전담인력을 안전관리 전담부서에 배치·운영하여 선로뿐만 아니라 역사 및 차량기지에서 이루어지는 모든 작업을 주간 단위로 사전에 계획함으로써 작업안전을 확보하고 무단작업을 방지하고 있다. 작업관리 전담인력의 작업허가를 받지 않은 선로 접근은 종합관제센터에서 승인을 하지 않으며 외주업체라 할지라도 작업허가를 받기 위해서는 작업 시행 전에 작업안전관리자에게 일반 작업안전수칙, 복장 착용 상태, 철도작업 시 주의사항들을 교육받아야 한다. 그야말로 정석이다.

✚ 내부 고객의 안전이 외부 고객의 안전

지하철 사업장은 일반 제조업과는 작업환경이 다르다. 특히 교대근무, 야간근무, 심야근무, 지하근무에서 오는 공황장애, 감정노동, 직무스트레스, 수면장애 등 건강상의 문제가 찾아올 수 있는데 지하철 9호선 경영진은 노동자의 안전과 건강상 문제점을 극복하기 위한 노력도 다양하게 실행하고 있다.

안전관리 전담부서와 무관하게 부서별로 무사고 다짐대회, 안전연구 발표회, 안전우수사원 선발대회 등 자율적인 안전 활동을 실시하는 것이 하나고 적극적인 참여와 좋은 성과에 대하여 포상을 실시하는 것이 둘이다. 산업안전보건위원회, 제안제도, 조직 활성화 교육 등 다양한 경로를 통해 노동자의 의견을 수렴하고, 멘토링제 운영으로 직원들 간의 소통도 강화하고 있다. 또한 심신 회복 힐링 프로그램도 운영한다. 건강관리실 운영, 명강사의 성공학 강의, 가족 초청행사, 사내 음악회, 체육대회 등을 개최하고 20여개에 달하는 동아리에는 연간 약 3,000만 원 정도를 지원하고 있다. 넓은 차량기지를 이용해 다양한 체육시설은 물론 전동 안마의자, 온돌침실, 헬스케어룸 등을 구비하여 모든 직원이 항상 이용할 수 있도록 하였다. 지하철 운행과 관련된 업무에 종사하는 직원들이 특수한 근로환경으로 인하여 심리적, 정신적으로 불안전한 상태에 놓이면 승객의 안전이 위협받을 수 있다. 경영진은 내부고객의 안전과 건강을 유지하고 증진시키는 것이 고객인 승객의 안전과 건강을 지키는 길임을 정확히 알고 있는 것이다.

물론, 이러한 안전시스템을 다른 서울지하철 노선을 운영하는 회사들이 실행하지 않는 것은 아니다. 다만 실행내용에서는 큰 차이를 보이고 있다. 예를 들자면 고도의 전문식견을 요하는 안전관리부서를 하위부서로 전락시켜 부서원이 일반 순환전보인사에 의해 배치됨으로써 안전에 대한 전문성이 없는 행정가가 사고예방보다는 사고처리나 대관업무에 전념하게 되는 경우가 많다. 이런 직원들은 정기인사 시기만 되면 안전부서를 떠나 다른 부서로 옮기려는 가상한 노력에만 관심을 가질 뿐이며 이는 결국 안전부서 직원의 평균 근속기간이 2년이 채 안되는 것으로 증명된다. 방화나 취객 보호 등을 목적으로 철도보안관 제도를 벤치마킹해 도입했으나 직원을 계약직으로 채용해 배치함으로써 그 효과가 반감되어 흐지부지되고 만 경우도 있다. 역사나 열차 내에서 승객의 서비스를 전담하는 직원도 대부분 본연의 업무에는 익숙하지만 안전에 대한 지식이나 사고대응 능력을 갖추고 있지 못한 것이 대부분이다.

이렇듯 지하철 운영이라는 같은 일을 하는 회사임에도 시스템 구축이나 운영방식에서는 전혀 다른 측면을 보이고 있다. 그 결과 안전경영시스템을 갖춘 회사는 지하철 개통 이후 철도사고는 전무하고 산업재해도 거의 없는 반면 그렇지 못한 회사는 반복적으로 철도사고가 발생해 시민을 불안하게 하고 산업 재해율 또한 동종업종 평균 재해율의 2배를 웃돌고 있다. 대부분의 사업장은 규모나 업종 등 특성에 따라 자사에 적합한 안전관리시스템을 구축해 운영하고 있다. 그러나 이상적인 안전관리시스템은 전문화(Specialized), 단순화(Simplify), 통합화(Integrated)라는 원칙에서 크게 벗어나지 않는다. 다만, 경영자의 의지, 관리자의 전문성, 구성원의 참여 정도에 성과가 좌우될 뿐이라는 사실을 다시금 일깨운다.

04

조립은
분해의 역순

　군대생활 중 제법 많이 하는 반복적인 활동으로는 개인 총기 분해 조립이 있다. 이를 위해 분해·조립시 사용하는 천을 가지런히 깔고 총기의 부품을 분해하는 순서대로 늘어놓는다. 그리고 조립은 그 역순으로 하는 연습을 수없이 진행한다. 총기 부품을 분해 순서대로 놓지 않고 뒤섞여 놓을 경우 조립시간이 훨씬 길어진다는 것을 군 생활한 남성들은 잘 안다. 일상에서 사용되는 대부분의 조립형 생활용품이나 동력으로 작동되는 기계장치들은 구매 시 제조사에서 제공하는 사용설명서나 조립도 등을 포함해 소비자에게 인도되는데 이러한 것들은 군에서 암묵지로 공유되는 것을 형식지화 한 것뿐이다.

　한번은 탁상용 연삭기의 숫돌이 파괴되면서 작업자의 머리를 강타해 사망한 사고를 조사한 적이 있다. 연삭기는 고속으로 회전하는 연마석에 쇠붙이를 갈거나 자르는 용도로 사용되는데 연마석이 파괴되어 날아가는 것이 가장 치명적인 위험 요인이다. 이런 사고를 예방하기 위해 연삭기의 연마석에는 작업부위만 개방된 덮개를 설치하도록 법으로 강제하고 있다. 그러니 연삭숫돌이 파괴되어 사람의 머리를 강타하는 사고는 대부분 연삭기 덮개를 설치하지 않아서 발생한다. 위험성이 크고 법적의무사항이다 보니 탁상용연삭기는 반드시 덮개가 설치되어 소비자에게로 온다. 그러나 산업현장에는 덮개 없는 위험한 탁상용연삭기가 버젓이 사용되는 경우를 흔히 볼 수 있다.

이유가 무엇일까? 이는 연삭숫돌을 교체하는 과정에서 발생한다. 스위치 차단 → 전원 플러그 제거 → 덮개 해체 → 헌 숫돌 제거 순으로 해체를 한 다음 조립은 해체의 역순이다. 새 숫돌 체결 → 덮개 설치 → 전원 플러그 삽입 → 조작스위치 투입을 통한 시운전 순으로 이루어진다. 그러나 현장에서는 덮개를 설치하는 것을 생략하고 조립을 마무리한 후 시운전 단계 없이 곧바로 연삭작업을 한다. 분해 이후 재조립 과정에서 빠져버린 덮개는 이리저리 굴러다니다 없어지고 만다. 일부 작업과정의 생략이 당장의 작업을 빠르게 할지는 모르겠다. 그러나 결과적으로 작업과 설비의 효율성을 떨어뜨리고 안전운전을 해치는 주범으로 변하는 것은 확실하다.

✚ 설비의 효율성과 안전 지키미 규범

최근 자동차를 새로 구입했다. 생각해 보니 그동안 자동차를 세 번 정도 바꾸었는데 새로 구입할 때 마다 자동차 회사에서 제공한 운전매뉴얼을 읽어본 기억이 없다. 이번에 구입한 자동차도 매뉴얼을 봐야할 만큼 운전을 하는데 크게 불편이 없는데 그동안 자동차 기술의 발전으로 인공지능이 반영되고 기능이 자동화된 것이 많아 이상음이 들리거나 시그널 보드에 빨간 사인이 켜지면 어떤 조치를 해야 할지 몰라 당황스러워진다. 그래서 자동차 운전 매뉴얼을 펴보았더니 그동안 내가 무지하고 용감하게 살았다는 생각이 들었다. 매뉴얼은 자동차의 안전운전, 효율적인 관리방법, 연료절감방법, 고장시 비상조치방안까지 체계적으로 구분하여 적혀 있었다. 한글로 기술한 매뉴얼 내용 밑에는 차량의 해당 부품을 사진으로 찍거나 그림으로 풀어 해설함으로써 누가 보아도 이해하기 쉽고 오류를 범하지 않도록 되어 있었다. 새로 산 차에 대한 매뉴얼을 단 30분도 공부하지 않고 마구 운전하고 다니다 단순한 이상 신호에도 정비소를 찾던 그동안의 내 모습이 부끄러웠다.

사업장에서 작성해 작업자들이 작업에 활용하는 대부분의 매뉴얼, 지침, 절차서와 같은 규범들은 표준화(Standard), 전문화(Specification), 단순화(Simplefy)를 기본으로 한다. 작업의 효율성 즉, 생산성을 헤치지 않으면서 설비의 효율성과 작업의 안전성을 확보하기 위함이다. 작업성이 떨어지거나 생산에 지장을 초래하는 규범은 사업주나 관리자가 좋아할 리가 없고 노동자도 준수하기를 꺼려하기 쉽다. 그러니 절차를 표준화하고 단순화하면 노동자의 동선이 최소화되고 노동 강도를 줄일 수 있다. 작업을 전문화하고 단순화하면 나쁜 습관이 개선되어 불필요한 행동이 줄어들고 생산성이 증가한다. 결과적으로 불필요하거나 나쁜 습관을 최소화하는 좋은 규범이 생산과 안전을 지키는 수단이다.

✚ 최신본의 유효한 룰 관리

사업장에서 공정이나 설비를 가동하거나 정비 · 보수를 하는데 적용되는 룰(rule)인 다양한 종류의 규범들은 작업과 작업장의 특성을 반영한다. 안전운전 절차서에는 자동, 수동, 반자동의 운전절차와 가동정지, 재가동 등의 절차가 기술되어 있다. 정비 · 보수 절차서에는 작업절차는 물론이고 작업 전, 작업 중, 작업 후에 점검하거나 조치해야 할 사항들이 규정되어 있는 것이 일반적이다. 따라서 규범의 작성과 유효성 검토를 통한 최신본 유지가 중요하다.

올바른 절차서 관리를 위해 첫째로 당해 작업자면 누가 보아도 알 수 있을 정도로 쉽게 작성되어야 한다. 신입사원이 본인이 담당하는 작업과 관련된 운전 절차서를 보고 공정을 가동하거나 안전 상태를 확인 점검할 수 있는 정도로 이해하기 쉽게 기술되어야 한다. 많은 사업장들이 기계장치 운전 매뉴얼을 외국의 제조사가 장비 구매 시 제공한 외래어로 표기된 사용 매뉴얼을 보관하는 것으로 대체하고 있다. 정비 · 보수 절차서도 안전점검 수준의 기본적인 사항만을 기술해 보관하고 실질적인 작업은 경험 있는 작업자들의 암묵지로 이루어지는 경우를 흔히 볼 수 있다.

2017년 서울의 지하철공사 현장에서 터널 굴착용 기계(TBM)에서 운전자의 조작실수로 본인은 물론 옆에서 작업을 보조하던 작업자까지 2

명이 사망하는 사고가 발생했다. 반경 8m의 터널을 자동으로 굴착하는 거대한 기계는 외국에서 이 공사를 위해 특수하게 제작되어 시공에 투입된 것이었으며 정상운전은 물론, 비상운전 등에 많은 노하우가 필요해 보였다. 그런데 이 사고를 조사하기 위해 운전자가 알아야 할 운전매뉴얼을 확인해 보니 제조사에서 제공한 외국어 원본의 매뉴얼만 있었다. 이조차도 현장에 비치되거나 운전자가 본 적 없이 그저 본사 사무실에 비치되어 있었다.

둘째로 운전이나 정비·보수와 같은 작업에 관한 규범은 주기적인 검토와 정비가 필요하다. 공장이나 설비 준공시나 공정안전보고서 제출과 같은 법적 규제대응차원에서 필요한 매뉴얼이나 절차서가 마련되었다 하더라도 고정불변의 내규로 보긴 어렵다. 법령 개정으로 기술기준이 바뀌기도 하고 공정이 변경되고 운전조건이 변화하는 경우도 있기 때문이다. 이러한 변경 사항이 절차서나 지침에 반영되어 노동자에게 교육훈련이 이루어지는 것이 마땅하다. 그러나 규범의 준수가 생명인 화학, 제철, 반도체, 조선과 같은 공장들조차도 규범이 제때에 검토되어 변경사항이 정비되지 않은 경우를 종종 보게 된다. 잘못된 규범을 지키도록 강요하는 것도 위험하지만 이러한 사업장의 대부분이 내부 규범이 해당 작업자의 교육훈련에 활용되지 않고 있는 것이다.

LG전자는 이러한 문제를 근본적으로 해결하기 위해 지침 및 절차서 검토 승인율을 내부평가 지표로 두고 있다. 부서별로 관리하고 있는 지침이나 절차서 중 약 2~30%를 매년 검토대상 목표로 정하고 검토대상 규범의 변경 승인율을 평가하는 제도이다. 때로는 법 개정 조항 삽입,

오탈자 수정, 일부 자구 수정 등과 같은 지엽적인 변경사항을 담아 변경 승인을 받는 경우도 있지만 괘념치 않는다. 해당 작업자나 관리감독자가 자기 업무와 관련된 내규를 처음부터 끝까지 읽고 이해하고 있다는 것이 확인되고 있기 때문이다.

마지막으로 운전지침이나 절차서는 위험성평가는 물론 교육훈련과 반드시 연계되어야 한다. 매년 실시하는 정기 위험성평가나 사고가 발생하거나 공정변경으로 하는 수시 위험성평가 결과는 새로운 위험 요인을 찾아내고 위험도 변화를 가늠할 수 있는 수단이다. 이 결과가 운전 또는 정비·보수와 같은 중요 작업의 규범에 적기에 반영되어야 살아 숨 쉬는 유효성이 있는 규범이라 할 수 있다.

최신본의 규범은 노동자의 안전역량을 강화하기 위한 최고의 교육훈련 교재이다. 특히, 잘못된 내용이 기술되어 있거나 변경된 정보를 담지 않은 규범을 교육하거나 준수를 강요하는 것은 매우 위험한 일이다. 사고가 발생한 사업장에서 자체적으로 조사해 작성한 사고 원인조사보고서를 보면 '안전수칙 미준수' 또는 '작업절차 미준수'라는 내용이 많지만 사고를 당한 작업자가 지침이나 절차를 알고 있었는지, 지켰으면 사고를 당하지 않았을까 하는 의구심이 드는 경우도 있다. 최신화된 지침이나 절차서를 적시에 해당 작업자에게 교육시키는 것은 사업주의 매우 중요한 의무이다. 어떻게 교육시킬 것인가를 고민하는 사업주에게 앞서 언급한 LG전자와 같은 사례를 권장한다.

05

사고의
뿌리를 찾아서

　몇 년 전 한국의 대표적인 발전회사로부터 내부 경영평가 위원으로 참여해 달라는 요청을 받고 평가에 관여한 일이 있다. 경영평가는 각 사업소별로 지난해 경영실적을 평가해 성과급 지급이나 포상 등의 기준으로 삼기 위함인데, 평가내용 중에 지난해 발생한 산업재해에 대한 책임소재를 따져 해당 사업소별로 가감점을 부여하는 안전지표가 있었다. 그런데 불행하게도 직전 년도에 이 회사에서 운영하는 발전소에서 질식 사고로 3명의 노동자가 사망하는 사고가 발생했다. 이 사고 귀책사유에 대한 평가담당부서인 안전관리실의 평가결과를 해당 사업소인 건설사업본부와 발전사업본부가 모두 받아들이지 못하자 내·외부 전문가가 참여하는 평가위원회를 구성해 의견을 구하는 자리였다.

　사고내용을 정리해 보면 이렇다. 발전소를 새로 지어 시운전 중이던 어느 날 발전소로 공급되는 질소의 밸브룸에 공사업체 작업자 2명이 약 20분 간격으로 들어가 산소결핍으로 숨지고 3시간쯤 후에 이들을 찾으러 들어간 또 한 명의 작업자가 같은 사유로 사망한다. 밸브룸에 설치된 질소배관의 밸브 고장으로 가스가 전날부터 누출되고 있었던 것으로 추정되고 거기다 환기장치까지 가동되지 않았으나 아무도 이 사실을 알지 못했다.

밸브룸은 법에서 정한 밀폐공간에 해당되고 이곳에 들어가 사고를 당한 사람들은 밸브룸과 무관한 수급업체 직원들이었다. 결국 발전소 공사를 책임지는 건설사업본부와 시운전을 담당하는 발전사업본부 간에 사고에 대한 책임소재를 놓고 성과급을 손해 보지 않기 위해 한판 싸움이 붙은 것이다. 후에 이 사고는 산소결핍에 의한 질식으로 밝혀졌다. 질식 사고가 일어난 원인은 밀폐된 채 질소가 약 2일간 누설되어 산소농도가 18% 이하로 떨어져 있던 밸브룸 안으로 작업자가 들어갔기 때문이다. 사고는 위험원(산소결핍)과 사고발생조건(노동자의 출입)이 동시에 있을 때 발생하는데 이 조건을 충족시킨 결과이다.

발전사업본부 측은 공사 도급업체 노동자가 산소결핍 우려장소를 무단출입하고 불량 밸브를 사용해 시공한 책임이 전적으로 건설사업본부 측에 있다고 주장했다. 반면, 건설사업본부 입장은 턴오버 단계에서 상업운전에 돌입한 상황이었는데 산소결핍 위험장소를 방치하고 환기설비를 가동하지 않아 사고가 일어났기 때문에 발전사업본부가 책임을 져야 마땅하다는 것이었다. 사고가 왜 발생했는지 그 뿌리를 찾는 노력보다는 사고로 인해 발생할지도 모르는 금전적 손해에 관심이 큰 것 같아 보여 안타까웠다.

분명한 것은 위험원이 있다고 반드시 사고가 발생하는 것도 아니고 사고발생조건이 형성되었다고 모두 사고로 이어지지도 않는다. 다시 말해, 밸브룸에 질소가 새어나와 산소가 기준치 이하로 되었다고 해도 사람이 들어가지 않았더라면 사고는 일어나지 않았을 것이다. 반대로 사람이 무단으로 들어갔다고 해도 밸브룸이 정상적인 산소상태를 유지했더라면 질식 사고는 발생하지 않았을 것이다.

✚ Roots Cause를 찾아라

밸브룸이 산소결핍상태로 유지된 원인이 밸브가 파손되어 질소가 새어나온 것 때문이라고 가정해 보자. 그렇다면 파손된 밸브를 새것으로 교체하면 모든 문제가 해결될까? 그렇지 않다. 새 밸브는 안전한 것인지 어떻게 입증할지도 문제이고, 밸브 교체 시 너무 조이거나 덜 조임으로써 나사산이 망가져 다시 가스가 누출될 수도 있다. 물적 측면의 원인만을 찾아 개선하면 이 사고는 또 발생할 가능성이 크다. 불량 밸브를 사용했던, 밸브의 조임에 문제가 있었던 결국 작업자가 원인을 제공한 탓이기 때문이다.

그러니 좀 더 근본적인 이유를 찾아보면 시스템의 문제로 귀착됨을 알 수 있다. 공인인증을 받은 밸브 사용지침이나 밸브조임토크 기준이 없었던 것이 밸브를 검수하고 조립작업을 한 설비공으로 하여금 불안전한 행동을 하게 만든 것이다. 결과적으로 밸브룸 안에 가스가 누설되어 산소결핍장소라는 위험원을 만든 것은 1차적으로 밸브 파단이었고, 밸브파단은 밸브의 조임 작업 불량이 원인이었으며, 밸브의 조임 작업을 제대로 하지 못한 것은 조임토크 기준이 없었기 때문이었다.

이렇듯 사고 발생 원인으로 작용한 물적, 인적, 시스템적 요인들은 사고 발생 전에 위험성평가를 통해 검출해야 하는 위험 요인(Hazards)이다. 위험 요인이 늘어나면 사고발생조건은 커진다. 따라서 사고발생원인은 사고 발생 전에 나타나는 전조증상과 크게 다르지 않다.

사고 내용	사고발생조건	사고원인 = Hazards		
		물적 원인	인적 원인	시스템적 원인
질식	가스누설로 산소 결핍	밸브파단	밸브검수 소홀	인증품 사용기준 미비
			밸브 조임 작업 불량	조임토크 기준 미비
		환기장치 고장	안전점검 미실시	점검매뉴얼 미비
			연동장치 해제	알람시스템 미구비
	밀폐 공간 무단출입	출입구 개방	시건장치 해제	점검매뉴얼 미비
			출입금지표지 미게시	밀폐 공간 미지정
			노동자 작업 장소 이탈	관리감독 소홀
		시건장치 고장	안점점검 미실시	점검매뉴얼 미비

'Roots Cause'를 적용해 밸브 룸에서 발생한 산소결핍에 의한 질식 사고 원인을 추정한 것으로, 사고발생 전에 위험성평가를 했을 경우 20개의 사고원인은 위험 요인이 된다

이와 같이 사고가 발생했을 때 사고의 근본적인 원인 즉, 뿌리를 찾아 규명하는 것을 'Roots Cause'라고 한다. 사고는 예방이 최우선이긴 하나 이미 발생한 사고에 대하여는 사고의 근원을 찾는 것이 매우 중요하다. 유사 또는 동일한 사고가 반복되는 이유 중에 하나가 사고가 발생했을 때 그 원인을 찾아 개선하지 않고 작업을 재개한 탓이다.

일반적으로 사고가 발생하면 노동자의 안전의식 부족을 가장 많이 꼽는다. 노동자가 작업 중에 기계에 설치된 방호장치 기능을 해제하는 태도불량으로 손가락이 잘리는 사고가 발생했다고 가정해 보자. 이 노동자의 부족한 안전의식 때문이라기보다는 안전교육이 제대로 이루어지지 않은 것이 원인일 수 있다. 하지만 방호장치와 기계의 연동장치가 없거나 고장이 나서 방호장치 기능을 풀었는데도 기계가 작동된 것이 이유일 수도 있다. 이렇게 근본적인 사고 원인을 찾아 개선하는 노력이 따르지 않는 한 사고는 반복되고 계속될 수밖에 없다.

✚ 히스토리(Accident history) 관리체계를 갖추어라

결론적으로 사고 발생 원인을 명확하게 규명해야 하는 이유는 사고에 대한 책임소재를 가리기 위함에 있는 것이 아니고 같은 사고가 반복해서 발생하는 것을 예방하는 데 있다. 따라서 사고나 재해가 발생한 경우 이에 대한 히스토리 관리와 공유가 중요하다. 그러나 최고경영자에게 보고하기 위한 사고조사보고서를 작성하는 경우 사고발생 경위나 주요원인이 은폐될 가능성이 크다. 특히, 안전관리부서와 사고발생부서 간에 사고를 보는 시각조차 달라져 근원적인 원인을 찾기보다는 누가 책임지고 마무리할 것인가를 고민하는 경우를 종종 본다. 이렇게 될 경우 유사한 사고가 다시 발생할 개연성을 남겨두는 결과가 된다.

사고의 재발을 방지하기 위해서는 사고 발생 공정 또는 설비에 대한 수시 위험성 평가 실시, 작업표준의 검토와 보완, 작업자 특별교육훈련 등이 따라야 한다. 특히 추진실태와 개선사항에 대하여 정확하게 기록이 되고 관리자에게 그 내용이 보고되고 업무담당자간에 인수인계가 이루어지는 시스템을 갖추어야 한다. 사고원인이 투명하게 밝혀지고 개선조치가 시행되어야 안전운전을 확보할 수 있다. 이런 사고조사 및 관리시스템은 사고가 발생한 경우 이에 대한 책임을 묻기보다 사고 발생 전에 사고를 예방하기 위해 어떤 노력을 했는지가 더 크게 평가되는 조직문화가 성숙할 때 확립된다.

디테일한 계획, 명확한 지시, 분명한 확인

 사례 하나. 1997년 8월 6일 괌공항에 착륙하려던 대한항공 여객기가 공항 근처의 니미츠힐을 들이받고 추락해 탑승객 228명이 사망한 사고가 발생했다. 추락한 항공기의 블랙박스에 기록된 조종실내의 대화 내용을 보면 부기장은 이미 문제를 알고 있었지만 제대로 말하지 못한채 그저 기장의 조치를 불안하게 지켜만 봤다. 그러다가 추락 7초 전에야 착륙을 포기하자고 크게 외쳤고, 기장은 그로부터 4초가 지나서야 재상승 시도를 하였지만 이미 늦어 버렸다. 만약 부기장이 문제를 발견한 즉시 바로 조정간을 당겨 상승을 시도했다면 추락은 피할 수 있었다는 것이 사고조사팀의 결론이다.

 사례 둘. 전에 근무하던 회사에서 모시던 CEO의 화법에 관한 일화이다. 매주 월요일이면 임원들과 주요 간부가 참여하는 현안조정회의가

CEO 주재 하에 열려 중요한 경영현안이나 사업 추진상황을 파악하고 조정이 필요한 사안은 논의를 통해 정리한다. 그런데 이 회의를 마치고 나온 참석자들이 회의 시 결론이 난 사안을 두고 의견이 분분한 경우가 많다.

한번은, 산업재해가 많이 발생하는 중소기업의 지원대책의 일환으로 새로운 산업재해예방지원책을 개발해 차기년도부터 추진하기로 하고 사업비 약 500억 원을 배정하는 안건이 현안조정회의에 상정되었다. 실무자의 브리핑과 간부 토론을 통해 추진하는 것으로 결정하고 CEO도 최종적으로 그것이 좋겠다는 긍정적인 의견을 내고 회의가 마무리되었다. 그런데 회의 말미에 CEO가 "그런데 그 사업 꼭 해야 돼요?"라고 고승이 화두를 던지듯이 한마디 하고는 이내 자리를 떴다. 회의를 마치고 나온 참석자들은 그 말의 진의 파악을 위해 논쟁이 벌어졌다. CEO가 이 사업을 추진하는 것을 못마땅하게 생각하고 있는 것 같으니 재검토가 필요하다는 의견과, 새로 개발해 파이롯트 착수를 하는 신사업에 많은 예산을 투자하게 되는데 경영진이나 간부가 추진의지는 있는 것인지 확인하려는 절차라는 의견이 비등했다. 이 에피소드의 결론은 후자이다. 이런 일은 결재과정에서나 의사결정이 필요한 중요 회의시 마다 반복되었는데, 추진의지를 확인하고 싶은 CEO의 명확하지 않은 화법 구사가 다소의 혼란을 초래하고 실행을 지연시키는 결과를 가져오기도 했다.

✚ 의사표시의 정확성, 실행의 적시성

위에서 제시한 두 가지 사례는 의사소통 문제로 인하여 빚어지는 또 다른 위험의 전형이다. 첫 번째 사례는 모호한 말투와 다양한 경어 사용과 같은 한국인의 독특한 언어체계와 상하 간의 위계질서를 엄격하게 따지는 유교문화 등이 원활한 의사소통을 가로막아 발생한 사고이다. 한일월드컵 때 한국 축구 대표팀 감독을 맡았던 히딩크는 한국의 경어를 사용하는 위계문화를 타파하기 위해 선수들로 하여금 존칭 없이 이름을 부르도록 했다는 일화로 유명하다. 두 번째 사례는 특유의 화법으로 참모들의 추진의지를 확인하는 것도 중요하겠지만 구체적으로 어떻게 추진해 갈 것인지 전략, 방법, 가용자원 등을 챙겨보는 소통의 리더십을 발휘하는 것이 오히려 사업의 성공 가능성을 훨씬 높일 수 있지 않을까 하는 아쉬움이 드는 대목이다.

경상도가 고향인 지인으로부터 충청도에 가서 사업을 하다 대화의 진의를 잘못 파악해 혼란을 겪은 사례를 듣고 웃은 적이 있다. 그 지역에서 꽤 큰 가게를 운영하는 분에게 자기 제품을 이용해 달라는 부탁과 함께 거래계약을 하자고 제안을 했더니 "알았다"라고 흔쾌히 대답을 해서 기쁜 마음으로 돌아왔단다. 며칠 후 계약서를 가지고 그 사람을 찾아갔더니 이게 뭐냐는 생뚱맞은 반응이 나와 지난번에 계약을 하자고 해서 계약서 가지고 왔다고 했더니 "내가 언제 계약한다고 했어요? 생각해 보겠다고 했지"라는 말을 하더라는 것이다. 충청도에서 알았다는 말은 허락이나 동의의 의미보다 이해했다는 의미가 강하다. 말이란 이와 같이 지역, 문화, 어투에 따라서 전혀 다른 의미로 해석되기도 한다.

위험 요인이 잠재되어 있는 일터에서 다양한 방식의 의사소통을 통해 위험에 대응하게 되는데 언어수단에 의한 의사소통이 이렇게 되면 또 다른 위험 요인으로 작용하게 된다. 의사가 정확히 전달되고 적시에 실행되는 것이 중요한데 전달내용도 불분명 하고 내용을 이해하지 못하거나 잘못 이해하고 있으면 실행이 늦어지고 실행에 위험이 따른다.

✚ 안전관리도 생산관리와 다르지 않다

밀폐공간인 탱크나 지하 맨홀을 청소하거나 보수하기 위해 산소결핍 작업을 진행한다고 상상해 보자. 공무부장이 "사고 나지 않도록 조심해서 작업 하세요" 라는 지시를 내렸다. 이 지시를 받은 정비반장은 정비 · 보수 업체 안전관리자에게 "밀폐공간이니 질식사고 나지 않도록 반장님께서 잘 챙겨 보세요."정도로 작업지시를 한다. 업체 대표는 산소농도 측정을 마치고 작업자들을 탱크내로 투입했다. 그런데 탱크 하부에 연결된 배관에서 질소가 탱크내로 새고 있는 것을 미처 알지 못한 탱크 내부 작업자는 작업 중에 산소부족으로 사고를 당하고 만다.

과장된 표현이라고 하실 분들도 계시겠지만 실제로 많은 기업의 일터에서 이런 식의 업무지시와 안전관리가 이루어지고 있다. 책임 있는 관리자는 말로 모호한 지시를 하고 현장 직 · 반장은 조직의 내규와 감시로부터 자유롭기 위해 페이퍼 워킹을 통해 절차를 갖추어 둔다. 무엇을 조심하라는 것인지, 반장이 챙겨야 할 것이 무엇인지 알 수가 없고, 작업을 도급 준 원청에서 해줄 것은 공사대금 주는 것 말고 아무것도 없는 것인가. 그리고 행운이 따라 무사히 공사가 마무리 되었으면 그것으로 끝이다.

제품을 생산하거나 서비스 업무를 수행할 때 이런 방식의 관리를 하지는 않는다. 목표를 정하고 생산설비, 자재, 인력 등의 현상분석을 통해 계획을 수립한다. 생산이나 서비스 실행에 있어서도 부서 또는 작업자 간 업무를 적절하게 할당해 추진한다. 최종적으로 업무가 종료되고 나면 목표 달성여부와 성과평가를 통해 경영자 검토과정을 거칠 것이다. 재화나 서비스 창출을 위한 관리나 안전관리가 모두 같은 일터의 업무인데 안전관리는 사고만 발생하지 않으면 되는 수준인 초보적 관리방식에 머무르는 것이다.

그렇다면 사고를 예방하기 위해선 어떻게 행동했어야 할까? 우선 탱크 내 청소작업을 시작하기 전에 작업계획을 수립하고 위험성평가를 실시하고 안전작업허가서를 검토하여 승인한다. 작업자에게 탱크와 관련된 안전보건정보를 제공하고 작업지휘자를 배치해 산소농도 측정, 보호구 착용, 탱크 내 환기조치 등의 이행여부를 확인하고 작업 중에 나타나는 위험을 감시하도록 한다. 작업이 종료된 후 재가동에 필요한 안전조치여부를 확인하고 주변 정리정돈을 실시한다. 이것이 정상적인 P-D-C-A 안전관리시스템이고 실행되어야 마땅하다.

✚ 디테일한 계획, 명확한 지시, 분명한 확인

지속가능한 기업의 DNA는 기본과 원칙을 준수하는 것부터가 다르다고 한다. 모든 일에는 지켜야 할 표준들이 있다. 수많은 변화와 위험이 상존하는 공장이나 건설 현장에서 반드시 지켜야 하는 표준을 지키지 않으면 안전을 확보할 수 없을 뿐 아니라 균일한 품질을 유지하기 어렵다.

표준을 준수하는 문화는 리더로부터 나온다. 조직구성원은 리더가 말하는 것을 듣는 것이 아니라 **행동하는 것**을 따를 뿐이다.

진정한 의사소통은 이것을 말하며 안전에 있어 더없이 중요하다. 지키며 일하게 하는 것이 계획이고, 내용을 전달하거나 알고 있는지를 확인시켜 주는 것이 지시이고, 표준이 지켜지는지 체크하고 표준에 문제는 없는지 검증하는 절차가 확인이다. 따라서 계획은 디테일이 생명이다. 리더의 지시는 명확하게 이해하고 전달될 수 있도록 행동으로 옮겨져야 한다. 작업상황이나 표준이 준수되고 있는지에 대한 확인이 반드시 뒤따른다는 인식을 주어야 한다. 도로에 설치된 박스형 과속단속용 카메라가 촬영을 하고 있지 않거나 카메라가 없는 가짜라는 사실이 운전자에게 확인되는 순간 과속이 더 심해지고 사고위험이 더 커진다는 사실에서 이를 확인받고 있다. 의사소통이 원활한 안전 리더십이 초일류기업을 만든다.

07

우연히 나는
사고는 없다

　화학공장은 위험물질을 다량 취급할 뿐만 아니라 복잡하고 정밀한 장치나 설비가 자동으로 제어되는 연속공정으로 시스템화 되어 있다. 이와 같이 복잡하고 정밀한 다양한 분야의 전문기술이 집합되어 운영되는 공정이나 설비는 그 속에 포함되어 있는 위험요소도 복잡한 요인들이 복합적으로 작용해 이루어진 것이 많다. 이러한 이유로 화학공장 등 주요 위험설비를 운영하는 사업장에서는 여러 분야의 기술자가 모여 위험을 찾아 대처한다는 공동의 목표를 가지고 안전관리시스템을 만들고 과학적, 기술적, 관리적인 활동을 전개해 간다. 이것을 공정안전관리라고 한다.

　일반 산업현장에서 발생하는 대형 사고는 종합적이고 체계적인 안전관리시스템을 갖추지 못했거나 시스템이 작동하지 않아 발생하게 되는

데, 위험물질을 제조, 취급, 저장하는 화학공장에서 발생하는 화재폭발 등 대형사고의 대부분이 공정안전관리 실패가 원인이다. 엄격한 통제 하에 제어되던 위험의 이탈현상을 관리하지 못해 사고가 발생하는 것이다.

따라서 위험물질 취급 공정이나 시설에서 발생하는 중대산업사고를 예방하기 위해 위험성평가, 안전운전절차, 교육훈련, 변경관리, 안전작업허가, 공정사고 조사, 비상조치계획 등 요소를 중점 관리한다. 이 요소 중 하나 또는 복수의 요소에 문제가 발생하면 그것이 원인이 되어 사고가 발생한다. 공정안전관리는 위험을 미리 찾아내 제거하는 예방이 첫째 목적이고 사고가 발생한 경우 피해를 최소화하는 것이 두 번째이다.

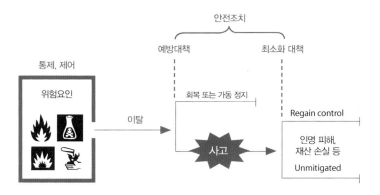

사고는 엄격하게 통제되었던 위험 요인의 이탈현상을 관리하지 못했을 때 발생하므로 안전관리는 예방실패를 대비한 피해 최소와 대책까지를 포함해야 한다

✚ 사고는 구조적인 문제에서 발생

　몇 년 전 서울대공원에서 사육하던 호랑이가 사육장에서 탈출해 사육사가 죽임을 당하는 사고가 발생한 적이 있다. 사육사가 맹수에게 목을 물려 목숨을 잃는 사고가 발생한 것에 대한 논란에 사람을 헤친 호랑이를 어찌해야 하는 것인지에 대한 논란이 가세해 한동안 SNS를 달구기도 했다. 호랑이 사육장과 사육사 전용 출입통로 사이에 설치된 출입구의 잠금장치가 열려 있어 출입구로 호랑이가 나오는 바람에 사육사가 변을 당하였으나, 사육사 전용통로와 관람자가 있는 밖으로 향하는 출입구까지 열려 있었더라면 더 큰 변을 당할 뻔한 사고였다. 이 사고가 발생한 과정을 보면 사육사의 실수나 호랑이의 호전성으로 인하여 우연히 발생한 것이 아니고 사고가 발생할 수밖에 없는 구조적인 문제를 안고 있음을 알 수 있다.

　사육사가 변을 당한 곳은 호랑이 숲 조성공사로 인하여 임시로 호랑이를 가두었던 여우 사육장이었다. 전문가들이 여우 사육장으로 호랑이를 이전하는 것을 반대했음에도 불구하고 이전을 추진한 것이 문제가 되었다. 더군다나 사고가 발생하던 날 사육사는 2인1조로 근무해야 하는 근무지침을 어기고 혼자서 호랑이 사육장에 접근했다. 그리고 불가피하게 혼자 작업을 해야 하는 경우에 반드시 갖추어야 할 호신장구를 하나도 갖추지 않았음이 밝혀졌다. 뿐만 아니라 변을 당한 사육사는 20년간 곤충관에서 곤충을 관리하던 사람으로 사고가 발생하기 불과 수일 전에 호랑이 사육장 관리 담당으로 보직을 받아 옮겨 왔다. 호랑이에 대한 특성이나 호랑이 사육장 작업 시 유의사항 등에 대한 교육을 받지 않고 전임 동료 직원에게 간단한 인수인계 절차만 거치고 바로 일을 시작했다. 과거에 말레이곰, 늑대, 코뿔소가 탈출한 전례가 있었음에도 유사한 사고의 재발을 방지하기 위한 조치는 없었다.

특히 호랑이가 사육장를 옮겨오면서 이상 징후를 보이고 있었음에도 이를 발견하지 못해 사전적 조치를 하지 못한 것이다. 사육사가 변을 당한 출입구 안쪽 통로와 관람객 사이 울타리 높이가 1.4m에 불과했다. 야생 호랑이의 점프능력이 3m를 넘는다는 사실을 생각해 보면 호랑이가 더 이상 이상한 행동을 하지 않은 것이 오히려 천만다행이라는 생각이 든다.

이 사고의 원인을 분석해 보면, 단순히 호랑이가 탈출해 사육사를 헤친 것이 아니고 이 사고가 발생하기까지 수많은 변수가 종합적으로 작용했음을 알 수 있다. 사육사는 안전수칙을 지키지 않았고 사육장의 시설은 맹수를 사육하기에 전혀 안전성을 갖추지 못하였다. 고도의 전문성을 요하는 사육사가 제대로 된 교육도 받지 못했고 시스템이 갖추어지지 않은 맹수관리도 사고의 단초가 되었다. 평상시 이러한 사실을 확인하고 평가해야 할 관리자의 역할도 보이지 않았다. 어느 날 우연히 맹수가 우리를 탈출하여 사육사를 헤친, 다시 말해 사육사가 운이 없어 발생한 사고가 아니라 조직의 구조적인 문제에서 비롯된 필연적인 사고였다.

✚ 공정안전관리와 호랑이 사육사의 죽음

위험은 그대로 두면 눈 내린 산비탈을 굴러 내려온 눈덩이처럼 점점 커지는 경향이 있다. 일터에는 조금만 신경 쓰면 바로 제거할 수 있는 크고 작은 위험요소들이 있게 마련이다. 귀찮다는 이유로 또는 바쁘다는 핑계로 위험요소를 방치하고 일을 한다. 시간이 지나다 보면 위험이 위험으로 보이지 않게 되고 위험을 감수하고 일하는 것에 익숙해진다. 조직 내 나쁜 습관은 이렇게 만들어진다. 관리자도 CEO도 위험 요인이 축적되어 가는 현상에 익숙해져 갈 무렵 아찔한 순간을 경험하거나 대형사고가 발생하고 나면 그때서야 눈덩이처럼 커져 있는 위험 요인을 발견하고 당황한다.

공정안전관리 핵심 요소	호랑이 사육사의 사고 원인
공정 내 주요 안전정보 자료 파악	동물의 특성, 사육장 안정 상태, 사육사의 전문성 등 미파악
위험의 도출, 평가, 대책 수립	위험 요인 도출 및 제거를 통한 사고 발생 가능성 최소화 노력의 미비
안전운전절차 및 작업표준 제정	2인 1조 근무, 호신용구 지참 등 매뉴얼 미준수
공정 가동 전 사전 안전점검	호랑이를 사육할 여우 사육장에 대한 점검 미실시
노동자 안전보건교육	맹수 사육으로 작업내용 변경에 따른 교육 미실시
주요 공정 및 설비의 변경 요소 관리	전문가 의견을 무시한 호랑이의 사육장 이전
위험 작업 사전안전작업 허가	맹수 접근 작업에 따른 사전점검 및 조치 미실시
정비·보수 등 설비의 유지 관리	사육장 시건장치 및 울타리 높이 부실
사고 원인 조사 및 동종사고 예방 대책수립	말레이곰 탈출 등 동물사고 원인 조사 및 동종사고 예방조치 미실시
사고 발생 시 비상조치 계획 마련	사육장 울타리 높이가 호랑이 점프 능력보다 낮음에도 이에 대한 대비책 미비
안전관리 실행 실태 및 성과평가 피드백	안전관리규정 이행 여부 확인 및 평가 미실시

모든 사고는 조직의 구조적인 문제로 인한 안전관리 실패가 원인으로 작용하며 맹수에 의한 사육사 죽임사고 발생원인도 여기에서 크게 벗어나지 않는다

호랑이가 사육사를 해친 사고가 발생한 과정을 보면 ①사육사의 호랑이 특성 몰이해, ②사육장 시설 불량, ③호랑이의 무리한 사육장 이전, ④사육장 변경에 따른 위험성 평가 미실시, ⑤매뉴얼 미보강, ⑥안전교육 미실시, ⑦매뉴얼 미준수 등 순으로 정리해 볼 수 있다. 앞뒤 순서는 다를 수 있지만, 시설이 불량한 사육장으로 호랑이를 이전하면서 그 위험을 찾아내는 노력을 하지 않아 매뉴얼 보완 기회를 놓쳤다. 결과적으로 사육사가 매뉴얼을 지키지 못하거나 잘못된 매뉴얼에 따라 맹수 사육장에 들어가는 실수를 저질렀다. 최초의 위험을 제거하지 않아 그 위험은 눈덩이처럼 커져 목숨을 잃는 대형사고의 원인이 된 것이다.

대형사고를 예방하기 위해 공정안전관리를 생명처럼 여기는 화학공장에서 핵심적으로 관리하는 요소를 이와 비교해 보면 크게 어긋나질 않는다. 공정안전자료 작성 시 위험물질의 특성을 파악하지 않으면 위험성평가를 통해 잠재위험의 크기와 강도를 제대로 평가하기 어렵다. 위험성평가가 제대로 이루어지지 않으면 안전운전절차서 작성, 노동자 교육, 비상조치계획 수립 등에 제대로 된 내용이 반영되기 어렵다. 위험은 산더미처럼 커진다.

공정안전관리를 잘 한다고 자부하는 대형 화학공장에서 종종 폭발사고가 발생해 큰 손실을 보는 경우를 본다. 대표적인 사고유형이 폭발성 분진이나 가스를 저장, 취급하는 설비나 공정 주변에서 용접작업 중에 발생하는 폭발사고이다. 원인이 무엇일까? 작업을 수주한 외부 정비보수업체 용접공이 배관이나 탱크에 무엇이 들어 있는지 알 수 없다. 안전작업허가를 내주는 부서에서는 현장 확인 없이 허가서에 사인을 한다.

용접공이 용접작업에 대한 안전수칙은 알지만 원청에서 가지고 있는 용접을 해야 할 공정의 위험성평가 결과나 매뉴얼을 알 수가 없다. 용접공은 토치에 불을 붙이는 것이 아니라 눈덩이처럼 커진 위험에 불을 붙이는 격이다.

호랑이가 탈출해 사육사를 헤친 사고나 화학물질 취급공정에서 용접작업 중 발생한 폭발사고 모두 우연히 발생한 사고가 아니다. 작은 위험을 미리 보지 못해 발생한 결과이다. 작은 위험이 원인이 되어 발생한 사고는 목숨을 잃고 엄청난 재산을 잃는 어마어마한 피해를 가져온다. 동물원이든 화학공장이든 작은 위험부터 찾아내 관리해 가는 데서 안전이 시작된다.

08

기계는
말이 없다

　한번은 새로 산 자동차에 대한 정보 부족으로 등에 식은땀이 흐르는 경험을 했다. 자동차를 20도쯤 돼 보이는 경사면에 주차할 때였다. 주차위치에 차를 대고 시동키를 끄는 순간 차가 확 뒤로 밀리며 경사로를 따라 내려갔다. 브레이크를 아무리 밟아도 압이 빠져 발이 허공을 누르는 느낌만 들뿐 차를 세울 수가 없었다. 변속기어를 파킹⑴위치로 이동하지 않고 시동을 끈 것이 나의 실수였지만 더 큰 실수는 자동차 시동이 꺼지면 브레이크가 작동되지 않는다는 사실을 모르고 운전했다는 것이다. 다행히 차 뒤에 사람이 없어 큰 사고는 면할 수 있었지만 지금도 그 순간을 생각하면 머리카락이 쭈뼛 선다.

　만약 이 사고⑵에 대하여 자동차 회사에 문제를 제기했다면 어떤 답변이 왔을까? "원래 자동변속 자동차의 브레이크 구조는 그렇게 설계되고 자동차 운전매뉴얼에 그런 사실을 적시해 드렸는데 안보셨습니까?"라는 답변이 오지 않았을까. 용기가 부족해 문제를 제기하지는 않았다.

산업현장에서도 비슷한 경우를 본다. 흔히 "주의해서 기계를 다루었다면 사고를 당하지 않았을걸", "주의 깊게 주변을 확인했더라면 작업대에 부딪혀 다치지는 않았을 텐데"라며 사고의 원인을 부주의로 돌리는 것이다. 화학공장에서 화재폭발이 발생하고 믹서기에 손가락이 잘리고 자동차가 뒤집혀졌을 때 흔히들 취급자 또는 운전자의 부주의로 결론짓는다. 그렇다면 주의하면 모든 것이 해결될 수 있는 것일까? 주의력이란 항상 일정한 수준이 지속적으로 유지되는 것이 아니라 장소와 시간에 따라 변화하는 성질을 가지고 있다. 그리고 생활이나 행동에 필요한 것에만 선택적으로 작용하는 특성이 있어 중요하지 않은 정보를 무시하는 경향이 있다. 인간이 실수나 오류를 일으키며 살아가는 것이 이러한 이유라고 봐도 무방하다.

따라서 사고 원인을 모두 사람의 부주의나 실수와 같은 의식과 태도 문제로만 돌릴 경우 본질적인 대책을 강구하는 것은 불가능하다. 인지심리학자 도널드 노먼(Donald Norman)은 "일상기기를 잘못 다루는 것을 사람 탓으로 돌리기의 타당성에 대해서 의문이 제기되어야 한다"라고 주장하며 그의 저서 『The Design of Everyday Things』에서 구체적인 예를 들어가며 반론을 제기했다.

✚ 풀 프루프(fool Proof)와 페일 세이프(Fail safe)

산업현장이나 일상생활에서 사용되는 각종 기계류는 자신이 사람에게 안전하지 않음을 알려줄 만큼 친절하지 않다. 그것을 다루는 사람도 완전하지 못해 수시로 휴먼 에러를 범한다. 그러니 불안전 상태에 있는 기계를 다루는 사람의 안전의식에만 의존해 사고가 발생하지 않기를 기대하는 것은 곤란하다.

로봇이 자동차를 조립하는 컨베이어 라인에 작업자가 모르고 문을 열고 들어갔다면 어떻게 될까? 작업자가 로봇 팔에 강타 당해 대형사고로 죽거나 부상을 당하겠지만, 작업장 출입문과 작업자가 밟은 안전매트에 연동된 안전장치가 로봇의 전원을 차단해 로봇 팔을 안전한 위치로 이동시킨 후 움직이지 않도록 설계되어 있어 안전하다. 전동 드릴을 사용하여 작업을 하는 과정에 외부의 충격으로 인해 드릴 내부 절연이 파괴되어 누전이 발생하는 경우도 누전차단기가 먼저 작동하여 전원을 차단하거나 보호접지를 통해 작업자를 위험으로부터 보호한다. 이것을 풀 프루프(fool Proof) 안전설계라고 한다.

화학공장에 흔히 보이는 압력용기에는 안전밸브나 파열판과 같은 안전장치 들이 붙어 있다. 공정에 이상이 발생해 압력용기에 적정 압력 이상의 과압이 차게 되면 안전밸브나 파열판이 먼저 터져 용기를 과압으로부터 보호한다. 엘리베이터의 탑승용 운반구를 움직이는 와이어 로프가 노후화되어 운행 중 파단 되면 속도를 감지해 조속기가 작동해 운반구를 잡아주고 그것이 실패할 경우에 대비해 엘리베이터 하부에 충격 흡수용 스프링이 설치되어 있다. 이것이 페일 세이프(Fail safe) 안전설계이다. 기계장치에 결함이 발생하였을 경우 기계장치가 자동으로 정지되거나(Fail Passive), 경보를 울리며 짧은 시간 작동되거나(Fail Active), 다음 정기점검까지 운전이 가능하게(Fail Operational) 하여 사고가 발생하지 않도록 2중, 3중으로 통제를 한다. 안전확보의 수단으로 풀 프루프(fool Proof)는 인간의 불안전성에 주목한 조치이고, 페일 세이프(Fail safe)는 기계장치의 결함 가능성에 주목한 조치이다.

오류를 범할 가능성을 타고날 수밖에 없는 인간이 오류를 덜 범하게 하는 훈련과 교육도 물론 필요하다. 그러나 인간의 오류에도 불구하고 문제가 일어나지 않도록 기계를 설계하는 것이 보다 효과적이고 확실하게 사고를 방지할 수 있는 안전편이다. 그러나 이런 하드웨어 측면의 안전설계만으로 근원적인 안전성 확보대책이 완성되지 않는다.

✚ 디테일의 힘

공정안전보고서를 작성해 심사 및 확인을 받아야 하는 사업장은 기본적으로 공정안전보고서 12개 구성요소를 기준으로 P-D-C-A 사이클을 돌린다. 공정안전자료, 위험성평가, 안전운전절차, 도급업체 관리, 변경관리, 비상조치계획 등이 그것들이다. 그런데 기업이 코아기술이나 영업정보의 유출을 막기 위해 엄청난 보안 시스템을 가동하다 보니 공정안전보고서와 같이 법적으로 작성하고 심사를 받아야 하는 서류에 조차 중요한 사항을 빠뜨리는 경우가 많다. 예를 들어보자. 반도체공장은 특성상 수많은 화학물질을 다량으로 사용하게 되는데 이런 화학물질의 명칭, 유해위험성, 사용량 등에 대한 사항을 공정안전자료에 상세하게 작성한다. 그런데 요즈음 언론에서 자주 언급되는 불화수소를 공정안전자료 목록 작성에 누락했다면 무슨 문제가 생길까?

이 물질을 저장 취급하는 작업장의
방폭지역구분도 작성에 문제가 발생한다.

∨

이 도면이 없으면 조명, 모터 등 전기기계기구를
일반형으로 사용해도 되는지 방폭형으로 사용해도 되는지에 대한
판단이 불가해 진다.

∨

공정위험성평가에서 문제가 발생한다.

공정안전자료를 확인하고 위험 요인(hazards)을 찾아 위험성(risk)을 평가해 저감 대책을 수립해야 하는데 이것이 불가능하다. 불화수소 저장, 취급 등에 관한 안전운전 절차서를 만들고 정비·보수를 담당하는 수급업체에 유해위험정보를 제공하고 안전작업허가서를 발급해야 하는데 중요 소스가 빠짐으로써 불가능하거나 부실해 진다. 그뿐만 아니라 누출이나 화재와 같은 사고가 발생했을 때 대응에 필요한 비상조치계획을 수립하고 훈련하는데 한계가 있다. 구미 휴브글로벌 불화수소 누출사고나 삼성반도체 불산 누출사고가 일어났을 때 비상조치가 얼마나 중요한지를 뼈저리게 느끼지 않았던가.

이런 현상은 연속공정으로 운전을 하는 석유화학, 반도체, 시멘트 등의 공장에서 그 중요성을 더한다. 온도, 압력, 유량 등의 제어시스템이 안전관리 시스템의 대부분인 연속공정이나 대형공장은 제어에 필요한 소스가 디테일하고 정확하게 작성되어 관리되지 않으면 그것 자체가 엄청난 위험 요인인 것이다. 물질, 공정, 작업방법 등의 변경사항을 적기에 정확하게 업데이트하는 변경관리는 그래서 더없이 중요한 공정안전관리 요소 중 하나이다. 디테일의 힘이다.

✚ 물건이 말하게 하라

겨울철이면 건설 현장 노동자의 방동제 중독사고가 종종 매스컴을 타곤 한다. 시멘트 모르타르가 추위에 얼어 양생에 문제가 생기는 것을 방지하기 위해 방동제를 물과 혼합해 사용하는데 이 약품이 무색무향으로 물과 혼돈하기 십상이기 때문이다. 작은 종이컵에 소분해서 작업장 근처에 놓고 작업하다 물로 착각하고 마시기도 하고 심지어 라면을 끓이는 물로 넣었다가 이것을 먹은 노동자가 사망에 이르기도 한다. 소분 용기도 커피를 타는데 사용하는 종이컵이고 액체도 물과 똑같이 향도 없고 무색이니 순간 당하고 만다. 유색의 전용 소분용기를 만들어 사용하면 어떨까? 방동제를 자극적인 파란색이나 빨간색이 나도록 제조하면 어떨까? 물건이 작업자에게 위험을 알리는 말을 하도록 하는 것이다. 방동제는 매우 위험하니 조심해서 사용하라는 안전교육 백번 시키는 것보다 효과가 좋을 것이다.

요즈음 신제품으로 각광을 받는 생활용품들은 과학과 첨단기술의 발달에 힘입어 생활의 불편함을 개선해 인간의 삶을 풍요롭게 하고 있다. 안전성과 디자인이 결합된 따뜻한 기술의 경쟁시대이다. 크기, 모양, 색상 등에서 소비자의 시선을 잡지 못하면 시장에서 버티기 어렵다. 결국 디자인이 사용자 중심이어야 경쟁력이 있고, 사용자 중심의 디자인은 상품의 성능과 기능조차 커버할 것을 요구하고 있는데 이것이 안전이다.

　　예시로, 전기 플러그를 콘센트에 꼽았다가 제거하려면 손힘이 꽤 들어야 가능하고 빼는 과정에서 충전부 접촉에 의한 감전 위험도 크다. 이러한 수고스러움과 위험을 줄여주기 위해 요즘 시장에서 판매하는 플러그 위에 버튼이 달려 있다. 이것만 누르면 플러그가 콘센트에서 자동으로 분리된다. 보통 신발장이나 베란다 구석에 처박혀 있곤 하는 소화기를 평상시 화장대 위에 놓고 거울로 활용할 수 있도록 디자인을 바꾼 제품이 판매 중이다. 사람 가까이에 비치된 소화기는 화재발생 시 가장 빨리 소화에 활용할 수 있을 것이다. 모두 사용자 중심의 디자인으로 제품이나 문건들이 소비자에게 말을 해주도록 해 안전성을 증가시킨 사례들이다. 판매전문가들이 미래상품의 조건으로 말하는 새로운 성능과 사용자 중심적 디자인을 안전기술자는 귀담아 들어야 할 것이다.

09

습관 하나도
디테일로부터

최근 재난이나 안전이 영화의 소재로 종종 등장하면서 해운대, 타워, 백두산 등 재난영화들이 흥행을 이어가고 있다. 그중 압권은 천만 명의 관객이 극장을 찾은 몇 안 되는 영화 중 하나가 쓰나미(tsunami)라는 재난을 소재로 한 '해운대'이다. 영화를 본 대부분의 관객들은 재앙의 징후를 관청의 관리자에게 수없이 보고했음에도 이를 무시함으로써 수많은 피서객이 대피하지 못하고 파도에 휩쓸리는 장면에서 안타까워했을 것이다. 각자의 삶과 인연이라는 큰 이야기 틀 속에서 재난이 어떻게 발생하고, 왜 피해가 더욱 심각해졌는지에 대한 우리 사회의 문제를 꼬집고 있기 때문이다.

그런데 영화 속의 안타까운 장면이 작가의 상상력에 의한 픽션으로 끝난 것이 아니라 현실 속에서 논픽션으로 살아났다는 것에 심각성이 있다. 2020년 4월 이천 물류창고 건축공사 현장의 화재는 38명의 무고한 목숨을 앗아가고 끝났다. 불과 10여 년 전 같은 지역의 냉동 물류창고에서 화재가 발생해 노동자 40명이 목숨을 잃은 사고와 판박이이다. 샌드위치패널, 용접작업, 동시작업 진행 등 많은 문제가 지적되었으나 개선되지 않아 동일한 사고가 반복되고 있다.

사람들은 돌부리에 걸려 넘어지거나 사무용 칼에 손을 베이는 사고를 당하면 무의식적으로 "재수가 없어서"라거나 "운이 없어서"라고 한다. 서류에 박힌 스테이플러 침을 제침기를 사용하지 않고 손톱으로 제거하다 손끝에 부상을 당하고는 "일진이 사나운 날이군" 하며 자조적인 생각으로 그 상황을 덮는다. 심지어 건설 현장에서 일하던 작업자가 위층에서 떨어진 건설자재에 머리를 맞고 다친 사고를 보고 "그 사람은 왜 거길 지나간 거야? 안전모는 왜 안 쓰고 다니지"라고 현장관리자가 하는 말을 들은 기억이 있다. 어떤 사고가 발생하면 그 근본적인 원인을 찾기보다 개인의 운수소관으로 돌리는 게 습관화된 탓이다. 그런데 모든 사고는 원인 없이 발생할 수 없으며, 원인을 모른다는 사고도 인간이 가진 기술과 지식의 한계로 찾지 못할 뿐이다.

✚ 귀신 붙은 지게차

오래전의 일이다. 함석, 철근 등을 이용해 철 대문, 공구함, 앵글선반 등 조립금속제품을 전문으로 생산하는 소규모 사업장을 업무 차 방문했었다. 공장 정문에 들어서서 사무실 입구까지 가는 마당에는 쇠붙이를 자르고, 붙이고, 갈고, 색을 칠하기 위한 전단기, 용접기, 그라인딩기 등이 분주하게 돌아가고 도장용 페인트 냄새가 코를 찔렀다. 자세히 보니 마당 한구석에는 내가 만나기로 약속한 회사 사장이 지게차 타이어를 교체하며 진땀을 흘리고 있었다. 인사를 건네는 내게 사장은 밖에서 기다리는 화물차에 제품을 실을 귀신 붙은 지게차의 타이어를 바꿔 끼워야 하니 잠시만 기다려 달란다. 이 지게차가 뭔 영문인지 물건 납기일에 트럭만 불러 놓으면 타이어 펑크가 나서 납기에 쫓기는 나를 더 몸 달게 한다며 귀신이 들지 않고 어찌 이런 일이 있겠느냐는 푸념이다. 그러나 지게차 타이어 펑크로 화가 난 사장을 기다리는 동안 공장 안팎을 돌아보고 몇몇 관리자와 대화를 나눠 보니 지게차의 타이어 펑크는 귀신의 장난이 아니고 다른 문제가 있다는 것을 알게 되었다.

　공장 마당은 함석이나 철근 재단 시 발생하는 철 잔재물과 용접봉, 볼트, 리벳 등이 흩어져 바닥이 안 보일 정도이다. 그런데 작업량이 밀려 야간까지 일을 해야 하는 지경이라 공장 안팎 청소는 주말에 작업이 다 끝난 후 몰아서 실시한다. 지게차는 특별한 경우를 제외하고 납품차량에 물건을 실어주는 용도로만 사용하다 보니 주 2~3회만 사용하는데 지게차가 운행되는 작업장 바닥의 상태는 날카롭고 뾰족한 철붙이 투성이다. 그러니 물건 실으러 트럭 오는 날 작업 중에 타이어가 손상을 입기 십상이고, 이러한 사실은 다음번에 트럭에 물건을 싣는 작업하기 위해 지게차 시동을 걸 때서야 확인이 되는 것이다.

✚ 생각이 바뀌어야 습관이 바뀐다

한참을 기다린 후 사장과 마주한 나는 공장 안팎을 적당히 구획해서 생산1반, 생산2반, 공무반별로 담당 청소구역을 정해 주고, 부서별 담당 구역에서 수거한 잡철물은 팔아서 부서 회식비용으로 쓰도록 해보라는 제안을 했다. 돈이 아까운 탓일까 아니면 작업에 지장이 있을 것이라는 선입견 때문인가 회의적인 시선을 보이는 사장에게 시범 삼아 한 달만 해 보라고 했다. 얼마 후 공장은 바뀌기 시작했다. 잡철물이 바닥에 떨어지기 무섭게 경쟁적으로 집어간다. 당연히 공장 마당은 깨끗하게 변했다. 지게차 타이어 펑크는 옛말이 되었다. 더 크게 바뀐 것은 손이나 팔 등에 날카로운 쇠붙이에 상처를 입는 작은 사고가 모두 없어졌고 일일 생산량이 늘어 오히려 납기에 여유가 생겼다. 제품의 품질은 당연히 좋아졌을 것이다. 월 백만 원 정도의 잡철물 판매 비용을 회사 잡수입으로 처리한 것보다 직원들 회식비용으로 쓰니 직원들 분위기는 어떠했을까? 작업 전·후 정리정돈이 습관화된 문화로 자리 잡게 되는 순간 안전과 생산, 품질 모두 확보하게 된 셈이다.

요즈음은 찾아보기 어렵지만 10여 년 전만 해도 농공단지나 산업단지로 조성되지 않은 곳에 산재해 있는 공장을 가보면 몇 가지 공통적인 특징이 있었다. 공장 입구에 사나운 견공이 경비를 대신해 묶여 있고 그 주위가 노동자 휴식시간에 흡연 장소로 이용된다. 페인트 통을 재떨이로 대용하고 커피 한 잔, 물 한 모금 마실 편의시설도 없다. 삭풍이 부는 추운 겨울날이나 무더위가 기승을 부리는 여름날에도 노동자들은 그곳에서 담배를 연거푸 피우고 담배꽁초를 바닥에 비벼 끈 다음 짖어대는

개를 향해 가래침을 뱉고는 작업장으로 향한다. 정문 주변 환경이 엉망이 되니 별도로 누군가가 청소를 해야 한다. 이런 환경에서 짧은 10분간의 휴식시간을 보낸 작업자가 안전수칙을 지키고 질 좋은 제품을 생산하기 위해 노력을 할까?

그 자리에 작업자들이 잠깐이나마 쉴 수 있는 간이 부스를 설치해 고급스러운 재떨이를 비치하고 바닥에도 양탄자를 깔고 담배연기가 잘 빠지도록 환기설비를 하는 것이다. 휴식 부스 안에 커피나 물을 마실 수 있는 시설도 빠뜨리지 말자. 바닥에 가래침을 뱉는 습관은 계속하기 어렵고 담배꽁초를 재떨이가 아닌 곳에 버리는 것도 바꾸지 않으면 안 될 것이다.

환경변화가 생각을 바꾸고 생각이 습관을 바꾸어 놓게 된다. 휴식시간을 편안하게 보낸 노동자의 심리상태가 그렇지 못한 노동자에 비해 안정적이며 이는 안전, 품질, 생산에 직접적인 영향을 미칠 것이다.

✚ 5S의 실천으로 5S를 이루다

저자가 실무자로 직장생활을 하던 시절 호랑이로 소문 난 상사를 모시며 시집살이했던 기억이 난다. 이분은 한 달에 한 번씩 본인 휘하에 있는 모든 직원의 책상서랍을 열게 하고 정리정돈 상태를 검사했다. 서랍 속에 사무용품 하나도 제 위치에 정리하고 사용하지 못하는 사람이 어떻게 복잡한 사업장의 안전관리를 지도할 것이며, 사무용품이 정리되어 있지 않아 필요할 때 마다 허둥대며 찾는 시간이 얼마 안 되는 것 같아도 합쳐놓고 보면 꽤 큰 시간 낭비라는 것이다. 그리고 본연의 일과 무관하게 허비하는 시간이나 움직이는 동선이 길수록 사고 발생 위험은 커진다는 것이다. 맞는 말이다.

여행 가방을 꾸릴 때 옷가지를 잘 접어서 차곡차곡 넣게 되면 허겁지겁 쑤셔 넣을 때보다 훨씬 많이 들어가고 나중에 물건을 찾기도 더 쉽다. 작업 공간 내에 작업에 사용되는 원부자재와 공구를 어떻게 배치하느냐에 따라 작업 능률이 올라가고 불필요한 동작으로 인한 위험성이 적어지는 것과 같다. 시간관리 전문가 모건스턴은 그의 저서 『능력 있는 사람의 시간관리』에서 정리되지 않은 창고와 시간계획이 없는 일정을 비교해 그 비효율성을 지적하고 있다.

정리되지 않은 창고	시간 계획이 없는 일정
공간은 제한되어 있다	시간은 한정되어 있다
제한된 공간에 너무 많은 물건이 있다	한정된 시간에 비해 너무 많은 일이 채워져 있다
원칙 없이 여기저기 물건을 쌓아 두었다	원칙 없이 남는 시간에 이 일 저 일을 한다
뭐가 어디에 있는지 알 수가 없다	언제 무슨 일을 해야 할지 모른다
물건을 정리하는 장소로써 구실을 제대로 못 한다	시간을 체계적으로 사용하지 못한다

모건스턴이 제시한 정리되지 않은 창고와 시간 계획이 없는 일정의 공통점은 생산성, 품질관리, 안전 확보 등에 있어 비효율을 낳는 요인이다

사업장에서 생산성을 향상시키기 위해서는 비효율이나 낭비를 없애고 안전하고 능률적으로 일을 할 수 있도록 하는 것이 기본이다. 특히, 하루 일과를 정해진 작업장소에서 정해진 룰에 의해 수행하는 노동자의 경우 자주 사용하는 수공구나 재료의 위치가 바뀌면 작업 중에 불필요한 행동을 하게 되어 사고의 원인이 된다. 작업장소의 조명, 소음, 분진, 냄새와 같은 물리화학적 인자들도 심리적으로 불안전한 행동을 유발할 수 있고, 작업장의 쾌적성이나 작업대와 작업통로의 청결상태가 안전에 영향을 미치기도 한다.

이와 같이 작업공간에 숨어있는 낭비요소, 이상 징후, 문제점을 누가 보아도 한눈에 알 수 있도록 현재화시키는 것이 혁신활동의 출발점이다. 청결하고 쾌적한 작업환경은 노동자의 안전과 관련이 깊으며 효율성 또한 높여준다. 그 대표적인 것이 일본 도요타에서 시작해 큰 성과를 거둔 5S활동이다. 작업 구성요소인 사람(Man), 기계설비(Machine), 자재(Materials) 등을 어떻게 배치, 관리하고 운영하는 것이 작업효율은 물론 안전, 품질, 생산 측면에서 성과를 창출할 것인가를 목적으로 한 이 활동은 작업에 필요한 것과 불필요한 것을 구분하는 것(정리), 필요한 것을 누구나 손쉽게 쓸 수 있도록 하는 것(정돈), 작업현장을 오염원이 없도록 유지하는 것(청소), 누가 언제 사용하여도 불쾌감을 주지 않도록 하는 것(청결), 정해진 규율준수를 생활화하는 것(습관화) 등 실행적 내용을 담고 있다.

스테벤 텐 하베(Steven Ten Have)는 그의 저서 『한 권으로 보는 56가지 경영의 지혜』에서 5S활동을 통해 고객만족(Sales), 원가절감(Saving), 안전(Safety), 표준화(Standardization), 즐거운 직장(Satisfaction)과 같은 새로운 5S 성과를 얻게 된다고 했다. 5S 요소를 체계적이고 지속적으로 실행한 사업장은 고객으로부터 깨끗한 사업장으로 인식되고, 작업시간 준수가 가능해지며, 원부자재 등의 절약으로 원가가 낮아지는 효과를 누리고 있다. 노동자의 불필요한 행동이나 태도로 인한 사고가 줄고 작업의 표준화가 이루어져 직장문화가 좋아지기도 한다.

행복을
꿈꾸는
안전의
미래

The Future of Safety Dreaming of Happiness

"

진정한 글로벌 기업은 기업윤리, 준법정신, 안전 환경을
포함한 기본 원칙과 같은 타협할 수 없는 가치관이
조직에 뿌리내리고 있다.

"

01

사고 사망자 수
500명의 벽

　무재해목표 달성 인증제도, 지금은 여러 가지 이유로 정부 주도의 사업에서 벗어나 민간 자율의 무재해운동으로 운영하도록 하고 있지만 상당한 기간 동안 많은 사업장이 참여해 산업재해를 줄이는 수단으로 활용되었던 제도였다. 사업장의 규모와 업종에 따라 무재해 달성 목표 기간을 정해 신고한 후 이를 달성하면 정부에서 인증해 주는 제도로 1배부터 수십 배까지 달성하는 많은 사업장이 나왔다. 이 제도가 활성화되어 있던 시기에 사업장에서 부서를 책임지고 있는 관리자들 사이에는 목표 달성 배수가 높아질수록 부담감을 가졌다.

　무재해 목표달성 인증 참여 개시 후 1~2년 정도를 지나 2배, 3배수의 목표 달성을 이루었을 때 오는 자신감이 4배, 5배수를 넘겨 무재해 기간이 3~4년을 지나고 나면 압박감으로 작용한다는 것이다. 사고가 발생하기라도 하는 경우에 지금까지 회사가 달성한 무재해 목표 달성에 대한 노력이 자기 부서의 사고 발생으로 인하여 물거품이 된다는 중압감 때문이다. 결과적으로 좀처럼 달성될 것 같지 않았던 사고자수 제로나 안전관리시스템 구축과 같은 목표가 달성되고 나면 새로운 목표가 생기고 좀처럼 종전으로 돌아가지 않는다는 것이다.

회사나 사업주는 사고예방이 가능하다는 자신감이 생기고, 조금만 더 노력해 더 큰 성과를 거두자는 조직의 일체감 조성과 커뮤니케이션에 크게 도움이 되었다는 것을 알게 된다. 사고예방이나 안전에 대한 투자가 기업경영에 이익이라는 것도 인식하게 된다. 사업주는 조직을 보강하고, 안전시설이나 작업환경 개선에 투자를 늘리고, 안전관리시스템 보강을 위해 스스로 나선다. 노동자도 관리감독자를 중심으로 안전수칙 준수나 보호구 착용과 같은 팀 단위 안전 활동이 활성화 된다.

이러한 현상은 스포츠에서도 볼 수 있다. 1988년 우리나라는 제24회 올림픽을 서울에 유치해 성공리에 마쳤다. 내전으로 재건이 불가능해 보였던 한국이 짧은 기간 동안 경제성장을 이루어 세계대회를 멋지게 치루는 것을 보고 많은 나라들이 놀랐을 것이다. 정작 우리 스스로를 놀라게 한 것은 우리나라가 매달을 32개나 획득한 사실인데, 자국에서 열리는 올림픽의 강점을 십분 활용한 결과일 뿐이라는 혹평도 많았다. 23회 대회 이전까지 우리나라의 매달 획득 수는 1자리 수에 머물러 있었기 때문이다. 그러나 24회 서울 올림픽 이후 다른 나라에서 개최된 다섯 번의 올림픽에서 우리나라는 계속해서 30개에 가까운 매달을 획득하고 있다. 매달 10개 획득이라는 종전의 임계점은 서울올림픽을 계기로 깨지고 목표가 30개로 조정되어 재설정된 후 종전의 상황으로 후퇴하지 않고 있음을 보여 주고 있다. 분명한 것은 좀처럼 깨질 것 같지 않던 임계점을 돌파하고 새로운 트렌드를 만드는 것이 공짜로 되지 않았다는 것이다.

✚ 공짜는 없다

문재인 정부는 자살, 교통, 산재 사망자를 임기 내에 절반으로 줄이겠다는 구체적이고 분명한 목표를 제시하고 있다. 국가 간 글로벌 평가에서 우리나라는 경제, 기술, 교육 등 대부분 지표는 선진국 수준인데 비해 안전과 관련한 지표는 현격히 후진성을 면치 못하고 있으니 개선하지 않으면 안 되는 어젠다임에 틀림없다.

정부의 발표에 대하여 '과연 가능할까?'라는 각계각층의 걱정과 불가능한 목표라는 선입견적 견해를 여과 없이 드러내기도 했다. 그도 그럴 것이 자살 사망자는 사회 환경 변화와 우리 사회가 가지고 있는 다양한 문제들로 인하여 매년 증가하여 한해 약 13,000여 명에 이른다. 산재 사고 사망자도 90년대 초까지 급격히 줄어드는 추세를 보이다 최근 10여 년간 감소율이 급격히 둔화되어 매년 900여 명 가까운 노동자가 산업현장에서 사고로 목숨을 잃고 있다. 다만, 교통사고의 경우 5~6년 전까지 매년 5,500여 명에 육박하던 사망자 수가 지난해 3,200여 명 수준으로 감소했다.

후진국 수준이었던 교통사고 사망자 수를 절반수준으로 줄이기 위해

제도, 규제, 기술, 시스템 등의 획기적 개선을 통해 운전자의 인식을 바꾸어 가는데 엄청난 노력이 뒤따랐다. 교통사고 발생 시 사망으로 갈 위험이 큰 안전벨트 미착용, 운전 중 휴대폰 사용 등에 대하여 지속적인 테마단속을 실시했다. 졸음쉼터, 차로별 차선색 구분 도색, 교차로 가로등 설치 등 시설 개선에도 상당한 투자가 이루어졌다. 음주운전 단속기준 강화, 시내 최고운전속도 저하 등 관련 법규도 손질하고, 운전자의 안전의식 제고를 위해 다양한 홍보 이벤트를 겸해왔다. 고속도로 중간중간에 붙어있는 "졸음운전의 끝은 이 세상이 아닙니다"라는 문구의 현수막은 많은 운전자들의 자세를 바로하게 하는 계기가 되었을 것이다.

산업재해를 감소하기 위한 정부와 기업의 노력이나 투자도 교통사고 예방에 결코 뒤지지 않는다. 산안법 전부를 개정하여 제도적으로 보완하고, 사고가 다발하는 소규모 영세사업장을 위한 자금, 기술, 교육 지원 정책은 과잉으로 보일 정도이다. 사고가 발생한 사업장은 상당기간 공장을 가동하지 못하고 관련 법령이 정하는 대책을 실행해야 작업을 재개하거나 가동을 정상화 할 수 있다. 건설업종의 사망자 수가 문제가 되다 보니 건설 현장을 중심으로 집중 안전패트롤을 실시해 안전수칙 위반이나 안전조치 미비 사항을 집중 단속하고 계도하고 있다.

✚ 500명의 벽을 깨고 나면

그렇다면 최근 10여 년간 벽처럼 인식되어 온 사고 사망자 수 900명이라는 임계점을 깨고 500명이라는 새로운 임계점 형성이 가능할까?

결론부터 말하면 가능하다고 본다. 생각을 바꾸어야 한다.

상당수의 안전전문가들은 우리나라 산업재해는 일정한 주기를 가지고 등락을 거듭해 왔다는 논리를 앞세워 당분간 지금의 산업재해 추세를 유지할 것이라는 주장을 한다. 규제를 강화해 한해 산업재해가 떨어지면 규제가 완화되는 그 다음해에는 다시 원상복귀 되고, 제조업의 재해자수가 증가하면 건설업 재해자 수가 올라가고, 그 다음해에는 반대 현상이 일어나 결과적으로 산업재해자 수 총량은 늘 비슷한 추세를 보이는 것을 지적하는 말이다. 지난 10여 년간의 산업재해 발생 트렌드만을 볼 때 전혀 틀린 주장은 아니다.

이러한 현상은 그동안 산업재해를 예방하기 위한 정책, 규제, 지원, 홍보 등의 일관성과 지속성 결여도 한몫했다. 정책 당국자가 매년 바뀌고 정책과 제도가 그때그때 마다 달라지고, 전문적으로 산업재해를 예방하기 위한 지원 및 홍보를 담당하는 전문기관의 사업과 투자방식이 일관성을 잃으며 발생하는 현상이다. 과거의 사례를 보건데, 제도개선과 정책수립을 견인할 안전전문가들의 처방전은 현실을 읽지 못하는 경우가 많았다. 또한 기업은 정부의 정책이나 규제를 수용하기 보다는 무상지원을 이용하여 법적으로 요구하는 기본적인 사항 준수 정도의 안전수준을 유지하는데 머물렀다. 안전에 대한 투자가 비용이라는 인식을 아직도 버리지 못한 사업주는 이윤 극대화 경영에 올인(all in)하고 산업재해는 불운의 결과 정도로 취급해 왔다.

그런데 기업, 정부, 민간이 합심해서 이번 기회에 900명의 벽을 허물고 500명 이내로 진입시키고 나면 무슨 일이 일어날까? 앞에서 말한 현상들은 없어지고 새로운 패러다임이 만들어지기 때문에 다시 900명을 향해 사망자가 증가하는 현상은 쉽게 생기지 않는다.

재해가 발생하는 사업장 수가 절반 이하로 줄어들고 나면, 사고가 발생한 기업은 상대적으로 엄청난 압박을 받게 되어 안전에 대한 투자를 게을리 하기 어려워진다. 정부의 규제행정 대상 또한 절반으로 줄어들기 때문에 사고가 다발하는 사업장에 감독과 감시가 집중되어 규제 실효성을 배가할 수 있다. 전문기관의 산재예방 지원 및 홍보도 선택과 집중이 수월해지므로 고성과 창출이 가능해질 것이다.

✚ 새로운 산재예방 패러다임 전환

산업재해를 예방하기 위한 공공의 안전정책이나 무상지원이 산업재해를 일정 수준 이하로 낮추고 안전 중요성을 알리는 데 기여한 공이 큰 반면, 기업의 안전 활동을 촉진하고 자율안전관리시스템을 갖추도록 하는 데는 기대만큼 기여하지 못한 것 같다. 정부의 규제제도와 감시감독이 기업으로 하여금 안전에 대한 투자를 늘리거나 시스템을 갖추는 데 기여하기 보다는 맷집만 키워줌으로써 실효성이 낮다는 평가를 받는다. 사고가 발생한 사업장에 대한 공공의 무상 기술, 자금, 교육지원은 기업의 소극적인 안전 투자를 유도한 측면이 있다.

이러한 현상은 모든 사업장을 대상으로 모든 산업재해를 예방해야 한다는 강박관념으로부터 비롯된다. 공공의 조직과 인력의 한계, 기업의 자율안전관리 책임, 시장의 공급망 등을 염두에 두지 않고 대상과 목표를 정한 결과이다. 기업은 안전에 대한 투자가 비용이라는 인식을 버리고 안전경영시스템을 구축하는데 투자와 노력을 아껴서는 안 되고, 공공도 이를 지원하고 견인할 산재예방전략을 지속적으로 구사한다면 사망자 900명의 두터운 벽은 무너질 것이고 500명 목표는 무난히 달성될 수 있다.

우선 연간 90,000여건의 산업재해는 사업주의 책임 하에 자율적으로 관리하도록 하고, 사망사고, 중대산업사고, 사업주의 고의나 큰 과실로 발생한 사고 즉 나쁜 사고를 예방정책의 대상으로 삼아 정책과 제도를 집중하는 것이 효율적이다. 둘째로 법제도에 의한 규제감독은 나쁜 사고를 일으킨 사업주나 사업장에 차별적으로 집중하고, 공공에서 무상으로 지원하는 기술, 자금, 교육 등은 사고가 없고 안전관리에 대한 의지가 강한 사업장에 집중하는 차별화 전략을 구사한다. 셋째로 공공의 지원한계에서 벗어난 기업의 안전수요는 민간시장의 활성화를 통해 공급하되 안전관리시스템 구축에 필요한 전문적인 진단, 컨설팅, 교육 등에 기업의 투자를 촉진한다. 마지막으로 기업은 물론 사회 저변의 안전문화 형성을 위한 범국민적 안전 분위기 확산 운동에 불을 지펴야 한다.

순간의 실수로
가위손이 된다면

　피아니스트에게 양손의 약지가 매우 중요하면서도 실수를 많이 하는 손가락이라고 한다. 다섯 손가락 중 자율적으로 움직일 수 있는 범위가 가장 좁고 움직임도 둔한 손가락이라서 열 손가락으로 건반을 눌러 연주하다 보면 약지가 실수를 많이 한다고 한다. 기능이 좀 떨어지는 손가락도 전문분야에서는 장애로 작용할 수 있는데 장애로 신체 일부가 없거나 사용하기 어렵다면 그 불편함이란 이루 말할 수 없을 것이다. 개인적으로 존경하는 안전 분야 원로가 김동수 전 듀폰 아시아 회장님이다. 이 분의 강의는 "혹시 마취하지 않은 손바닥에 못 박혀본 경험 있으신 분 계십니까?"라는 질문으로 시작된다. 자기 손바닥에 못이 박히는 아픔을 상상해 보고도 안전을 하지 않을 사장님이 있다면 이는 악마라고 생각한단다. 사고로 인한 고통과 산재 후유증이 얼마나 무서운지를 일깨워주기 위해 하는 말이다.

1990년대 제작된 팀 버튼 감독의 영화 '가위손(Edward Scissorhands)'의 주인공 에드워드는 한 과학자에 의해 만들어지던 중 손만 미완성으로 놔둔 채 죽는 바람에 양손에 가위를 끼고 살아야 하는 반쪽짜리 인간이다. 어느 날 에드워드가 사는 마을에 범죄가 발생하자 마을 사람들은 이구동성으로 에드워드를 범인으로 지목한다. 범인을 찾는 노력이나 에드워드의 자초지종을 들으려 하지도 않는다. 그저 혐오스러운 가위손을 가진 그가 당연히 범죄를 저질렀을 것이라고 단정하는 것이다. 남과 다른 모습으로 살아간다는 것이 이처럼 힘들고 어려운 일일까? 에드워드는 가위손 말고는 모든 게 완벽한 사람이었고 장애인이라는 자괴감을 갖고 있지도 않았다. 그런데도 마을사람들은 그의 외모만 보고 마음의 벽을 쌓았고 자신들 세상에서 그를 밀어냈던 것이다.

우리 주위에는 가위손 에드워드처럼 남들과 다른 팔, 다리를 가지고 평생을 살아가는 사람들이 있다. 질병, 교통사고 등으로 장애를 얻었거나 직장에서 일을 하다 산업재해로 인하여 지울 수 없는 장애를 당한 후 불편하게 살아가야 하는 사람들이다.

✚ 산업현장에서 매년 3만여 명의 에드워드 탄생

노동력의 전부 또는 일부를 잃는 장애는 전쟁이나 선천적인 질병에 의한 것을 제외하고는 대부분 사고로 인해 발생한다. 우리나라의 경우 6.25전쟁이 끝난 지 반세기가 훌쩍 넘어가면서 전쟁으로 인한 장애인은 대부분 사망했거나 사회생활이 어려운 연령층이 되었다. 따라서 현재 시중에 넘쳐나는 장애인의 대부분은 산업재해와 교통사고 등 후천적 사고나 질병에 의한 장애인이다. 2019년도 등록 장애인 수는 260만여 명이다. 이 중 35%가량인 90만여 명이 사고에 의한 후천적 원인으로 장애가 발생한 것이다. 최근 10년간 우리나라 산업현장에서 매년 90,000여 명의 노동자가 산업재해로 부상을 당하거나 질병에 이환되고 있다. 이중 약 40%인 35,000여 명이 장애 판정을 받는다. 이들은 남들과 다른 에드워드처럼 불편한 시선을 느끼며 살아가야 한다. 심각한 사회문제가 아닐 수 없다.

산재로 장애가 발생한 이들에게 우리나라의 일터는 또 다른 위험이된다. 장애인 전용공정을 갖춘 사업장처럼 장애인이 위험에 노출되지 않고 일할 수 있는 조건을 가진 사업장이 드물기 때문이다. 이 때문에장애인에게 부여되는 일 자체가 정상인과 차별화되고 이는 임금의 차이로 나타난다. 일상생활의 불편함보다 일터에서의 에드워드가 더 큰문제이다.

그럼에도 산업재해로 인한 장애인 수는 지난 1999년 19,591명으로최저치를 보인 이후 매년 증가해 2019년 약 35,490명이 발생함으로써81%가 증가하였다. 시기적으로 우리나라가 금융위기를 탈출하고 기업경기가 살아나면서 장애인은 오히려 급증하는 결과를 가져왔다. 반대로재해 심각도의 기준이 되는 재해강도율은 2.67%로 정점을 찍은 후 지속적으로 낮아지는 추세를 보이고 있다.

✚ 위험의 양산과 안전문화 지체

전후 60여 년간의 눈부신 경제성장이 가져온 양지가 넓은 만큼 어두운 그림자도 길게 드리워졌다. 단기간에 높은 경제성장을 이루는 동안 전통사회에서는 없었던 개인과 사회를 위협하는 다양한 위험 요인들이 양산되었다.

건축물의 높이는 하늘 높은 줄 모르고 치솟아 드디어 123층의 초고층 빌딩이 서울에 들어섰다. 운송수단은 하늘로, 바다로, 땅속으로 다양해지고 속도를 더해 간다. 산업현장에서 사용되는 화학물질은 그 종류와 사용량이 기하급수적으로 늘어나고 기계설비는 대형화, 고도화되고 있다. 이에 비례해 위험도 생성되고 축적된다. 우리 사회가 미래에 대한 무관심 속에 이룬 성장은 생활수준을 높여주고 질병으로부터 벗어나는 데 기여했지만, 축적된 위험 요인이 인간을 위협하며 산업재해의 원인이 되고 그로 인해 장애인을 양산시키는 등 또 다른 사회문제를 만들어내고 있다.

이에 반해 우리 사회 저변의 안전문화는 후진국 수준을 면치 못하고 있다. 인성이 형성되는 단계를 보내는 가정과 학교에서 안전의식을 갖추고 안전에 관한 지식을 체득할 기회는 지극히 미미하다. 기업은 생명 존중에 대한 안전의 가치보다는 이윤 챙기기를 경영의 우선순위에 두고 있다. 사회적으로도 50년간의 압축 성장 과정에서 후순위로 말렸던 사회안전망 구축이나 국민 안전의식 고취와 같은 어젠다는 이제야 대중의 관심을 받고 있다.

✚ 예방이 최선의 대책

과학적인 예측과 적절한 예방조치는 모든 사고와 재해를 피하는 첩경이다. 개인의 안전 확보를 위한 예방조치도 마찬가지다. 과학기술의 발전과 더불어 사고예측시스템이나 안전기술도 발전하여 완벽하지는 않아도 인간의 한계를 벗어나는 재난을 예방하기에는 크게 모자람이 없어졌다. 우리나라도 과학기술의 발전 속도나 경제성장에 견주어 국제수준에서 크게 떨어지지 않을 것이다. 그럼에도 불구하고 선진국에 비해 훨씬 많은 대형사고와 산업재해가 매년 반복적으로 일어나고 이로 인하여 천문학적인 경제손실과 인명피해가 발생하는 이유는 무엇인가?

한마디로 안전에 대한 의식부재와 안전문화 미성숙이 문제이다. 준법질서가 바로 서지 않는 한 교통사고를 줄이기 어려울 것이고, 생산적이지 못한 속도경쟁과 적당주의가 사라지지 않는 한 산업현장에서 재해를 없애기란 쉽지 않을 것이다. 안전을 모든 것에 우선하여 고려하는 생명존중의 이념이 조직의 가치와 문화로 정착되지 않는 한 아무리 좋은 예측시스템과 방재설비를 갖춘다고 한들 이는 무용지물에 불과하다.

안전을 확보하고 사고를 예방하는 일이 복잡한 기술이거나 오랜 시간 동안 배워야 하는 지식에 있지 않다는 것을 우리는 이미 알고 있다. 그저 알고만 있을 뿐이다. 그러고는 사전에 예방조치를 취하지 않아 발생한 재해로 돌이킬 수 없는 인명피해와 재산손실을 당하고 나서야 후회할 뿐이다. "설마 뭔 일 있겠어? 괜찮아."만을 외친 결과이다. 우리 모두 그동안의 삶의 방식을 돌아보고 가장 소중한 가치가 무엇인지를 새삼 인식할 필요가 있다. 안전은 여기서 출발한다.

03

안전 리더의
조건

 저자에게는 자식이 셋이다. 그런데 세 자식들이 크면서 조금도 같은 모습을 보이지 않고 전혀 다른 특성과 가치관을 보였다. 큰딸은 공부하는 게 가장 재미있고 쉽다는 아이다. 둘째딸은 얼른 취직해서 마음대로 먹고 싶은 음식 사먹으며 노는 게 유일한 꿈이라는 아이였다. 지금은 중소기업에 취직해 학창시절 생각했던 대로 많은 친구들을 사귀고 재미있게 생활하고 있다. 셋째 아들놈은 더 황당하다. 중학교 때까지 비가 오면 처마 밑에 서서 학교를 꼭 가야 하냐고 물었다. 대신 그림을 그리는 일이면 밤을 새워도 지겨워하지 않아 고등학교 2학년 때 미술학원을 보냈더니 미대에 무난히 입학했다.

 넉넉하지 못한 살림살이 핑계로 공부 안 하는 아이 억지로 학원 보내고 과외시키지 않았는데, 지금 생각해 보니 윽박지르고 회유해서 공부하라고 안 하길 천 번 만 번 잘했다고 생각한다. "왜 공부를 해야 하는데"라고 물었으면 나는 "그게 성공의 지름길이다"라는 뻔한 답변 이외에 달리 이유를 대줄 수 없었을 것이다. 공부를 해야 할 이유를 대지 못하는 부모가 아이를 부모의 뜻대로 움직여 보겠다는 것 자체가 헛수고일지 모른다. 이미 가치관과 개성이 어느 정도 확립된 청소년기의 아이가 자식이라는 이유만으로 부모의 설득에 회유될 리도 없지만, 설사 어쩔 수 없이 부모의 뜻을 거역하기 어려워 따른다고 해도 분명한 이유가 없는 설득만으로 신념을 바꾸겠는가?

✚ 왜 안전을 해야 하나?

기업에서 마케팅의 목표는 제품을 파는 것을 넘어 기업의 믿음을 파는 것이어야 성공한다고 한다. 고용의 목표는 단지 일할 사람을 적정 수만큼 뽑는 것이 아니라 회사의 믿음과 신념을 공유할 수 있는 동지를 구하는 것이어야 맞지 않을까 생각한다. 그렇다면 기업에서 안전의 목표는 무엇이어야 할까? 단지 사고나 질병을 예방하는 것이 목표가 아니라 일하는 사람은 누구나 안전하고 쾌적하게 일할 수 있는 권리를 보장받는 작업장이라는 믿음을 주는 것이어야 한다. 일하는 사람이 사업주에게 임금을 조건으로 준 노동권은 보호받아야 할 천부적인 권리이며 헌법이 누구에게나 보장한 행복추구권에 해당되기 때문이다.

사고나 재해가 없는 무재해 사업장이 모두 작업환경이 쾌적하거나 위험 요인이 잘 관리되고 있는 안전한 사업장은 아니다. 사고가 한두 건

발생한 사업장이 무재해 사업장 보다 훨씬 더 위험성이 크고 작업환경이 열악한 사업장이라고 단정하기도 어렵다. 특히, 제4차 산업혁명의 여파로 스마트 팩토리로 변모한 공장은 공정의 대부분이 자동화되어 사람을 찾아보기 어렵고 인공지능에 의해 운영된다고 해도 과언이 아닌데, 이런 공장은 어떤 형태의 새로운 위험 요인이 인간을 위협하게 될지 예측하기 어려운 지경이다. 위험을 개선하라는 요구 보다는 위험을 감수하고라도 위험수당을 챙기려는 종전의 행태는 버려져야 마땅하다.

그런데 기업은 아직도 안전에 투자하거나 관리시스템을 구축하는데 주저하고 법적요구조건 준수나 사후관리수준의 안전관리로 사고가 나지 않길 바라는 행운의 날개위에 앉아있길 좋아한다. 작업자는 안전하게 일하기 위해 절차를 지키기보다는 일을 쉽게 편리하게 하는 것에 우선하는 경향이 크다. 왜 그럴까?

안전을 해야 하는 이유를 이해하지 못하는데 기인한다. 기업이 안전을 해야 하는 이유는 사고예방을 넘어 기업의 지속가능을 보장받기 위함이라는 것을 모르는 것이다. 노동자가 안전을 해야 하는 이유는 본인의 노동력은 무엇과도 바꿀 수 없는 신성한 것이며 존재의 이유 그 자체라는 것을 잊고 있기 때문이다.

✛ "왜? 어떻게?"에 답해야 진정한 안전 리더

무더위가 기승을 부리는 한여름 두 사람이 비지땀을 흘리면 벽돌을 쌓고 있다. 얼마나 꼼꼼히 쌓느냐에 따라 폭우나 태풍에 견딜 수도 있고 발길질 한 번에 와르르 무너지기도 한다. 한 사람은 일이 빨리 끝나 일당을 받아 막걸리나 한잔 하고 싶은 생각뿐이다. 다른 한사람은 세상에서 가장 멋지고 튼튼한 벽돌담을 쌓을 요량으로 신중하게 작업을 하고 있다. 지금 갓 태어난 아들이 다닐 유치원의 담벼락이기 때문이다. 두 사람 중 누가 튼튼한 벽을 쌓았을까? 안전은 이와 같이 해야 하는 분명한 이유를 찾았을 때 목표가 생기고 실행으로 옮겨진다. 반면 이유를 차지 못한 사람은 자기가 쌓은 담벼락이 당장 무너지지만 않으면 하는 행운을 바랄뿐이다.

안전 리더는 안전을 해야 하는 이유와 실행 방법을 분명하게 밝힐 수 있어야 한다. 안전방침에 담기고 목표에 들어가고 실행계획이 짜지고 성과를 측정해 확인하는 일련의 과정은 이유와 방법을 설명하는 절차이다. 절차의 하자는 안전을 해야 하는 이유가 분명치 않은데서 발생한다. 안전 리더는 직급, 직위로 정해지지 않는다. 조직과 조직 구성원의 안전을 책임질 수 있는 역량에 의해 정해진다.

✚ 변화하는 안전을 읽는 리더

일반적으로 안전 리더가 갖추어야 할 조건으로는 비전 제시, 책무 완수, 원활한 의사소통, 명확한 동기부여, 적절한 지원 등이 있다. 안전에 관한 사명과 철학을 바탕으로 안전문제를 해결할 능력을 갖추고 실행해 가는 사람을 일컫는 것으로 보아도 크게 벗어나지 않을 것이다.

"안전하게 작업을 마쳤다"라는 말은 사고나 문제없이 하루 일과를 끝

낼 것이라는 희망이 이루어졌다는 의미이다. 그러나 어떤 위험에도 노출되지 않았다는 것을 의미하지는 않는다.

결과적으로 수많은, 그리고 지속적으로 증가하는 위험 속에서는 잘못되는 것을 최소화하는 안전을 신뢰하지 말아야 한다. 대신 무엇인가 잘못되는 것을 피하는 것으로부터 잘되는 모든 것을 보장하는 것, 다시 말해 의도되고 받아들일 수 있는 결과의 수를 가능한 높게 유지하는 안전에 관심을 가져야 한다.

이전의 안전은 어떤 일이 발생했거나 허용 불가능한 범주에 있을 때 대응하는 메카니즘을 따랐다. 그러나 새롭게 대두되는 안전은 위험이나 사고를 예견하기 위해 지속적이고 적극적인 노력을 들여 감시하고 사고에 대응한다. 그래서 이전에는 사고 조사의 목적이 사고 원인을 규명하는 데 있었지만, 지금은 일(활동)이 어떻게 잘못되었는지를 설명하기 위한 기초자료로서의 성격뿐만 아니라 정상적으로 일하는 방법을 이해하는 데에도 목적을 둔다. 에릭 홀나겔(Erik Hollnagel) 교수는 이를 각각 'Safety Ⅰ'과 'Safety Ⅱ'로 구분해 설명한다.

세상은 빠르게 변한다. 세상의 변화를 읽어내는 전문가들은 현대사회를 위험사회로 진단하고 다가올 미래에 인간에게 닥칠 위험총량의 증가를 경고하고 있다. 따라서 안전 리더는 이를 예측하고 해결하기 위한 조직 및 안전관리시스템의 혁신을 꾀하는 전문 역량을 갖춰야 할 것이다. 종전의 안전의 의미와 해법에 대한 발상을 시대의 흐름에 맞춰 전환하는 기민함을 발휘하길 바란다.

04

안전이
문화가 되기까지

　지난해부터 산업안전보건교육원에서 개설해 운영 중인 안전문화교육 과정 에서 안전 리더십이라는 과목을 강의하고 있다. 안전문화와 리더십을 분리해서 말하기 어렵고 안전문화의 성공적인 구축 운영에 안전 리더십이 필수적인 요소이다 보니 이 교육과정에서 안전 리더십은 매우 비중 있는 과목이다. 따라서 안전 리더십에 대한 제대로 된 정의와 특성 그리고 조직 내에서 리더십 확보방안 등을 잘 정리해 전달해야 한다는 사명감에 충만해 있지만, 막상 강의를 준비하고 진행할 때 마다 어려움을 겪고 강사 스스로 만족도가 떨어지는 것도 사실이다. 이럴 때 마다 이번 강의를 마지막으로 그만해야지 하면서 지금도 여전히 하고 있다.

　우선, 안전문화라는 용어의 개념이 혼란스럽다. 1986년 구소련의 체르노빌원자력발전소 폭발사고에 대한 국제원자력안전자문단(INSAG)의

보고서 'Post Accident Review Meeting on the Chernobyl Accident'에 "체르노빌 원전사고의 원인은 안전보건시스템 등 제도의 불비가 아니라 제도를 실제로 움직이게 하는 안전문화가 없었기 때문이다"라는 진단결과에서 안전문화라는 용어가 태동되었다는 것이 일반적인 이론이다. 이후 미국 화학공학회 산하 CCPS에서 제작한 공정안전관리를 위한 안전감사 가이드에도 "안전문화는 공정안전관리를 정확하게 실시하기 위해 모든 구성원이 안전의식을 가지고 함께 참여해야 한다는 의미를 가지고 있다"라고 소개하고 있다.

이와 같이 태동과정을 나타내는 기록물에도 안전문화가 개념적 정체성을 가지고 존재하는 것이 아니라 조직문화 속에 안전이나 사고에 영향을 미치는 문화적 산물과 행동으로써 존재하고 있음을 의미하고 있다. 즉, 개개인의 일상생활이나 조직 내에서 안전을 어떻게 문화로 자리 잡게 할 것인가를 말하고 있다. 따라서 안전제일의 가치관이 개인 또는 조직구성원 각자에게 부여되어 의식과 관행이 안전으로 체질화한 상태를 일반적으로 안전문화로 정의하고 있는데, 이는 안전문화에 대한 정의라기보다 안전의 문화형성 척도나 기준으로 보는 것이 타당할 것이다.

✚ 안전 리더십은 안전의 문화화를 위한 토양

따라서 안전문화는 조직문화와 별개의 것으로 존재하는 것이 아니라 조직문화 속에 안전을 긍정적인 문화로 형성시켜야 할 패러다임으로 정의되어야 한다. 안전의 문화화로 개념을 유연하게 정리하면 이를 달성하기 위해 어떤 요소들이 기반이 되고 존재하여야 하는지를 파악하고 평가하기 편리해진다.

조직문화 속에 안전을 긍정적인 문화로 형성시키는 데는 앞에서 언급한 리더십이 가장 중요한 요소로 작용한다. 리더십과 문화는 손바닥과 손등의 관계와 같아서 둘 중 어느 하나가 없으면 다른 하나가 존재할 수 없다. 조직의 리더는 계속해서 안전에 우선순위를 부여하고 조직 구성원과 안전에 관한 기대되는 바에 관하여 소통해야 한다. 그리고 비전을 마련하고 목표가 담긴 계획을 수립하고 계획을 효과적으로 실행할 전략과 기준을 마련하여 관리하는 역할을 한다. 안전 활동에 대한 적극적인 참여를 독려할 수 있는 신뢰를 형성하고, 안전을 지키려는 조직의 노력이 얼마나 효과를 거두고 있는지 피드백을 제공하는 것도 리더의 역할이다.

안전 리더십이란 조직의 리더가 이와 같은 안전에 관한 역할을 완수했을 때 부여되는 명예로운 권한과도 같은 것이다. 1912년 4월 12일 빙산에 부딪혀 침몰하면서 1,517명의 귀한 생명을 앗아간 타이타닉호의 침몰사고는 대표적인 안전 리더십 부재가 가져온 참사이다. 당시 타이타닉호의 스미스 선장은 자신의 지나온 세월동안 노련한 뱃사람으로서 실력을 인정받고 세계 최고의 호화 유람선 선장이라는 교만함으로 안전은 우선순위에서 사라진 상태였다. 운항 매뉴얼과 안전기준은 지켜지지 않았고, 수천 명의 탑승자들은 초호화 유람선 여행을 그들만이 즐길 수 있다는 자부심에 젖어 안전 분위기는 실종되고 있었으나 이를 바로잡기 위한 소통의 기회를 갖지 않았다. 결국, 리더의 역할에 대한 잘못된 이해와 안전 리더십 부재가 돌이킬 수 없는 사고를 일으킨 것이다. 조직문화 속에 안전이 문화로 자리 잡는 데는 이와 같이 안전 리더십이 매우 큰 영향을 미치는 중요한 요인이다.

✛ 기본과 원칙을 중시하는 문화

"타협할 수 없는 가치관을 조직에 뿌리내리는 일이 중요하다."

"진정한 글로벌 기업은 기업윤리, 준법정신, 안전 환경을 포함한 기본 원칙을 중시한다."

"조직 구성원은 리더의 말을 따르지 않고 리더의 행동을 따른다."

2019년 6월 LG화학 임원 워크숍에서 신학철 LG화학 부회장이 기본과 원칙을 강조하며 외친 말이다. 조직이 어떠한 문화와 가치관을 갖추어야 하는지 이것이 깊이 뿌리내리기 위해 조직 구성원과 끝없이 소통하고 참여를 유도하는 것이 얼마나 중요한지 강조하고 있다. 참으로 맞는 말이다.

안전은 모두의 책임이며 조직문화 속에 안전을 문화로 형성시키는 데는 조직구성원 모두의 참여도가 중요 요소로 작용한다. 안전이 조직문화에 녹아들어 문화로 형성되려면 조직을 구성하고 있는 모든 일하는 사람들이 조직이 바라는 안전한 행동과 믿음을 이해하고 수용해야 한다. 자신의 안전에 관한 역할과 책임을 완수할 역량을 유지 · 증진하고 숙달된 경험을 토대로 의견을 제시하고 안전시스템이 자신, 동료, 환경, 공공의 안전을 보장할 수 있는지 지속적으로 모니터링해야 한다.

조직구성원의 참여도는 리더나 조직이 가지고 있는 안전에 대한 기대치를 정확히 인식해 소통을 통해 공유해야 성공할 수 있다. 조직 구성원이 공개적으로 의문을 제기하면 이를 수용하고 해결함으로써 신뢰와 협력을 강조할 수 있어야 한다. 따라서 조직구성원의 안전참여도는 안전 리더십과 매우 밀접한 관계가 있어서 조직구성원은 조직 내에 건전한 협력관계가 형성될 수 있도록 힘을 보태야 한다.

✚ 조직학습은 안전의 문화화를 위한 자양분

안전이나 사고에 영향을 줄 수 있는 문화형성요소로는 앞서 언급한 리더십과 조직구성원 참여도 못지않게 조직학습이 중요하다. 조직에서 불안전상태나 과실과 같은 불안전행동을 보고하면 적정하게 보상하고, 잘못된 내용을 공유 및 개선하고, 관리운영적 측면의 문제점을 해결함으로써 하나의 조직학습이 일어난다. 이와 관련된 시스템의 문제와 심층적인 원인을 찾아 수정하고, 현장작업을 체계적으로 모니터링해 그 결과를 시스템 강화에 필요한 의사결정을 위한 정보로 발전시켜 나감으로써 조직학습이 꽃피게 된다.

결국, 조직학습은 조직의 안과 밖에서 벌어진 업무상 경험을 통해 배우려는 태도가 중시된다. 어디서든 일어날 수 있는 일이라는 분위기가 형성될 수 있도록 환경을 개선하고 현 상태에 안주하려는 태도에서 벗어나도록 하는 것이다. 따라서 조직의 리더는 사소한 문제 해결을 통해 더 큰 사고를 피할 수 있다는 사실을 강조하고 문제가 발생했을 때 즉각적으로 검토하고 우선순위를 부여하여 해결하는 신뢰문화 정착을 위해 노력해야 한다.

매년 발생하는 사고건수를 분석해 보면 유형이 비슷하거나 유사한 원인의 사고가 반복되는 것을 볼 수 있다. 그런데 현장에서 사고를 조사하고 반복발생을 막기 위해 조치한 결과를 보면, 마치 사고의 원인이 사고를 당한 사람의 잘못이나 기계설비나 원부자재의 문제에 기인한 것을 전제로 개선조치하고 마무리한 경우를 많이 보게 된다. 사고를 당한 사람이 실수를 하게 된 원인이 과로나 관리체제상의 문제는 아니었는지, 기계설비나 원부자재의 문제가 안전관리시스템 오류에 의해 발생한 것은 아닌지, 조직이나 리더의 안전에 관한 비전과 전략 부재에서 비롯된 조직의 구조적인 문제는 없었는지 등에 대한 검토나 모니터링을 통한 개선 기회를 갖지 않는다. 결국 조직학습의 기회를 상실하는 것이다.

05

안전은
전략

　세계 안전보건역사는 인간의 생명존중사상을 바탕으로 위험으로부
터의 자유를 보장하기 위해 긍정적으로 발전해 왔으며, 안전보건 선진
국과 초일류기업의 지속적인 노력이 크게 기여했음을 부정하기 어렵다.
그럼에도 불구하고 국가 간, 기업 간 안전보건수준이나 사고 발생률에
있어 큰 차이를 보이고 있는 것도 사실이다. 일례로, 우리나라 사업장에
서 발생하는 산업재해수준은 영국, 독일 등 선진국과 비교해 서너 배가
높다. 국가나 기업의 경제수준 차이가 만들어 내는 안전보건수준 차이
로 쉽게 이해하면 마음 편할 수 있다. 그러나 세계 10위권에 올라있는
한국의 경제수준으로 안전보건수준을 이해하기 쉽지 않고, 대기업 사업
장에서 죽거나 다치는 중소 협력기업의 노동자는 작은 영세기업의 문
제만으로 치부할 수가 없다.

그런데 최근 사고 경향을 들여다보면, 공정안전보고서 제출대상인 석유화학공장이 감독기관의 평가에서 P등급을 받았는데 폭발사고가 발생했다. ISO45001인증을 받아 3년 이상 안전경영시스템을 안정적으로 운영해 오고 있는 사업장에서 사망사고도 발생했다. 새로운 안전기술의 적용, 우수한 안전관리 프로그램 도입, 안전경영시스템 구축은 돈으로 해결된다. 그러나 하던 방식대로 하는 조직문화 속에서 이들이 성과를 낼 수 있는 토양 즉, 안전문화가 빈약해 문제가 되는 것은 돈으로, 일시적으로 해결되기 어렵다. 그러다 보니 안전보건이 역사를 반복하며 지속적으로 발전해 왔음에도 우리의 경제수준과 국민의 안전 욕구 정도에 걸맞지 않는 안전수준을 보여주고 있는 것이다.

✚ 조직 및 시스템 안전 시대

1 · 2 · 3차 산업혁명이 서구로부터 산업화를 촉진하던 6~70년대 안전은 증기, 전기, 화학물질과 같은 에너지 통제 기술이 주축을 이루었다. 대량생산과 자동화를 촉진한 증기나 전기 에너지는 동시에 엄청난 위험성을 내포하고 있기 때문에 적절하게 제어하지 못하면 사고로 발전한다. 화학물질도 이와 다르지 않다. 따라서 위험으로 변환된 에너지를 안전하게 방출하거나 2중 혹은 3중의 안전장치를 달고 작업자에게 보호구를 씌우는 기술안전이 진행되었다.

그러나 기술안전의 한계는 사람의 실수, 착각, 망각, 고의적 행동과 같은 불안전행동을 억제하지 못하면 무용지물이라는 사실로 확인되었다. 휴먼 에러에 대한 대책이 없이 기술안전은 완전성을 갖지 못한다는 것이다. 대표적인 사고사례가 90년대 초 발생한 미국 스리마일섬의 원자력발전소 노심용융사고이다. 가동한 지 4개월밖에 안 된 원자력발전소에서 냉각수 순환펌프 이상으로 과열 등 이상 징후가 여러 번 반복적으로 나타났음에도 오퍼레이터와 당직 근무자는 2중 3중의 안전장치 작동으로 복원되는 시스템만 믿고 대수롭게 생각했다. 오퍼레이터가 사전에 조치할 시간을 놓쳐버리는 바람에 냉각수 순환이 완전히 멈춰버리고 노심이 녹아내리는 참사로 이어졌다.

휴먼 에러 예방을 위한 안전의 기본은 사람과 사물 사이의 인터페이스 구축인데 이것이 쉽지 않고 완결성에 대한 신뢰가 크지 않다는 것이다. 이러한 결과는 급격하게 시스템 안전의 필요성을 강조하게 되었다. 미국의 챌린저호 폭발사고, 인도 보팔가스 누출사고 한국의 삼풍백화점 붕괴사고 등은 공히 기업의 안전 리더십과 비전 부재, 안전관리조직체계 미비, 실행관리체제 부실 등 안전경영시스템 미작동이 만든 참사들이다. 이후 영국의 표준협회는 안전경영시스템 구축에 필요한 규격 BSI8801을 최초로 만들어 보급해 왔고 2019년 ISO45001이라는 국제안전표준이 제정되어 각 국가 간 동일한 안전규격에 의해 안전경영시스템을 구축할 수 있는 시대를 열었다.

이와 같이 기술안전시대를 시작으로 휴먼 에러 안전시대를 거쳐 시스템안전이 필요한 시대에 살고 있다. 안전패러다임이 바뀌는 중요 전환점마다 안전의 완전성에 대한 신뢰부족이 요인이었다. 신뢰를 떨어뜨리는 중요요인은 무엇이었을까? 결국 사람과 사람이 속해 있는 조직의 문화였다. 하던 방식대로 하는 것을 계획대로 일하는 방식과 일치할 때 건강한 문화가 형성된다. 실제로 나타나는 안전행동과 적절하다고 믿는 안전행동이 일치하지 않는 문화는 건강하지 않으며, 이는 조직구성원이 구축된 안전경영시스템을 신뢰하지 않을 때 발생한다.

영국 안전보건청(HSE, Health and Safety Executive)에서는 이를 통계적으로 입증하고 있다. 좀처럼 떨어지지 않는 산업재해를 감소시키기 위하여 하드웨어적으로 접근(안전장치 및 안전장비 등)하거나 작업자의 휴먼 에러 예방 측면으로 접근(선발, 교육 및 훈련, 보상 등)해왔다. 그러나 일정 수준 이하의 사고 건수 감소 성과를 거두는 것에 그쳤다. 이러한 한계성을 극복하기 위해 안전보건경영시스템과 안전문화를 구축하는 조직시스템적 접근 정책을 구사하였고 어느 정도 시간이 흘러 성과가 나타난 것으로 평가하고 있다. 공학적 대책, 인적 대책을 누르고 조직시스템적 안전 대책이 이루어낸 쾌거이다.

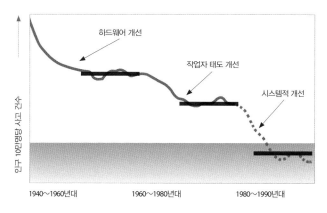

영국 HSE는 1940년 이후 현재까지 영국의 산업재해를 낮추기 위해 주요 고비마다 안전정책 및 전략을 전환함으로써 안전성과를 거두었으며 특히 조직시스템적 안전이 획기적인 성과거양에 기여한 것으로 평가하고 있다

✚ 사고와 안전관리 기법 아우르기

사고는 일하는 사람 개인이 유발하는 사고와 조직이 유발하는 사고로 구분된다. 개인 유발 사고가 수적으로 많이 발생하지만 조직 유발 사고는 그 숫자에 비해 피해 범위와 규모가 엄청나다. 또한 개인 유발 사고는 그 본질 상 오랫동안 변하지 않는 속성을 지니고 있지만 조직 유발 사고는 급격하게 변화된 기술로 인한 시스템과 시스템 안전 요소 간의 상관관계 변화가 원인의 핵심이다. 따라서 원자력발전소 사고, 석유화학공장 폭발사고, 항공기 추락사고 등 복잡하고 정밀한 최신 기술로 설계, 제작, 가동(운전)되는 분야에서 주로 발생한다.

흔히 이러한 사고를 예방하기 위한 안전 접근법으로는 인적, 기술적, 조직 시스템적 방법을 든다. 인적 안전 접근법은 작업자가 안전한 행동과 불안한 행동을 오가는 과정에서 발행하는 안전 상해 사고에 초점이 맞춰진다. 안전수칙 안내 및 포스터 게시, 상벌제도 운영, 감시감독, 교육훈련 등의 대책이 활용된다. 기술적 안전 접근법은 인적 오류가 인간과 기계 사이의 부조화에서 발생한다는 전제 하에 시스템을 인간의 인지적 강점과 약점에 적합하도록 맞추고자 노력한다. 위험성 평가, 인적 신뢰도 평가(HRA), 의사결정지원 시스템 활동 등이 이와 같은 노력에 해당한다. 마지막으로 조직 시스템적 안전 접근법은 방어수단의 건전성과 광범위한 시스템적 요인을 다룬다.

잠재 위험 요인을 기준으로 세 가지 안전관리기법을 비교해보면 개인 상해와 사고 위험은 개인 유발 사고로 인적 안전 관리에 가깝다. 그러나 화학공장에서의 조작 실수, 설비에 축적된 잠재위험 등 영향이 제

3자에게 미칠 가능성이 높은 위험은 조직 유발 사고와 관련이 있으며 기술적, 조직시스템적 안전관리의 주된 관심사가 될 것이다.

✚ 안전은 자발적이고 능동적인 경영전략

우리나라에서는 대형 사고가 발생할 때 마다 사회단체와 언론 등에서 안전불감증 등의 문제를 강하게 지적하였으며, 실질적으로도 우리나라 노동자의 안전의식 수준은 경제협력개발기구(OECD) 최하위권을 기록하고 있다. 이러한 결과는 안전하지 않다고 느끼면서도 정작 안전을 중요하게 여기고 있지 않는 산업계의 안전불감증이 심각한 수준이라는 것을 의미한다. 안전불감증은 선진화되지 않은 나라일수록 그 꼬리표가 붙게 되며 그만큼 사회전반에 걸쳐 안전의식 수준이 낮다는 뜻도 된다. 이러한 현상은 사업장 안전관리의 주체인 사업주를 비롯한 관리감독자 및 노동자들의 안전의식과 안전태도를 포함한 안전문화 수준이 낮기 때문에 만들어졌다고 볼 수 있다.

위험 요인이 있는 설비의 안전에 대한 궁극적인 책임은 경영진에게 있으며 기업은 개개인의 노동자들이 책임감을 갖고 효과적으로 행동할 수 있는 환경을 제공해 주어야 한다. 이러한 환경에는 작업자들이 그들의 업무를 이해할 수 있도록 교육·훈련하는 것은 물론이고 그들의 업무를 안전하고 효과적으로 수행할 수 있도록 하는 안전학습문화 조성도 포함되어야 한다.

공정한 안전문화 수준이 높은 기업일수록 작업자들이 안전에 관련된 규정준수와 참여율이 높으므로 사고와 재해감소에 긍정적인 효과가 있음을 확인할 수 있다. 즉, 사고와 재해를 감소시키기 위해서는 관련 조직의 안전분위기를 정기적으로 측정하고 이를 지표로 삼아 관리하는 것이 무엇보다도 중요하다는 것을 알 수 있다. 이를 통해 기업의 안전문화가 조직이 처한 상황에 바람직한가를 가늠하여 보다 바람직한 방향으로 변화시켜 나아가야 할 것이다. 예를 들면 안전경영시스템을 구축하고도 안전 활동과정에서 거의 현장과 하나가 되어 작동되지 못했던 기업은 새로운 접근이 필요하다. 어렵게 인증을 받고도 캐비닛에 보관되어 온 안전관련 시스템 정보들이 이제는 더 이상 무의미하게 방치되지 않고 현장의 안전보건관리에 활용되도록 실행력을 강화하는 방안으로 안전문화를 조성하는 것이다.

다만, 안전문화 환경 조성은 구성원 내에서 공정한 문화, 보고의 문화, 유연한 문화, 학습하는 문화를 구축해 안전의식을 제고하는 것에서 출발하여야 하며 안전문화 조성을 토대로 하는 경영이 전제될 때 가능하다. 또한 안전문화는 경영자의 리더십과 관리자의 관심정도가 좌우하는 점도 명심해야 한다. 안전은 각종 위기 상황에 종합적인 관리의 완충역할을 담당하는 방어가 아닌 자발적이고 능동적인 대책으로서 포괄적인 경영전략이기 때문이다.

06

안전과
비언어적 의사소통

　지하철역 플랫폼에 서서 열차 들어오기를 기다리다 보면 열차진입을 안내하는 방송이 흘러나온다. "지금 성수행 내선 순환열차가 들어오고 있으니 승객 여러분께서는 노란 안전선 안쪽으로 한걸음 물러서 주시기 바랍니다." 지금은 대부분의 지하철역 플랫폼에 스크린도어가 설치되어 있지만 불과 몇 년 전까지만 해도 그렇지 못하다 보니 이런 안내방송이 나왔다. 그런데 안내방송의 '노란 안전선 안쪽'은 어디를 말하는 것일까? 사람들은 대부분 뒤로 물러서라는 얘기로 이해하겠지만 단어의 의미만으로만 보면 열차가 다니는 철로방향으로 들어서라는 얘기로 이해될 수 있다. 한참이 지난 뒤에 이 안내방송 멘트는 "노란 안전선 바깥쪽으로 한걸음 물러서 주시기 바랍니다"로 바뀌어 방송되었던 기억이 난다.

대중목욕탕이나 공공이용 시설에서도 이런 경우를 흔히 접한다. 목욕탕의 샤워기를 보면 온·오프와 냉·온수를 동시에 조절할 수 있는 원터치형 밸브가 설치되어 있는 경우가 많다. 물 조절용 손잡이가 붙은 밸브에는 왼쪽에 빨간색 표시가 되어 있고 오른쪽에 파란색 표시가 되어 있다. 빨간색 표시가 온수를 파란색 표시가 냉수를 표시한 것이다. 아래쪽을 향하고 있는 밸브 손잡이를 빨간색 표시가 있는 왼쪽으로 돌리면 손잡이 상단은 파란색 표시 오른쪽을 향한다. 반대로 파란색 표시인 오른쪽으로 돌리면 상단은 빨간색 표시인 왼쪽을 가리킨다. 온수를 사용하려는 사람이 손잡이를 빨간색 쪽으로 돌려야 하는지 밸브 손잡이가 빨간색을 향해야 하는지 헷갈릴 여지가 있다.

그래도 이러한 생활 속 작은 혼란은 관습이나 일반적인 상식선에서 이해될 수도 있고 설사 잘못 조작했다 하더라도 사고로 연결될 가능성이 극히 적다. 그러나 잘못된 의사소통이 부르는 인식의 오류가 원인이 되어 화학공장 폭발, 반도체공장 정전, 항공기 추락과 같은 대형 사고가 발생한다면 어찌 되겠는가?

✚ 무주의 맹시

한 실험이 생각난다. 흰색과 검은색 티셔츠를 입은 6명의 사람들에게 무대 위에서 공을 패스하는 간단한 행동을 하도록 하고, 이를 관찰하는 사람들에게는 흰색 티셔츠를 입은 사람이 정해진 시간에 몇 번의 패스를 했는지 세도록 하는 간단한 실험이다. 이 실험 도중에 공을 패스하는 사람들 사이로 검은색 고릴라 옷을 입은 사람이 진짜 고릴라인 것처럼 가슴을 두 손으로 두드리면 천천히 지나간다.

공을 패스하는 장면이 끝나고 연구자는 실험에 참가한 관찰자에게 "흰색 티셔츠 입은 사람이 몇 번의 패스를 하였는가?", "혹시 패스하는 사람들 사이로 고릴라가 지나가는 것을 본 사람 있는가?"라는 질문을 한다. 실험에 참가한 관찰자 대부분이 공을 패스한 숫자는 이야기하면서 고릴라의 존재여부에 대하여는 "뭐라고요?"라는 대답을 한다. 믿기지 않겠지만 여러 가지 조건으로 다양한 나라에서 유사한 실험을 진행했지만 결과는 늘 비슷했다. 미국 하버드대학교의 심리학 연구자인 시몬스(Simons)와 카브리스(Chabris)의 이와 같은 실험은 눈앞에 지나가는 고릴라를 보지 못하는 이러한 인간의 인식오류현상인 무주위맹시를 보여준다.

인간의 눈이나 시각에 특별한 생물학적인 문제가 있는 것은 아니지만 사람들은 눈에 보이는 특정부분이나 움직임에 주의를 집중하고 있을 때 예상하지 못한 것이 나타나면 이를 인식하지 못하는 경우가 많다. 지금 하고 있거나 또는 보는 일에 집중하려는 인간의 동기가 만들어내는 결과이자 인간의 여러 가지 심리적인 착각의 흔한 사례이다. 인간의 착각은 으레 따르기 마련인데 시각, 청각, 촉각 등에서 이 현상이 발생한다고 한다.

✚ 안전 의사소통

화학공장이나 화학물질을 취급하는 사업장에 가면 각종 밸브, 배관,

탱크류 등을 흔하게 볼 수 있다. 이런 기계장치에는 취급하는 물질과 생산 제품에 열, 온도, 압력이 다르고 물질 흐름의 방향이 다르고 공정에 따라 제어방식이나 운전절차 등이 천차만별이다. 석유화학공장, 철강, 반도체와 같은 복잡한 공정 설비를 운전하거나 정비·보수하는 사람이 머리로 이해해서 접근하는 것은 착각이나 실수 등으로 인해 큰 위험에 봉착하기 쉽다.

이러한 위험을 사전에 예방하고 안전운전을 담보하기 위해 기계장치나 화학물질 등이 포함된 공정안전자료를 작성하고, 공정설비에는 물질이 흐르는 방향, 밸브 개폐방향, 온도나 압력 게이지를 부착하는 등 안전조치를 실시한다. 공정을 운전하거나 정비·보수를 하는 작업자에게 정확한 정보를 제공하기 위함이다. 이것이 사람과 설비간에 반드시 이루어져야 할 중요한 안전 의사소통이다.

의사소통에 문제가 발생하면 작업자가 오류를 범하기 쉽고 이는 곧 사고로 연결될 수 있다. 오류를 최소화 하거나 억제하기 위해서 정확한 정보가 정확하게 전달될 수 있는 의사소통이 중요한데 시스템 고장, 전달 실패, 수신 실패로 의사소통의 문제가 발생한다. 시스템 고장은 전달 정보가 정확하지 않고 통로가 없거나 기능을 하지 못하는 경우를 말한다. 배관 물질의 흐름 방향이 바뀌어 표시되어 있거나 배관 내 이송물질의 명칭이 바뀐 경우를 생각해볼 수 있다. 전달 실패는 전달 통로는 있으나 필요한 정보가 전달되지 못하는 경우를 말한다. 예를 들어 화기작업의 경우 용접과 같은 화기 작업장소 인근에 인화성 또는 가연성 물질의 존재여부의 확인을 통해 작업허가서를 발급하는 것이 중요한데 확인절차 없이 작업허가서가 발급되면 문제가 발생할 가능성이 높아진다. 마지막으로 수신 실패는 작업자가 전달된 정보를 잘못 이해하거나 전달 시점이 늦은 경우이다. 작업자의 지식, 기능, 태도와 같은 역량 부족이 가장 큰 원인으로 작용한다.

✚ 안전보건표지는 읽혀야 한다

몇 년 전 고소작업대, 항공기 제빙용 특장차 등을 전문으로 생산하는 미국 기업체 글로벌㈜에 방문한 적이 있다. 넓은 공간에 작업라인이 잘 정돈된 50여 명이 일을 하고 있는 작업장에는 그 흔한 안전수칙, 안전보건표지, MSDS가 붙어 있는 것을 찾아볼 수 없었다. 그런데 고소작업이 이루어지는 조립라인에는 안전모 착용, 소화기 상단에 소화기 표지, 보행자 통로에 보행자 전용 그림문자가 선명하게 표시되거나 게시되어 있었다. 이유를 묻자 너무 많은 정보를 작업자에게 전달하려는 관리자의 욕심은 다양한 안전보건정보를 작업자에게 노출시키는데 이는 오히려 소통에 효과가 작고 혼란을 야기할 소지가 있다는 답변이 돌아왔다.

가게들이 빼곡히 들어선 상업용 빌딩의 1층 로비나 관공서 민원인 출입구에는 어디에나 예외 없이 홍보물이나 안내문구 등이 현수막, LED, 입식간판 등으로 제작되어 뒤섞여 설치되어 있는 것과는 크게 달랐다. 설치하는 측에서는 고객이나 민원인을 위한 친절한 서비스라고 강변하겠지만 과연 도움이 될까? 저자가 근무하는 27층 건물 엘리베이터 내에는 8면의 홍보물 게시판이 설치되어 있다. 각기 다른 8개의 안내문은 그 건물에 근무하는 내가 알면 유익한 내용을 다수 담고 있지만 대부분 사람들은 어떤 내용의 안내문이 붙어 있었는지 거의 알지 못한다. 모든 정보가 담긴 8개의 안내문 대신 내게 진짜 필요한 하나의 안내문만 붙어 있다면 어땠을까?

산업안전보건법에는 금지, 경고, 지시, 안내, 관계자외 출입금지 등 43종의 안전보건표지를 픽토그램(pictogram)으로 구성해 비언어적 의사소통 수단을 제공하고 있다. 산업안전표준에도 산업안전보건법에서 정한 안전보건 표지를 대체할 수 있는 29종의 표지가 있다. 60종의 표지가 대부분 문자보다는 그림으로 처리되어 있는데 이는 사람의 인지적 처리와 이해에 있어서 그림이 더 우수한 탓이다.

2016년 산업안전보건연구원에서 발표한 안전보건표지에 대한 노동자 인지심리적 접근성 평가 연구결과에 의하면 60종의 안전보건표지에 대한 노동자의 이해수준이 가장 빠른 것과 느린 것 사이에 3배 이상 차이가 나는 것으로 나타났다. 이해가 잘되는 표지가 있는가 하면 이해하는 데 시간이 걸리거나 이해가 되지 않는 표지가 있음을 의미한다. 이렇듯 법령으로 정하거나 국가표준으로 권장하는 표지 사이에도 편차가 발생하는데 작업장에서 자체적으로 작성해 사용하는 각종 안전표지나 수칙 등은 크기, 내용, 설치 수 등에 따라 전달효과에 있어 큰 차이를 보일 것으로 생각된다.

비언어적 의사소통의 수단으로써 안전보건표지와 같은 정보전달 매체는 그 의미가 쉽게 전달되어야 하며 작업자들이 그 의미를 제대로 이해하고 기억함으로써 적절한 안전행동을 하도록 유도할 수 있어야 한다. 따라서 해당 작업자에게 효과적으로 노출시킬 수 있는 게시 장소, 숫자, 내용에 대한 고민이 따른다면 더욱 안전한 작업환경을 만드는 데 도움이 될 것이다.

07

안전은
트레이닝

솔잎만 먹을 줄 아는 송충이가 된 탓일까? 30여 년간 안전보건만 했으니 지겨울 듯도 한데 퇴직 이후 여전히 안전과 관련한 교육 및 컨설팅업무에 매달려 있다. 그동안 축적한 전문적인 식견과 노하우를 풀기 위해 좀 더 일을 해야 된다는 위안차원의 후배들 인사에 대한 고마움보다 진짜 내가 하는 일이 나를 필요로 하고 기업에 도움이 되는 것인지 작은 의문 때문에 망설여지는 것도 사실이다.

지난해 대형 사고가 발생해 후속조치와 대응에 힘든 1년을 보내고 이제 정신이 좀 들어 찾아왔다는 어느 기업의 안전관리부장이 "우리 회사의 안전관리에 무슨 문제가 있는 건지 모르겠다."고 말했다. 사고가 발생했을 때는 분명한 원인이 있고 개선해야 할 사항이 손에 잡혀야 계획을 수립해 시행할 텐데 그렇지 못해 답답하다며 하는 말이다. 최근 2~3

년간 안전시설 개선과 안전관리시스템 재구축에 수십억 원을 투자했고, 전직원을 대상으로 법정교육 보다 훨씬 많은 교육을 실시했다고 한다. 사고가 발생한 공정도 시설 측면의 문제는 없었는데 작업자의 휴먼 에러가 화를 가져왔다고 믿고 있다.

퇴직하고 안전컨설팅 업무를 하고 있다는 소문을 들었는지 실제로 이런 경우를 호소하거나 자문을 구하려고 찾아오는 사업장이 종종 있다. 단순히 사고에 대한 면피용으로 무엇을 해야 할지 아이디어를 구하는 차원이 아니고 실행하고 있는 안전관리에 무슨 문제가 있는 것인지 알고 싶어 하는 것이다. 안전 분야에 애정이 많고 안전관리를 잘하는 사업장의 안전관리자일수록 이런 경향이 있다.

✚ 위험의 제거보다 어려운 대응

고전적으로 안전관리방법을 말하면 위험을 도출해 제거, 대체, 방호, 보호, 대응과 같은 절차를 통해 관리한다. 그런데 앞의 제거, 대체, 방호는 기술과 돈의 문제만 해결되면 일정수준 적용이 가능하고 완전안전도 실현될 수 있다. 불안전 상태를 안전한 상태로 돌려놓는 것이다.

그러나 앞서 언급한 절차 중 후순위인 보호와 대응은 작업자인 사람에 대하여 취하는 것으로 불안전 행동을 안전한 행동으로 바꾸어 주는 대책이다. 기술과 돈으로 완전안전을 기하기 어렵다. 쉬운 예를 들어 보자. 방바닥에 놓인 종이 한 장을 잘못 밟은 어린아이가 넘어지면서 뇌진탕을 당하는 사고가 있었다. 미끄러운 방바닥에 놓인 종이를 치우는 것은 어렵지 않은 일이었다. 그러나 어린이가 종이를 밟지 않도록 하거나 조심해서 걷도록 교육시키고 훈육을 하는 것으로 어린이의 습관이나 행동이 얼마나 바뀔 수 있을까.

일반적으로 보호구 착용, 매뉴얼 작성, 안전수칙 게시, 안전보건교육 등을 통해 보호나 대응대책 차원에서 불안전행동을 개선하기 위해 노력한다. 사람의 인식과 행동을 바꾸기 위한 과정인데 기술적으로 어렵고 돈과 시간이 많이 들어갈 수밖에 없다. 더군다나 이와 같은 노력에도 불구하고 안전을 실현하기는 어렵다. 한 예로 안전교육은 지식, 기능, 태도와 같은 안전역량을 향상시켜 산업재해를 예방하는데 목적이 있는데 부족한 직무지식이나 안전작업방법과 같은 기능 측면의 교육을 통해 상당 수준까지 성과를 낼 수 있을 것이다. 그러나 사고원인의 상당 수를 차지하는 불안전행동은 나쁜 습관이나 태도로부터 나오기 때문에 몇 번의 교육만으로 바꾸어지지 않는다.

✚ 습관의 메커니즘으로 본 알코아의 성공비결

전문가들은 습관의 메커니즘을 신호와 반복 행동 그리고 보상의 3단계 고리로 연결되어 있다고 한다. 자극을 통해 어떤 습관을 사용하라는 신호가 전달되면 그 신호에 따라 몸이 반복 행동을 하고 뇌가 이 반복 행동을 계속할 가치가 있는지를 판단하는 기준이 보상이 된다고 설명한다. 결국 신호와 보상이 반복 행동을 유발하게 되는데, 특히 보상을 얻기 위해 반복 행동을 가속하고 이는 결국 습관으로 굳어져 간다고 한다. 그리고 습관이 형성되고 나면 뇌의 활동은 최소화되고 지속적인 반복성만 보이게 되는데, 새로운 반복 행동 패턴을 찾아야 습관을 변화시킬 수 있다고 한다.

그런데 잘못된 신호가 원인이 되어 반복 행동이 나쁜 습관으로 굳어졌다면 간단한 안전교육 정도로 습관을 변화시킬 수 있을까? 프레스 작업자가 한손으로 재료를 금형이 넣고 다른 한손으로 버튼을 누르며 작업을 하다 사고를 당하는 사고가 있었다. 양수버튼식 스위치를 한손으로 조작이 가능하도록 회로를 변경했기 때문에 이런 방식의 작업이 가능했을 것이다. 두 손으로 재료를 투입하고 두 손으로 버튼을 눌러야 금형이 작동하는 것보다 편리하다는 보상심리가 한 손 투입 한 손 버튼 조작이라는 반복 행동을 하도록 신호를 보내고 그 신호는 양수조작버튼의 회로를 조작하게 만든 것이다. 결국, 신호와 보상을 그대로 두고 새로운 반복 행동을 찾게 하거나 신호와 보상을 변화시켜 새로운 반복 행동을 찾아내야 한다.

찰스듀히그(Charles Duhigg)는 그의 저서 『습관의 힘』에서 미국 알코아 폴 오닐회장의 예를 들어 잘 설명하고 있다. 80년대 말 경영위기에 빠진 알코아는 회사를 구하기 위해 미국 재무차관을 지낸 폴오닐을 새로운 CEO로 영입한다. 그는 투자자와 시장의 기대와는 전혀 다르게 알코아를 미국에서 가장 안전한 기업으로 만들고 사고율 제로를 목표로 제시한다. 알코아는 알루미늄 회사의 특성상 매우 위험한 작업을 수행하는데 대다수의 사원들이 나쁜 작업습관에 젖어있고 나쁜 습관이 원인이 되어 사고가 다발하고 있었다. 그러다 보니 작업자들은 불안감 속에서 작업을 하고 있었으나 그동안 이를 개선하기 위한 예방대책도 안전문화를 개선하기 위한 노력도 부족했다고 진단한 것이다. 폴오닐은 회사에서 변화시켜야 할 핵심 습관을 찾아 좋은 습관으로 개선하는데 전력을 기울였다.

> 사고를 유발하는 나쁜 습관을 바꾸어 주는 개선활동이 시작되면서 관리자와 작업자간에 의사소통이 활발해지고 점차 생산 공정 개선과 품질관리 혁신에 불이 붙기 시작했다. 이런 노력은 폴오닐 취임 1년 만에 적자상태의 회사를 흑자로 돌려 역사상 최고의 이익을 올리게 되고 13년을 재임한 후 퇴임 때의 순이익은 취임 전보다 5배가 증가했다.

습관의 메커니즘 차원에서 알코아가 새로운 습관을 바꿀 수 있었던 것을 분석해 보면 새로운 CEO의 강력한 의지가 신호였고, 우수 직원에 대한 포상이 사고 없는 사업장에서 일하는 것이 불안을 최소화하고 이익을 극대화한다는 보상으로 작용한 것이다. 나쁜 습관을 바꾼다는 분명한 목표가 교육, 코칭 등의 수단을 만들어 냈다.

✚ 목표가 분명한 안전교육이 성과를 낸다.

대부분의 기업들이 안전문화 정착, 안전역량 제고, 산업재해 예방 등 다양한 목적 하에 안전교육을 실시한다. 그러나 안전교육이 안전성과를 가져다준다는 기대를 가진다기보다는 법적으로 사업주의 의무이기도

하고 적은 투자로 쉽게 실행할 수 있는 방법이라는 생각이 밑바닥에 깔려 있는 경우가 많다.

안전교육을 하기 위해서는 교육목표와 방향을 잡아 계획을 수립해야 한다. 그런데 사고발생 특성, 작업 위험도, 위험성평가결과, 노동자의 습관이나 행동 등 안전에 영향을 미치는 요인에 대한 분석이 전제되어야 교육 목표와 방향 설정이 가능한데 대부분 기업에서 이를 찾아보기 어렵다. 이런 기업일수록 산업재해예방과 같은 막연하고 포괄적인 교육 목표를 가지고 있다. 똑같거나 유사한 교육내용과 방법이 매년 반복된다. 계획된 교육을 마치고 나서 해야 할 교육목표 달성여부에 대한 평가가 불가능하고, 평가가 제대로 이루어지지 않으니 다음에 진행해야 할 교육계획도 부실해지는 것은 당연하다. 이러한 악순환은 의도된 안전성과 창출에 기여하기 어렵다.

안전교육이라는 신호를 통해 바꾸고자 하는 반복 행동이 무엇인지 정확하게 파악되어야 구체적인 보상도 마련될 것이다. 고소작업이 잦은 건설 현장 노동자가 안전대를 착용하지 않고 작업하는 모습이 자주 목격된다고 가정해 보자. 안전대를 착용하는 번복행동을 습관화시키기 위해서는 안전대의 원리와 착용방법을 교육하기보다 건설 현장 체험교육이 훨씬 도움이 될 것이다. 교육목표는 당연히 추락재해 제로 또는 안전대 착용률 100% 등과 같이 구체적으로 설정이 가능하다.

그래서 안전교육은 지식을 전달하는 에듀케이션(education)이 아니라 경험과 지혜를 공유하는 트레이닝(training)이다.

08

안전을 키우는
관심과 배려

　2017년 12월 3일 서해 영흥도 인근에서 336t급 급유선과 9.77t급 낚 싯배가 해상에서 운행 중 충돌하여 낚싯배에 승선했던 사람들의 상당 수가 사망하는 대형사고가 발생했다. 2014년 세월호 침몰이라는 대형 해상 선박사고가 발생해 그 여파가 채 가시지도 않은 시점에서 다시 발 생한 해상사고로 그 파장이 적지 않았다.

　이 사고가 발생한 구체적인 원인은 차치하고 사고조사를 받던 선장 의 답변이 공개되면서 많은 사람들을 아연실색하게 만들었다. "앞에 지 나가는 낚싯배를 못 보았습니까?"라는 검사의 질문에 선장은 "피할 줄 알았습니다"라고 답을 했다는 것이다. 결과적으로 소형 통통배가 앞에 지나가고 있는 것을 분명히 보았다는 것이고, 충돌위험이 매우 큰 상황 에서 안전운항을 위한 노력보다는 요행을 바라는 불안전한 행동을 하고만 것이다.

사람이 불안전 행동을 하는 데는 여러 가지 원인이 있다. 일에 수반되는 지식이 부족하거나 안전한 행동하는 방법 즉, 기능이 미숙한 경우에 불안전행동을 하고 인간이 가지고 있는 기본 특성에서 나오는 실수도 있다. 그런데 이런 것보다 가장 큰 불안전행동의 원인은 안전에 대한 태도와 의욕이 결여된 상태이다. 급유선 선장의 답변만을 놓고 보면 지식이나 기능의 부족이거나 인간의 특성에서 나오는 실수라기보다는 태도 불량에서 나온 불안전 행동일 가능성이 커 보인다. 그래서 이 사고를 보는 사람들은 더욱 화가 나는 것이다.

✚ 대화가 가져온 안전

얼마 전 승용차로 출장을 가던 중 인천중앙병원 사거리에서 겪은 일이다. 편도 5차선의 이 도로는 좌측 2차선이 좌회전 차선이고, 통행량이 많은 탓으로 정지신호가 표출되면 우측 직진 3차로와 4차로는 항상 길게 차량이 늘어선다. 이날 나는 그 교차로를 향해 승용차를 운전하고 가던 중 신호가 바뀌어 3차선 맨 앞에서 차를 정지하고 다음 신호를 기다리고 있었다. 곧 푸른 신호등으로 바뀌어 차를 출발하는데 2차로 좌회전 차선에서 제법 먼 거리를 달려오던 차량이 급하게 교차로를 진입해 직진차로로 들어섰다. 좌회전 차량이 직진을 하게 되면 교차로 건너편 1차로에서 직진차량과 충돌해 대형사고가 날 위험이 있다. 과속으로 달려오는 차량을 후미 등으로 확인해 방어운전을 하고 있던 나로서는 다소 불쾌해 경적을 울렸다.

　그런데 그 운전자가 내가 왜 빵빵거렸는지 알기는 할까? 직진금지표시가 없는 좌회전차로에서 직진을 할 수 있기 때문에 직진한 것인데 양보운전을 해야지 경적을 울린다고 오히려 나에게 불만을 가졌을지도 모른다. 그러나 직진금지표시가 없는 좌회전차로에서 직진을 할 수는 있지만 직진차량의 흐름을 방해하거나 사고발생 원인을 유발해서는 안된다. 그래서 대부분의 직진차량이 직진차로에 서서 기다리는 것이다. 그래서 이럴 때 대화가 필요한 것이다. 교통법규를 어기지 않았음에도 상대가 양보운전을 하지 않았다고 생각하는 운전자와 위험한 행동이 교통흐름과 사고위험을 가중시킨다는 생각을 가진 운전자간에 대화를 통해 서로를 이해하고 안전한 행동을 유도할 수 있다면 좋을 것이다. 하지만 그 운전자는 이미 멀리 떠나 얼굴을 맞대고 대화할 수도 없고 스스로 이해해서 이런 상황이 반복되는 일이 없길 바랄뿐이다.

　사업장에서 일을 하는 노동자가 작업방법이 평상시와 다르고 자세나 행동이 부자연스러워 보이거나 보호구를 착용하지 않고 있는 것을 가까운 곳에서 일하는 동료 노동자가 보았다면 어떤 반응을 보일까? 무관심하게 지나치거나, 뭔가 알려주고 싶지만 남의 일에 간섭하기 싫어서 못 본 척하는 등 조직의 안전문화 수준에 따라 대응이 다르게 나타난다. 그러나 상대방이 놀라지 않게 잠시 작업을 중단시켜 놓고 조심스럽게 평상시와 다른 행동이나 태도를 보이는 이유를 묻는다면 통상적인 절차를 벗어난 타당한 이유가 있어서 의도적으로 그런 것인지, 그런 상황이었음을 자신도 모르는 의도하지 않은 경우로 구별될 것이다. 설령, 임

시작업절차서, 보호구 착용 면제허가와 같은 타당한 이유가 있어서 그런 행동을 했다고 해도 지적이나 충고를 받은 노동자는 그런 상황에 대한 주변 동료의 관심을 고맙게 생각할 것이다. 자신도 모르는 채 그렇게 불안전하게 작업을 하거나 행동이 불안전했었다면 그런 상황을 알려준 주변의 관심에 더욱 고마워할 것이다.

✚ 행동의 관찰과 모니터링의 중요성

그러나 현장에서 동료나 부하직원을 관찰하는 것은 감시로 생각하는 경우가 많다. 이런 부정적인 인식은 관찰한 결과 질책, 비난, 경고, 계획 수립, 과태료 부과 등 부정적인 결과가 많았기 때문이다. 측정이나 모니터링도 마찬가지로 불안전행동, 실수, 사고, 낭비와 같은 부정적인 것을 대상으로 하는 경우가 많다보니 측정이나 모니터링을 하는 사람이나 당하는 사람 모두 꺼리거나 거북스럽게 생각한다.

이렇게 생각해본다면 어떨까? 스포츠 선수들은 측정하거나 관찰하는 것을 싫어하지 않는다. 매우 미세한 행동들까지 관찰하여 자료화 하고 이를 바탕으로 개선해야 할 부분과 잘 하고 있는 부분을 파악하여 경기력 향상에 도움을 줄 수 있는 정보로 활용하기 때문이다. 사람들이 볼링을 하면서도 점수가 누적되어 나오는 것을 싫어하지 않는다. 점수가 낮다고 해서 질책하기보다는 더 잘 칠 수 있도록 잘못된 자세를 바로잡아 주고 기술도 알려주고 하이파이브를 외치며 격려 해주기 때문이다.

물론 스포츠와 업무는 동일하지 않다. 그러나 행동에 대한 관찰이나 측정이 나에게 도움이 되고 이익이 되는 것으로 인식되면 거부하거나 반대하지 않을 가능성이 높아진다.

안전관리 프로그램의 효과를 최대화 시키는 요인은 안전에 대한 정기적인 관찰과 모니터링이다. 작업현장을 중심으로 노동자들의 행동, 자세, 작업방법을 관찰하거나 모니터링하고 적절하게 피드백을 주는 것이 작업자들의 안전 활동 향상을 위해 긍정적인 효과를 거둘 수 있으며, 이는 관리자나 감독자가 해야 할 중요한 활동이다.

> "점검은 가급적 적게 보여주려 한다."
> "평가는 가급적 많이 보여주려 한다."
> "점검과 검사가 지니고 있는 결과에 대한 부정적 조치보다
> 평가가 지니고 있는 긍정적 조치에 주목할 필요가 있다."

✚ 행동기반 안전관리, STOP

초일류기업 듀폰은 경영진과 직원이 함께 조직 구성원 개개인의 관심과 행동을 지속적으로 자기 자신과 주변 동료의 일상적인 안전 행동에 초점을 맞추어 파트너십을 만드는 프로세스 STOP(Safety Training Observation Program)을 개발해 활용하고 있다. 주변 작업자의 행동을 관찰하고 안전한 행동은 칭찬과 격려를 통해 계속 이어지도록 하고, 불안전 행동은 대화를 통해 작업자 스스로 즉시 시정할 수 있도록 행동 변화를 유도하

는 행동기반 안전관리의 대표적인 프로그램이다. 조직의 안전문화를 구성원들이 자발적으로 참여하는 수준으로 높이고 싶어 하는 회사에서는 이 프로그램의 우선적 도입을 고려한다.

1990년대 건설된 듀폰 울산공장이 대표적인 안전관리 프로그램으로 STOP을 실행하는데 공을 많이 들였다. 교대근무 직원부터 공장장까지 실행에 필요한 교육을 반복적이고 체계적으로 실시하고, 최우수 및 최다 관찰자를 선발해 다양한 방법으로 격려하고, 관찰카드를 통계적으로 분석해 중. 단기 불안전행동 경향을 파악해 안전교육 자료로 활용하는 등 많은 노력을 기우렸다. 조직문화 관점에서도 작업자들 간에 대화를 통한 행동변화가 지속적으로 누적되면서 다양한 배경을 가진 직원들의 생각과 태도가 개방적이고 수평적으로 바뀌는 성과를 거두었다는 평가이다.

울산공장이 STOP을 도입하면서 모든 직원이 서명한 울산서약은 지금 보아도 마음에 와 닿는다.

> 「나는 어떠한 불안전 행동도 하지 않는다. 불안전 행동을 보면 도와주고자 하는 마음으로 정중하게 시정하겠다. 무의식적으로 내가 불안전 행동을 했을 때는 고마운 마음으로 기꺼이 시정 요구를 받아들이겠다.」

그러나 STOP를 도입했다가 흐지부지되거나 실패한 기업도 많다. 실패한 기업들은 상대방이 지적하는 것을 받아들이지 못하는 한국인의 독특한 문화적 요소를 뛰어넘지 못한 것을 가장 큰 원인으로 꼽는다. 불안전 행동에서 안전한 행동으로의 전환은 목격자의 관심과 질문에서 시작되는데 이런 상황에서 질문을 받는 상대방이 지적을 받는다는 부정적인 느낌을 갖지 않도록 친밀감을 담아 예의를 갖추도록 하는 교육이 우선되어야 한다.

결과적으로 관심과 배려가 살아 숨 쉬는 조직문화가 성숙되어야 STOP과 같은 우수한 행동기반 안전관리 프로그램이 활성화 되어 안전문화를 성숙하게 만든다. 조직문화와 안전문화는 기업 내에서 떨어지기 어려운 동일체라는 사실을 잊지 말아야 한다.

위험을
기억하는 법

　일본에 8개의 공장을 가동하고 있는 아사히맥주는 공장마다 기념관 (Memorial Hall)을 건립해 직원과 주요고객에게 개방하고 있다. 그런데 일반적으로 기업에서 건립해 운영하는 기념관과는 콘셉트에서 상당한 차이를 보이고 있다. 이 중에서 오사카공장에 있는 기념관을 보면 기업발전에 기여한 후 명예롭게 정년을 마치고 퇴직한 선배 임직원과 공장 건립이나 가동 중에 사업장에서 산업재해로 사망한 임직원 등을 선인(先人)으로 추대하고 추모하는 공간으로 조성해 놓았다. 그리고 추모공원 내에 영빈관을 두어 주요 내·외빈이 방문하면 들리는 코스로 운영하고 있다.

　많은 국내·외 기업들도 자체적으로 기념관 또는 역사관을 건립해 운영하고 있다. 대부분의 전시물이 기업의 발전사, 창업주의 일대기, 주요 생산제품이나 성과 등과 관련된 내용들 일색이다. 기념관을 찾는 내부 직원에게는 자긍심과 비전을 심어주고 외부고객에게는 기업에 대한 신뢰감과 국가경제 발전에 기여한 공을 소개하기 위함일 것이다. 마찬가지로 철강, 제약 등을 생산하는 우리나라 일부 대기업에서 운영하는 기념관의 경우도 다이내믹한 기업의 발전사를 집중적으로 전시하고 있는 경우가 많다. 세계사에 유례가 없는 단기간 공장설립 사례나 국가경제발전이라는 대명제에 부응한다는 명분으로 밤낮없이 일하던 노동의 역사를 전시하고 있다.

그렇다면 아사히 공장의 기념관과 다른 기업의 기념관의 차이는 어디에서 왔을까? 바로 기업이 추구하는 가치가 다르다는 것에서 온다. 기업이 지향하는 비전이나 최고경영자가 머릿속에 그리고 있는 경영이념의 차이가 콘셉트의 차이로 나타난 것이다. 아사히 맥주공장에 있는 기념관의 콘셉트는 사람, 즉 인간존중에 바탕을 두고 이를 기업의 가치로 구현해 놓은 것이다. 기업의 발전을 위해 평생 땀 흘려 일하고 정년을 맞은 임직원의 명예와 일을 하다 사고로 다치거나 목숨을 잃은 직원들의 숭고한 희생정신을 기리고, 다시는 사고로 직원이 희생되는 일을 반복하지 말자는 각오의 장이기도 하다.

기념관은 신입사원이 입사하면 반드시 거치는 필수교육과정에 포함해 참관을 시키고 모든 임직원이 수시로 이용할 수 있도록 개방하고 있다. 외부 고객이 사업장을 방문하면 반드시 거쳐 가도록 사내 투어코스로 운영한다. 물론 국내 기업들이 운영하는 기념관도 콘셉트의 차이가 있을 뿐 운영방식은 비슷하다.

아사히맥주 오사카공장 추모공원에 있는 '선인의 비'로 인간존중의 이념을 바탕으로 한 기업이 추구하는 가치를 콘셉트로
하여 내외부에 공개하고 있다

✚ 내 · 외부 고객의 목소리를 들어라

초일류기업들이 요즘과 같은 무한경쟁 환경에서 살아남고 지속가능
하기 위해서는 기업가 정신과 체계적인 혁신이 필요한데, 이를 위해서
는 비전전략 만큼이나 이해관계자와의 네트워크를 통해 목소리를 듣는
문화가 중요하다고 한다. 존경받는 기업인은 종업원, 고객, 지역사회 등
이해관계자의 목소리를 듣는 데 많은 시간을 할애하고 이를 경영에 반
영함으로써 기업문화를 만들어 간다는 것이다. 반대로, 기업이 어떤 가
치를 지향하고 어떤 조직문화를 가지고 있는지를 이해관계자와의 네트
워크를 통해 전달하는 것도 중요하다. 비즈니스 성공여부는 내 · 외부
구성원 등 이해관계자의 협조와 선택으로 결정되기 때문이다.

아사히 맥주공장은 인간존중을 핵심가치로 삼아 조직 내 안전문화를 확산시키기 위한 수단으로 기념관을 기획한 것으로 보인다. 이에 맞추어 교육프로그램이 운영되고 생산, 품질, 인사 및 조직 관리가 이루어졌다. 안전이 현장에서 실천적으로 행해지는 것이다. 지역사회는 인간존중의 윤리적 문화를 가진 기업이 지역사회에 있다는 사실을 자랑스럽게 생각할 것이고, 고객은 이런 안전한 기업의 상품을 선호해 구매에 나설 것이다.

지역사회마다 좋은 조건을 내걸고 우리나라 굴지의 대기업에서 조성하는 공장들을 유치하기 위한 경쟁이 치열하다. 고용창출이나 지역경제발전 등에 대한 기대감 때문이다. 그러나 지역에 소재한 사업장 중 주민들로부터 크게 존경받으며 경영되는 곳은 많지 않은 것 같다. 난개발, 노사갈등, 안전문제, 환경오염 등으로 사업장과 주민, 그리고 지자체간 갈등이 심화되어 있다. 기념관 중심에 창업자의 일대기와 불굴의 의지로 기업을 일군 발전사를 전시하고 이를 직원이나 고객에게 보여 주는 우리 기업문화에 그 원인이 있을 지도 모른다.

"기계에서 이상음이 나면 고장 난 것이다."
"노동자가 힘들다고 하면 힘든 것이다."
"주민이 불편하다고 하면 분명 무슨 원인이 있는 것이다."

위험을 알리는 이상 징후는 반드시 보이고 들린다. 관심 정도의 문제일 뿐이다.

✚ 손도장 행사의 명암

오래전 일이긴 하다. 듀폰에서는 신입사원이 들어오면 공장 입구에 있는 건물 외벽에 손도장을 찍는 행사를 했다. 양손 열 손가락을 펴서 흰 벽 위에 손도장을 찍어 놓고 매일 출·퇴근시 보도록 했다. 모든 임직원이 입사 시 건강했던 몸과 정신 그대로 유지하다 정년퇴임을 하라는 의미의 안전 이벤트이다. 안전을 기업의 핵심가치로 삼았던 듀폰이 안전문화를 정착시키기 위해 실천한 방법 중에 하나였다.

기업 설립이나 공장 준공식을 보면 기념식에 참석한 VIP나 건립에 공이 큰 내·외부 인사를 대상으로 수장을 받는 행사를 한다. 그리고 동판으로 제작해 기념관이나 주요장소에 전시하는 경우가 많다. 나름 의미가 없지 않을 것이다. 그러나 기업 발전에 기여한 공을 기리거나 외부와의 정치적인 고려를 빼고 나면 기업이 지향하는 가치나 문화와는 상당히 거리가 있어 보인다.

우리나라 전국 각지에는 각종 사고의 희생자를 위로하기 위한 추모비나 위령탑이 많다. 그만큼 조국의 근대화와 산업화 과정에서 대형사고가 많이 발생했고 희생자가 많았음을 대변하는 상징이기도 하다. 금강휴게소에 가면 경부고속도로 건설 당시 산업재해로 희생된 노동자 위령탑이 있고 보라매공원에는 산재노동자 위령탑이 건립돼 있다. 양재동 시민의 숲에는 삼풍백화점 희생자 추모비가 있고 성수대교 북단 한쪽에는 성수대교 희생자 추모비가 세워져 있다. 씨랜드 화재사고에서 희생된 어린 학생을 위로하기 위한 추모비도 있다. 추모비에는 안전을 지키지 못한 것에 대한 반성과 다시는 반복하지 않겠다는 각오를 새겨 만들었을 것으로 생각된다. 많은 사람들의 이런 염원을 담아 설치한 추모비나 위령탑이 있는지조차 아는 사람이 드물다. 사고가 발생할 때 당시의 아픈 기억과 통렬한 반성은 역사 속으로 사라져 가고 있다.

결국 추모비나 위령탑이 반성과 각오를 다지는 상징물로서 역할을 하거나 희생된 사람들의 넋을 위로하기 위한 장소로 이용되기보다는 살아있는 자의 마음을 위로받고자 설치한 조형물에 불과한 것이라고 하면 가혹한 평일까? 온 국민이 슬픔에 잠기고 엄청난 사회적비용을 지불한 사고를 수없이 겪고도 이를 반성하거나 다시는 반복하지 않겠다는 범국민적인 안전문화가 정착되지 못하는 데는 이러한 우리의 생활태도나 의식과 무관하지 않을 것이다. 삼풍백화점 사고로 500여 명이 희생된 후 20년이 지난 지금 다시 300명이 넘는 승객을 태운 세월호가 속절없이 물속으로 가라앉는 이유이다.

추모비나 위령탑을 건립해 희생자의 넋을 위로하고 잘못된 과거를 교훈 삼아 반성하는 것도 매우 의미가 있다 그러나 다시는 대형사고로 희생자가 생기는 일이 없도록 하는 노력이 사고로 희생된 분들의 넋을 진정으로 위로하는 길이다.

지난 반세기 동안 나라경제 발전을 위하여 산업현장에서 땀흘려 일하다 불의의 재해를 입은 근로자들의 큰 공적과 희생정신을 기리고 국민들에게 산업재해에 대한 경각심과 노동의 신성함을 고취하고자 이 탑을 세웁니다.

2000년 12월 27일

서울 보라매공원에 세워진 산업재해 희생자 위령탑에 새겨진 글귀이다. 기억하고 그동안의 삶의 태도를 돌아봐야 하겠다.

[단행본]

Erik Hollnagel, 윤완철 옮김,『안전 패러다임의 전환 Ⅰ』, 세진사, 2015.

Erik Hollnagel, 홍성현 옮김,『안전 패러다임의 전환 Ⅱ』, 세진사, 2015.

김성준,『조직문화 통찰』클라우드나인, 2019.

대니얼 서스킨드, 김정아 옮김,『노동의 시대는 끝났다』, 와이즈베리, 2020.

데이비드 와일, 송연수 옮김,『균열 일터』, 황소자리, 2015.

박영숙 외,『세계미래보고서 2020』, 비즈니스북스, 2019.

브래드 에반스 외, 김승진 옮김,『국가가 조장하는 위험들』, 알에이치코리아, 2018.

왕중추, 허유영 옮김,『디테일의 힘』, 올림, 2005.

윤정구,『황금 수도꼭지』, 쌤엔파커스, 2018.

이상국,『산업안전보건법 개정 3판』, 대명출판사, 2020.

이양수,『안전경영, 1%의 실수는 100%의 실패다』, 이다미디어, 2015.

이충호,『성공하는 기업의 안전과 경영』, 안전보건공단, 2009.

이충호,『안전 경영학 카페』, 이담북스, 2015.

정진우,『안전심리』, 청문각, 2017.

제임스 리즌, 백주현 옮김,『인재는 이제 그만』, GS인터비전, 2014.

조동성,『21세기를 위한 경영학』, 서울경제경영, 2003.

조재형,『위험사회』, 에이지21, 2017.

하가 시게루, 이면헌 · 조병탁 옮김,『안전 의식 혁명』, 인재N, 2014.

허남석 외,『강한 현장이 강한 기업을 만든다』, 김영사, 2009.

[기타 자료]

U.S. DOE, 「Accident and Operational Safety Analysis」, 2012.

안전보건공단, 「New Start-up Kosha」, 2017.

안전보건공단, 「메가트랜드와 안전보건 전망」, 2017.

안전보건공단, 「중대사고사례연구」, 2014~2016.

윤동현, 「정유공장의 안전」, HT현택, 2017.

조선업 중대산업재해 국민참여 조사위원회, 사고조사보고서, 2018.

포스코케미칼, 「QSS+ 개선리더교육」, 2019.

한국고용정보원, 「4차산업혁명, 우리는 준비돼 있는가?」, 2019.

한국서부발전(주) 평택발전본부, 「공정안전관리핸드북」, 2019.

현대그린파워, 「오늘도 안전하게(안전수첩)」, 2018.

INTIMATE DANGERS